甲午，

不止是一场战争

马勇 编著

中国言实出版社

图书在版编目(CIP)数据

甲午，不止是一场战争 / 马勇编著 . -- 北京：中
国言实出版社 , 2024. 9. -- ISBN 978-7-5171-4973-6

Ⅰ . K256.306

中国国家版本馆 CIP 数据核字第 2024PH7792 号

甲午，不止是一场战争

责任编辑：王战星
责任校对：代青霞

出版发行：中国言实出版社
　　地　　址：北京市朝阳区北苑路180号加利大厦5号楼105室
　　邮　　编：100101
　　编辑部：北京市海淀区花园北路35号院9号楼302室
　　邮　　编：100083
　　电　　话：010-64924853（总编室）　010-64924716（发行部）
　　网　　址：www.zgyscbs.cn　电子邮箱：zgyscbs@263.net

经　　销：新华书店
印　　刷：北京铭传印刷有限公司
版　　次：2025年1月第1版　2025年1月第1次印刷
规　　格：710毫米×1000毫米　1/16　14.25印张
字　　数：210千字

定　　价：68.00元
书　　号：ISBN 978-7-5171-4973-6

甲午，不止是一场战争

十几年前，我接受单位委托，写了一本《甲午战争简史》，主要是为了纪念甲午战争爆发 120 周年。

《甲午战争简史》是我之前研究 19 世纪晚期中国历史的一个"副产品"。所谓"副产品"，就是说，如果没有特别机遇，诸如委托、约请，我大概不会写这类读物。我一直想做的是重构近代中国的历史叙事，想将"晚清"还给清史，放在中国历史长河，以及全球史背景下进行观察，而不是基于某种特别需要研读近代中国的一时一事。

这本书出版后，在一个不大的范围内有点讨论，毕竟我的叙述也提出一些新问题，得出一些与别人很不一样的看法。

今年是甲午战争爆发 130 周年。中国言实出版社找到我，说想把这本 10 年前的旧书翻新。我当然很高兴，自己辛辛苦苦写出来的东西，若过了 10 年，甚至 20 年、30 年，还有出版社记得，还有读者记得，那当然是一个作者所获得的最高荣誉。

一场改变中国发展路径的战争

新版修订过程中，我建议更名为《甲午，不止是一场战争》。我想从大历史，即全球史的视角讨论甲午战争的影响。这是我过去几十年研读近代中国的一个视角。但这样提问题，也容易引起误解，因而我也必须坚定地重申，无论从什么样的视角讨论甲午，甲午战争当然是一场战争，而且是改变中国历史走向乃至东亚历史走向的大事变。

1894 年，甲午年，中日两国为朝鲜前途实实在在发生过一场直接冲突。

是年春，朝鲜发生了大规模骚乱，史称"东学党起义"。朝鲜政府无力镇压，于是向清政府求救。按照宗藩体制，清政府有履行救援保护的责任，于是北洋大臣李鸿章向朝鲜派遣了援军。殊不知，就此打开了"历史魔盒"，引爆"三千年未有之巨变"。

19世纪60年代初，清廷逐渐化解了与西方列强之间的冲突，并在平定社会动荡之后，开始了自己的近代化进程。30多年来风平浪静，经济增长、社会发展，整个大清国都沉浸在改革改良这一梦想中，没有人意识到中日之间为朝鲜前途所发生的冲突是一场巨变，更没有人想象到自吹自擂、自以为强大的大清帝国不敌小国日本，即便那时具有觉醒意识的孙中山，也被"同光中兴"的假象迷惑，梦想放弃自己的诊所、药房，进入朝廷。1894年春，孙中山到天津找直隶总督李鸿章，希望在这里谋个事情做做。李鸿章的幕僚很多，他容纳了三教九流，甚至鸡鸣狗盗之徒，有点战国四公子的味道。当然，李鸿章的幕僚，在我们后来的研究中得知，学问在同时代还是第一流的。顺便一说，中国尤其是晚清的幕僚体制，平心静气地研究，也有值得借鉴之处。曾国藩、左宗棠、李鸿章、袁世凯，莫不如此。这都是我们现在不可想象的，可以容纳很多志士能人进入，至少是个人才"蓄水池"。

孙中山在天津并没有实现自己的梦想。李鸿章没有见他，不过，李鸿章的秘书、幕僚确实受命接待了孙中山，也帮孙中山办妥了需要办的事情，比如到总理衙门领取出国考察农业的证明，也就是后来的护照。

在天津，孙中山并没有觉得哪儿不对劲。李鸿章为中国一品大员，孙中山此时无功无名，李鸿章见与不见并没有什么不可以。但是几个月过去后，孙中山到了檀香山，这里的舆论环境与国内完全不一样。他在国内看到的听到的，都是大清强大无比，军队所向披靡，而在这儿看到的听到的几乎完全相反。这让孙中山异常愤怒，拍案而起，发起组织兴中会。时在1894年11月。此时，中日甲午战争已经打了好几个月。

孙中山通过这场战争前半程就看到了历史转折趋势。他认为，清政府已经不可能带领中国走出困境，变为一个现代国家，因而发誓推翻腐朽的清政府，光复中华。

从后来的历史事实看，孙中山以"一个人的觉醒"带动整个民族的觉醒、整个国家的觉醒。但是孙中山不清楚甲午以来一系列变化的根本原因，尤其是细节；他不知道在天津他只看到了表面，并不知道即将到来的风暴到底有多么强烈。

按照儒家教育传统，李鸿章和中国官僚士大夫都特别注意儒家所强调的礼贤下士，不会无端得罪、讥讽、冷淡那些尚未成名的青年才俊。李鸿章之所以没有出面接待孙中山，一定另有原因。

李鸿章没有接见孙中山，甚至没有给一个很好的安置，这引发了后来一系列问题。但李鸿章的这种傲慢其实是有原因的，而这个原因就是当时的中日关系越来越紧张，李鸿章根本无法分心去处理其他事务。

这是 1894 年 6 月。我们知道，战争是在 7 月开打。孙中山在天津试图拜访李鸿章的时候，并没有感觉到什么不一样。按照孙中山后来的回忆，李鸿章的总督府依然灯红酒绿，整个社会还沉溺在"同光中兴"的盛世感觉当中。据此，中日的外交冲突并没有传导到一般老百姓那儿去。

对于中日冲突，李鸿章确实也做了很多应对。当然，李鸿章的失误主要是把大量精力消耗在外交上，而忽略了军事斗争的准备。以战求和或许能和，而以和求和在很多情况下不一定能和。李鸿章竭力避免中国与日本产生正面冲突。他充分利用"以夷制夷"的理念，利用列强之间的矛盾、利益冲突，把大量时间消耗在外交斡旋上，希望美国、英国出面劝解日本，不要借朝鲜问题引爆东亚危机。然而，这两个国家都不愿意这样做。美国坚守的只是"贸易自由原则"，只要不影响其在华贸易，就无意介入中日冲突。稍后，俄国接受李鸿章的邀请，愿意调停。于是，李鸿章就把精力放在跟俄国的交涉上。

然而，愿意介入调停的俄国公使接到其国内指示，不再愿意继续介入中日冲突。事实上，这几个西方大国愿意看着中日继续摩擦，甚至开打。

为什么列强都不愿意斡旋，不愿意调停，我们后面还会讨论。于是，大清和日本在朝鲜半岛打了一个前哨战。李鸿章租借英国商船"高升号"向朝鲜运兵，本身就有避免与日本直接冲突的意思。按照中方研判，日本人应该不会和英国人过不去，而且"高升号"只是一艘商船，并不具备任何作战能力。

然而，"高升号"于 1894 年 7 月 25 日抵达丰岛附近海面时，还是被日军拦截、刁难，直至击沉。船上 1000 多名清军，除 200 余人获救，其余 800 多人永远葬身海底。

此时，北洋海军已经成军好几年了，完全有条件用军舰运兵（其实，稍后向平壤增兵，用的就是北洋舰队），向朝鲜增兵几千，甚至几万，根本就不是问题。李鸿章刻意地借英国商船运兵，实际上是希望避免与日本发生冲突。

那么，李鸿章此时的心迹究竟是什么，我们后面也会讨论到，这里可以简单提一下。我认为，甲午战争的结局并不能真实反映出清朝的军事实力，而是当时其内政外交错综交织而促成的。李鸿章没有积极备战，就像 10 年前中法战争一样，主要基于国内政治的考量。因为 1894 年是慈禧太后六十大寿，那年年初，慈禧太后、光绪皇帝就有懿旨和诏书，就是确保慈禧六十大寿完美举行。

光绪皇帝本该在大婚后完整接班。那时为"同光中兴"的高光时刻，北洋海军成军，工业化、城市化也获得初步进展。太后退下来，结束一个时代，开启亲政时代。但是当年光绪皇帝缺乏政治经验，而慈禧太后正值盛年，她构建的政治体系仍在，于是形成"光绪亲政实仍训政"格局。

中国老话说，"天无二日，国无二主"。对于大清这样的体制而言，这种格局让朝廷内部很容易形成两个政治权力中心。后人所谓"帝党""后党"的说法由此渐起。但就历史事实而言，并不是慈禧太后、光绪皇帝故意冲突，而是当时那些大臣，特别是那些政治投机者不能不在太后与皇上之间二选一。在许多人看来，"一朝天子一朝臣"，光绪帝也一定会组建自己的执政班底。

因此，光绪皇帝的身边人物，像翁同龢、张荫桓、文廷式，他们就有意无意去寻找新人，以便为皇上准备一个接班梯队。但那些老臣，像李鸿章、张之洞、刘坤一等，他们差不多都是跟随太后步入政坛而发迹的政治老人。1861 年慈禧太后接替其夫君咸丰帝掌控大清事务时，李鸿章就是新晋升的江苏巡抚，张之洞更是慈禧太后几十年一直刻意关照的地方大员。这一拨老臣不可能迅即转向，以为太后不干了，转投新皇帝。但认为这一批老臣坚守岗位，静待未来，被视为"后党"，其实也是不恰当的。

"帝党"和"后党"或许是个事实存在，但这件事与光绪帝，与慈禧太后并没有直接关联，而是臣子们按照自己的价值理念下有意识或无意识地这样做了。只是这个事实确实对中日交涉投下了不利的影子。慈禧的六旬大典当然成为清朝甲午年至上的大事，李鸿章理所当然必须保障这件大事完美无缺，顺利进行。这在很大程度上影响了李鸿章的发挥，他不可能随心所欲，两手都硬，以战促和，像驻朝鲜袁世凯所建议的那样，大兵压境，以绝对优势逼和日本，如1884年朝鲜甲申政变，由袁世凯现场发挥，快刀斩乱麻，抢占优势，静待日本求和。

按照时人预估，大清如果放开膀子去打的话，鹿死谁手并不一定。国际观察家普遍认为，北洋海军并不比日本海军差，因为这两支军队都是在19世纪60年代开始构建的，而且他们的师父也都来自西方，模仿的目标也都是西方。船舰主要来自英国和德国，教练也大多来自英、法、德。中日两国许多将官是同窗，甚至是好友。中日两国在历史上尽管有不少恩恩怨怨，但它们各自创建海军，并不是开始就互为对手。

由于两国的体制差异，海军的后续发展与使命也相当不一样。明治维新后的日本迅速走上对外扩张道路。日本海军在创建之初所订立的目标是与欧美诸强在全世界竞争，但凡触及日本的"利益线"，日本海军都要有力量去维护、去争取。而北洋海军，在战略上主要基于近海防卫，海军战舰只是"移动的炮台"，也就是将沿海炮台变为近海防卫移动炮台。这是双方海军在创建中指导思想上质的差别。

由于日本海军野心勃勃，因而成军后一直注意设备更新、技术迭代，所以至两国海军实际发生冲突时，尽管基本装备差不多，但日本的技术水准确实比北洋海军略高一些。而北洋海军受困于大清财政等体制，成军之后的技术更新、设备更新、人员补充以及训练、纪律约束，似乎都不尽如人意。这当然都属于马后炮，是事后回望，并不是当时人的认识。当时的大清经历"同光中兴"，尽管所得无多，但有些人依然为这些自豪，且由自豪而傲慢，由傲慢而狂妄。

傲慢而狂妄当然还是自卑的逆向投射。毕竟"同光中兴"先前几十年与外面的交手败多赢少，现在武器不一样了，经济实力也不一样，适度的轻狂也不完全是一件坏事。而且，一旦打起来，只要北洋海军坚持一段时间，即使慢热，也依然可以唤醒朝野理性，鹿死谁手也确实难说。

李鸿章作为实际的最高军事指挥官，心里很清楚北洋海军的实力，知道清军军事结构的调整改革并不到位。那么，这里边有一个很大的问题，后来我们看到很多史料当中都讲到，就是北洋海军在1888年成军之后，并没有真正持续性地获得财政的支持，武器装备等更新很慢，设施配置也不充分。

过去的讨论都注意到户部尚书翁同龢与李鸿章之间有矛盾。这些讨论我并不完全相信，但确实北洋海军成军后，并没有获得持续性的财政投入，让其形成强大的战斗力。

还有一个说法是，大清的军事改革并没有真正推开，也就是说北洋海军成军其实是举国之力，是朝廷拿着其他的军费，以及其他财政费用堆砌出来的一个"形象工程"，好看而不中用。那时大清的军事体制并不是为了应付未来战争，也没有相应的配套设施。从世界战争的案例我们看到，海军在很大程度上需要陆军的配合，需要军队整体水准的提升。从今天的眼光看，还需要空军配合，需要制空权。但看当年大清军队改革，北洋海军作为一个新军种单兵突进，陆军的改革几乎就没有进行。陆军从湘军、淮军开始，直到这个时候还是延续了湘淮体制。

北洋海军单军种突进，缺少整体配合。我们后来看到了一个很大的问题，就是当刘公岛被围之后，北洋海军全军覆没，并不单是北洋海军打的结果，而是日军进攻时，没有清朝陆军适当地去阻挡、去掩护所造成。

黄海大战后，李鸿章将没有受到损伤的军舰集中到刘公岛保护起来，明确指示不许出海，避免与日军决战，集中在港湾里面保护30多年洋务运动仅存的硕果，保存自己派系的实力。但是日本人并不理会李鸿章的意思，更不会按照李鸿章的期待行事。恰恰相反，日本军队实际上一直在寻机与北洋海军主力决战。北洋海军躲到港湾里面去，而不是在大海上游弋备战，结果被日军强行登陆，北洋海军没有其他军种的配合，最后只能腹背受敌、全军覆灭。这是一个很悲壮的故事。清廷几十年构建的北洋海军毁于一旦。

刘公岛，北洋海军的悲壮是最后一幕，而甲午之战最值得称说的是1894年9月17日的黄海大战。黄海大战之前，大清军队和日本军队在朝鲜战场上只有几次规模不大的冲突，最值得记住的是导致"高升号"沉没的牙山之战。牙山之战只有几个小时，之后就是日本军队在朝鲜半岛登陆。日本的理由是救援自己的外交人员和侨民。

要解释清楚日本的理由，不能不追溯 1884 年中日在朝鲜的冲突。日本利用清朝因越南与法国冲突的机会，在朝鲜试图扩大自己的影响力。日本公使甚至冲进了朝鲜皇宫，但当时驰援朝鲜的袁世凯毫不畏惧，果断率领军队冲进皇宫，驱逐日方势力。

日本人显然吃了亏。在第二年天津谈判时，日本首相伊藤博文不依不饶，要求李鸿章严厉处置袁世凯。袁世凯是李鸿章的部属，从清廷立场说，也没有什么大错。假如袁世凯当时不出面压制住日本，哪儿还有天津谈判？李鸿章当然不会处理袁世凯，反而因此发现了袁世凯的果敢、才干。但是袁世凯现场处置也确实不太合乎常规操作，因而在伊藤博文一直纠缠的背景下，李鸿章不得不做出一些让步。李鸿章安抚伊藤博文说，去年的事情就这样了，以后如果再发生类似的事情，我们相互之间一定加强联络、沟通。以后如果有什么行动的话，一定通过外交渠道及时向日方通报，一定不会再发生类似的事情。

李鸿章的建议和让步化解了中日之间的僵持，李鸿章没有处分袁世凯，但中方答应此后遇有类似事情向日方通报，也极大束缚了自己的手脚，注定了 10 年后也就是甲午之战开战前的困扰。

清政府应朝鲜政府请求向半岛用兵，帮助朝鲜平定"东学党之乱"。然而，受制于 1895 年李鸿章与伊藤博文达成的"相互告知"的共识，清政府通过外交渠道将自己的行动告诉日方，日方却利用这个机会向朝鲜大举用兵，并渐次将矛头对准中国，试图利用这次危机将中方势力赶出朝鲜半岛。

"高升号"沉没之后，朝鲜半岛的紧张局势并没有得到缓解。特别是因为中日双方相互之间越来越缺少信任，而西方列强眼见中日极有可能发生直接冲突，依然不愿出手阻止，而是听任局势继续演化。日本则牢牢抓住了朝鲜皇宫，以朝鲜国王的名义为自己的行为背书，大规模向朝鲜集结军队，准备一旦时机成熟，就和清政府摊牌，决一胜负。

至于中方，一方面受困于太后的六十大寿庆典，无法大打出手；另一方面基于面子、尊严，也不能灰溜溜地退缩。李鸿章的构想大约同于 10 年前面时越南的情况，不得已或许要丢掉朝鲜。但清朝的面子让他不能不组织一次战役，而且必胜，然后才有资格"不败而败"，同意朝鲜像越南一样，不能割地，也不能赔款，但中方不能算输。

由此反观李鸿章在牙山之战后的调度、布局，就是隐忍一时。尽管两国同时宣战，但清朝也是宣而不战，并没有急于与日军在战场上厮杀，而是从容不迫地向朝鲜调兵遣将，以平壤为中心组织一次类似于镇南关大捷那样的平壤战役。日本在宣战之后亦如此，不断向朝鲜增调援军，也以平壤为中心布局。

经过 1 个多月的准备，至 1894 年 9 月初，双方布局基本完成。清朝为守方，在平壤部署防守部队 1.3 万多人；日军为进攻方，集结参战部队 1.6 万多人。一攻一守，兵力相当，装备相当。鹿死谁手，并没有办法提前预知。

9 月 15 日一大早，日军向清军阵地发起进攻。激战一整天，互有胜负，并未见分晓。然而到了晚间，清军战地指挥官叶志超错误估计形势。第一，以为日军已经将他们团团包围，四面八方，没有留有一个缺口。若日军持续进攻，清军势必会被日军全部围歼。第二，他们不知道李鸿章的整体布局，不知道援军何时可以到来。恐慌情绪在夜幕遮掩下迅速弥漫，叶志超竟然下令部队抛弃辎重，趁着夜色、暴雨弃城而逃。清军不败而溃，风声鹤唳，草木皆兵，一路狂奔 500 里逃出朝鲜。溃逃中遭日军伏击，死伤远重于一天正面激战。这是甲午战争最惨痛、最不堪的一役。

叶志超的恐慌与软弱、擅自作主从根本上破坏了李鸿章的计划。或许叶志超真的不知道李鸿章的计划，否则他也不应该如此恐慌，如此不知所措。其实，李鸿章成竹在胸，从容布局。他在指挥驻朝清军开打平壤战役时，也从容不迫派遣北洋海军主力战舰 12 艘于 9 月 12 日自威海出发，满载援军奔赴朝鲜，驰援在平壤固守的清军。

平壤战役开打的那天清朝援军开始登陆，叶志超军队的溃逃，应该与援军擦肩而过。叶志超如果再坚持一天，历史或将改写。可惜的是，一切偶然都成了必然，成为后续历史的起源。

运送援军的北洋海军战舰在清军登陆后迅即回撤，9 月 17 日中午时分抵达大东沟黄海海面，遂与一直寻找北洋海军主力决战的日本海军不期而遇。双方展开 5 个小时的激战，各有胜负。

清军陆军溃逃至境内，海战其实就已经结束了；黄海大战，对中日双方来说，就是一次实力测试，至此还很难说谁输谁赢。但是日军经过平壤大战、黄海大战并没有实现自己的战略目标，更没有获得绝对胜利、优势，因而日方不依不饶，扩大战火。一方面，日军将战火引到中国境内，在辽东半岛、山东半岛登陆作战，这已经不是两国为朝鲜前途而战，而是日本别有所图。另一方面，日本试图通过这场战争入侵和打败中国，让中国既为战争买单，割地赔款，也满足列强的期待。所以就其本质而言，甲午战争既是一场战争，又不止是一场战争，而是改变中国，改变东亚，甚至改变世界的一场战争。日本由此而崛起，加入世界列强俱乐部。

列强为什么不愿调解

甲午战争，可描述的战役并不复杂。从双方实力、战略、战术而言，事后复盘，日军并不占有绝对优势。中方的问题在于，国际社会对清庭的选择、决策似乎并不认同；它们可以保持中立，但其心态更多的是偏坦日本，毕竟日本不是简单地为自己的利益与中国开战。

100多年之后讨论甲午战争，一定要看到这场战争并不只是中日对决，不只是中日两国利益的冲突，至少有个朝鲜的立场、选择，尽管不是决定性的力量，但却也是非常值得考量的因素。就像甲午战争10年前的中法战争一样，并不是中法之间的对决，而是有个关键的变量——越南。

在清代，越南、朝鲜都是中国的属国，或称藩属国。但这不是近代西方意义上的殖民地。中国并不对这些属国进行直接统治，而只是一种极为松散的政治联系、朝贡贸易。这是中国历史的特殊性。

然而到了大航海时期，西方殖民势力东来之后就不一样了。西方殖民势力在自己所控制的区域一般实行直接统治，将自己国内实行的制度用于殖民地。于是这些殖民地虽说也有各种形式的反抗，但大体而言，民众被迫接受这些"先发国家"的殖民统治。中法战争后越南也不例外。这是李鸿章经历的。因而在这10年后的朝鲜，李鸿章内心应该很清楚地知道会是什么样的结局。

在乾隆时期，中国的属国多达40多个，遍及亚洲、印度洋沿岸、太平洋沿海一些国家。只是中国对这些国家实行传统的"属国自主"原则，相互间的关系在面对西方势力东来时不堪一击，许多属国在不经意间发生了巨变。而中国由于也有了自己的工业化使命，无暇，无力继续履行原有的保护责任。

甚至还可以说，甲午战争也不是中、日、朝三方的关系，而是那时各个列强的整体博弈。我们讨论近代中国问题时，必须将之放在全球史背景中进行考虑，所谓牵一发而动全身。自从中国在大航海之后介入全球化，由于体量超大，在亚洲、在东方影响非凡，因而但凡中国介入的问题，都不是简单的双边、三边关系，而是具有复杂的国际背景、国际因素。西方资本主义来到东方，不仅希望获得巨大的市场，也期待因大清"开海禁"，让亚洲甚至远东都成为全球资本主义的福地。由此回望近代中国与西方交往史，不论是18世纪晚期马戛尔尼使华，还是稍后的第一次鸦片战争、五口通商、太平天国运动、第二次鸦片战争，都不是简单为了双边关系。所谓的条约体制其背后隐藏着西方列强间极为复杂的利益诉求。

在19世纪60年代，当清政府开始接受现实，并开始加速自己的工业化时，似乎应该承认，那是中西交往的一段"和平岁月"。中国迫切地向西方"先发国家"学习一切新鲜的近代的新知识。

清政府先是成立总理各国事务衙门，全盘统筹、管理与各个大国之间的关系与合作；又成立同文馆等许多新式机构，培养新式人才；设立近代军事学校，培养适合近代发展的军事技术人才以及军事将领。在福州船政局、北洋水师学堂，都有大量来自西方的教习传授轮船驾驶、造船、制造枪炮等技能，并协助清政府向西方派遣海军、陆军留学人员。和一切后发展中国家一样，中国最先真正理解西方近代意义的就是前往西方留学的人。西方的知识经验不仅给他们以技能，而且让他们的政治意识、人文素养、价值理念都有了根本转变，是此后真正引领中国进步的一批先行者。

按照19世纪60年代清廷洋务自强初期与西方"先发国家"交往的趋势，彼此关系应该越来越好。然而，事实却相反。大清在度过此后最初十几年与西方的"交好"之后，双方的嫌隙渐生，而且愈演愈烈，终致酿成相互之间的不满与冲突。甲午战争之前、之初，西方不愿站在清廷方面劝阻日本，应该从之前几十年交往中寻找原因。

西方国家在19世纪60年代清廷刚刚开始洋务自强时，对中国寄予很大期待，以为大清从此一定会打开国门，让西方国家分享中国市场，外国商品、外国资本，一定会顺利进入中国。然而当大清走出第一步之后不久，半开半掩的大门又渐渐地呈现关紧趋势。大清逐渐有选择地让外国商品进入，至于外国资本，更是越来越难进入大清。大清的基础工业，要么不向外国资本开放，要么就以各种理由不建设，比如，对于最能容纳资本的基础设施建设——铁路，外国资本无论如何觊觎，大清政府都以种种理由予以拒绝。最荒唐也让外国人无言以对的理由是所谓破坏风水。

清廷洋务自强运动仅仅进行了不过 20 年，至 19 世纪 80 年代，清政府与外国的关系并没有因为中国市场的打开越来越好，而是隔阂日深，直至无法继续。因而从这个意义上说，19 世纪 60—90 年代，一方面是大清的工业化迅速发展，另一方面是大清与西方的政治、经济、文化关系走了一条爬坡又下坡的路。如何从制度层面确保其在大清市场进出的安全、可行，西方人实际上毫无办法。我们看到，当中日关系因朝鲜问题日趋紧张时，西方国家并不愿意出头劝阻日本，帮助大清。从这里大致可以找到解读的密码。

西方人看到了这一点，大清的政治精英也不是完全不明白。我们注意到，战争爆发前，主张妥协、谈判的并不只是李鸿章，朝廷当中相当一批人，比如我们所知道的兵部尚书孙毓汶，还有级别低一点的，如梁漱溟的父亲梁济，他们在这个时候都主张通过外交妥协与日本达成和解，之后应该改革自己内部，拉近大清和世界之间的距离，而不是打断工业化进程。

甲午战争的发生应该是一个非常偶然的事件，清廷如果处理得当，不让这场战争在 1894 年发生，那么清廷通过缓慢改革，仍然可以走完“周虽旧邦，其命维新”过程，实现“华丽转身”，完成自己的工业革命，补齐大航海以来所缺的课。

换言之，西方列强对清廷市场开放情形极不满意，但它们通过谈判已经无法解决问题，也找不到什么好的思路，于是通过战争让清廷屈服，然后开放市场，应该是这些西方“先发国家”不可言说的内心共识。这个猜测可以从结果来判断。甲午战争的结果就是解决贸易失衡和西方资本、商品进入中国的问题。《马关条约》的最大诉求，就是要求清廷向全世界开放市场，特别是要求清政府允许各国臣民在中国各通商口岸自由办厂。这个规定不仅扫除了困扰中西方交往上百年的“最大障碍”，而且从根本上改变了中国的整个社会结构，引爆所谓“三千年未有之巨变”。

"三千年未有之巨变"

英国工业革命之后，中国在时间上错过了整整100年。在乾隆时期，中国错失了与西方建立近代国家关系的良机。在嘉庆朝，清廷开始面对鸦片的困扰，对外贸易出现严重问题，白银外流严重，经济不堪支撑。当然，此时的西方更非尽善尽美。西方在经历了1789年法国大革命冲击之后，也陷入了持续动荡。当此之时指责中国关上对外开放的大门，并不公允。

另外，此时的西方还处在资本主义早期，远不像现在的物质繁荣、社会救助体系齐备，资本家就是马克思、列宁所批评的，贪婪、腐朽、寄生。内外因素交织，中国错过了与西方紧密接触的最佳时光。

但当欧洲资产阶级革命爆发后，世界秩序重建，人们才恍然大悟，开始有人意识到过去100年，甚至几百年世界是世界新秩序的开始。于是中国在经历了鸦片战争、太平天国运动、第二次鸦片战争内外困扰之后，开始了自己的工业化运动。至19世纪70年代，开始有人意识到从西方传入的工业革命是一次根本冲击，诚为"三千年未有之巨变"。

由此上溯3000年是什么时间呢？就是"殷周之变"的时候。这是一个大变革时代。按照王国维《殷周制度论》的研究，这是中国文明意识发生的时代，深刻影响后世几千年之制度安排、思想意识均在此发生。

殷王朝变成周王朝是中国历史上的巨大变革。所谓中国的感觉、概念其实也就从这里发生。"殷周之变"，最重要的东西就是周王朝重建了农业文明制度安排，基本上废弃或者说压抑了殷商王朝的商人意识、商人精神。

殷周巨变确实是中国何以为中国的一个很重要节点。这是第一次巨变。第二次巨变就是"周秦之变"，中国由此建构了郡县制。郡县制与"家天下"相结合，就是秦汉以后2000多年的君主专制体制。

秦朝中央集权、君主专制、郡县制建立让周朝800年诸侯分封架构废除，将周朝中央与诸侯国"双层政治架构"改为单层直属管理体制。秦代周，不是不可以，天命攸归；周朝变秦朝，但不是将周朝分封体系全部废除，它代替的不仅是一个周王室，天命又归到秦朝了，形成秦朝开始的君主专制体制。

此后2000多年，中国社会就在郡县制和君主专制体制这么一个大的框架内发展。这个体制也不能说都是负面的，也并不都是黑暗的。君主专制体制大致符合"家天下"的需求，君主的责任要求管理效率、廉洁、公平。与"家天下"相配合的人才选拔制度更有其特点，不论是早期的察举制，还是后来的科举制，都为朝廷选拔了大量有用人才。帝制时代的中国之治并不是过去偏见所认识的一塌糊涂。官员文化素养比较高，治理也比较精细、高效，大致是帝制时代中国的基本特征。

当然，"家天下"也有滥权的时候，这就会有很大问题。尽管有良好的官僚体制，但皇室、皇族、贵族若无限度滥权、贪婪，也会衍生出无法解决的困难，朝廷支出无限度增加，最后就是朝廷财政不堪重负，帝国运行成本太大。

科举制度让国家后期治理更加精致、合理。我们去读《利玛窦中国札记》，可以明显感觉那时的西方对明朝、对中国极具好感，发自内心地认为中国文明有自己的独特之处，在很大程度上中国的国家治理体现了西方哲人恒久以来所期待的"哲学家治理"——一个小小的知县七品芝麻官也是举人出身。

中国社会能不能自发产生资本主义，学术界有各种各样的说法。按照一般社会发展规律，中国当然会随着大航海之后全球变动而注入更多的西方因素，资本主义发生当然也不是完全不可能。只是中国文明毕竟基于农业文明而早熟，制度安排、思想意识早已有自己的一套规范，没有外力的冲击，发生根本性变革并不容易。所以，我们看到中国并没有随着西方转变而转变。大航海之后，中国在明清两朝沉稳地按照自己的节奏发展、变化，"白银资本"尽管可以进入中国，西洋商品、"奇技淫巧"中国也不拒绝；通商从一口到五口，从五口到八口，但都无法改变中国的道路，无法让中国踏上全球资本主义轨道。这是一个非常值得分析的历史现象。中国的"超稳定"，在18、19世纪如此剧烈变动的时代，依然坚不可摧。

那么，这场巨变拖延到什么时候才发生的？我们看到，在18世纪，形势"最好"的时候没有发生。到了19世纪前半段，形势"最不好"的时候也没发生。19世纪60年代，中国开始工业化只是选择了一个自以为是的捷径，"中学为体，西学为用"，只是看上了西洋的坚船利炮，至于西洋的政治制度和文化，则以各种理由拒之门外。原本可以缓慢引领中国完成大转型的机会，又错过。没有外力，清朝变革极为困难，甲午战争之前 100 年，也即马戛尔尼来华之后的 100 年，有过几次外部冲击，只是这几次外部冲击不够大，清朝像挤牙膏一样，先后开放"五口""三口"，但进二退一，无法完成从农业文明向工业文明的转型。

甲午战争或许是一个不该发生的战争。尽管洋务运动有许多不完美，但只要坚持下去向前走，只要不发生大的颠覆，那些不完美总会在时间中逐步调整，逐步完善。然而，"同光中兴"遮蔽了绝大多数政治精英、知识精英的双眼。

一场规模不大的战争将清王朝打回原形。中国为此付出惨痛代价，割地、赔款，放弃最后一个藩国。

甲午战争引爆的这三件事情对中国、对亚洲影响至剧。朝鲜沦为日本的殖民地，朝贡体系走进历史。尤其是台湾、澎湖列岛的一度"割让"更是中国人一个持久的心痛，甚至直至今日依然是影响中国发展的一个重要历史因素。至于天量赔款，既严重破坏了中国的经济，又给日本国力增长特别是军事实力增强提供了物质基础，中国人的钱武装了日本后来的军国主义，反过来其又成为 20 世纪中日冲突的起源。

这三项结果给清政府带来巨大困扰，深刻影响了后续中国的历史进程。但这三项还不是根本，真正构成中国历史大转折的，是《马关条约》关于外国资本进入中国的专项约定。

根据这些约定，日本大幅度提升了自己的地位，跻身于与西方列强之列，成为"大国俱乐部"成员，享有西方各国过往半个多世纪在中国所获得的特别权力。

而且，日本比其他各国更进一步，终于打开了投资中国的大门，"日本臣民得在中国通商口岸、城邑任便从事各项工艺制造"，就是说日本人可以在这些通商口岸、城邑自由投资。这是一个巨大改变，是西方人自马戛尔尼以来整整一个世纪梦寐以求的事情。西方人都没有说服中国，而这一次日本人却轻易做到了。这对中国人来说是巨大耻辱，但对中国历史而言，却是打开了"三千年未有之巨变"的魔盒。

日本人有权在中国通商口岸自由办厂，而不是在通商口岸之外。这个规定似乎是划出了一个特别区域。但是我们一定要知道 1895 年的时候，中国的通商口岸遍布南北，差不多到处都有，这就意味着整个中国都被打开了，都可以成为日本人的投资区域。

那么，这种自由通商的另外一个含义是什么？就是外国人在那儿投资和投资之后的产品处在一种自由状态，不需要接受中国更多的制约。资本、产品的进出不再需要额外的烦琐手续，更不需要审批。

《马关条约》及其后续条约安排，就是要让金融自由流动，日本在中国通商口岸办的厂子，可以完全变现地拿走，中国不会干预，因为是在中国通商口岸。这是第二个含义。

第三个含义，中国允许日本人在通商口岸自由经商，实际上也意味着中国向所有国家打开了投资的自由通道。因为有一个利益均沾，一国谈判，大家共享，就不需要各国再与中国逐一谈判，大家比照中日之间的谈判结果加减就行了。

重新解读《马关条约》这些规定，我们看到中国前所未有的变化就在1895年及其以后若干年迅速发生。

允许外国资本在中国自由投资后，外国资本按照资本逐利的本能，潮水般涌进，也迅即引发中国内部的一个根本变动。按照简单的逻辑，既然在通商口岸允许外国资本自由经商，那么中国资本自由经商问题理所当然地迅即解决。这是传统中国最大的难题，传统的中国商人在旧有体制下始终无法获得制度保障，始终是个弱势群体。《马关条约》给了外国商人合法地位，中国商人享有同等待遇不再是一个不可能的事情。

因此，我们才看到1895年之后，中国第一批民族资本家群体油然而生，迅速成长。像状元张謇就不愿意继续沿着传统读书人的路径，在北京按部就班走官场这条路。张謇回到老家经商去了，很快成为民族资产阶级代表人物，不仅成为重要的大资本家，而且成为此后30多年中国政治变动的重要人物、杰出商业人物之一。

甲午战争之后，根据条约规定，民族资本主义的发展空间得以扩大，第一批民族资本家迅速从先前买办群体、脱离土地的地主阶级中产生。这个新的阶级随着经济实力增长，逐渐活跃在历史的舞台上。

经过短短十几年发展，尽管其间困难重重，但至20世纪初年，辛亥革命，帝制退出，构建共和制国家，中国的民族资本主义经过几十年的耽搁、上百年的挫折, 终于踏上了发展之路。至于后来的"再变再转", 那是后来的"因"结出的新"果"。但"三千年未有之巨变"自甲午始, 则是确信不移的事实。

马 勇

2024 年 8 月 26 日

目录

第一章

战争缘起

中日都是亚洲重要的国家，是搬不走的邻居，是一衣带水的邻邦。汉唐以来，两国人民贸易往来日渐频繁。鉴真大师东渡，传播文明，促进交流，加深了两国人民之间的感情。日本朝野仰慕中国，遣唐使、留学僧不畏险阻，奔波于两国之间。中国文明声教远被，中土风俗、服饰、饮食，以及绚丽的思想文化长时期影响着日本。

在过往 2000 余年交往史上，友谊为主流，冲突为支流，两国人民在相互交往中获益匪浅。两国人民没有不友好的理由，中日友好，东北亚安宁，亚洲和睦，世界和平；中日冲突，两国人民受伤，世界也不得安宁。值甲午战争 130 周年纪念的日子，回顾历史，不是记住仇恨，而是记住教训，让中日友好世代传承。

宗藩解体

近代以来中日发生冲突，具有非常复杂的因素，但从大历史的观点看，主要是因为西方势力东来对传统秩序的破坏。旧秩序被打乱，新秩序尚未建立。

在西方势力东来之前，所谓东亚秩序，就是中原王朝主导的"宗藩体制"，或称"朝贡体制"。中原王朝就是这个地区的"老大"，尽心维护东亚秩序与和平。

西方势力东来后，东亚秩序发生改变，中国自身需要发展，没有更多精力顾及原先这些藩国。而西方势力乘虚而入，不断在中国边境集结、窥视、示威、蚕食，北有沙俄，南有法国，西有英国，东边则是日本、美国对中国台湾、朝鲜的觊觎、窥视、骚扰，并导致中国边疆危机。

中国边疆危机最先因越南问题而起。越南很长时间为中国藩属，后因法国势力东顾，遂使越南有意脱离中国控制。这在中国因一系列危机无暇兼顾时，也就不能不予以容忍。但到了 19 世纪 80 年代初期，因洋务新政而使综合国力有了一定程度的恢复，足以应付（其实是自认为足以应付）某些外交危机时，中国无法继续容忍宗藩解体。清廷内部相对比较边缘的所谓清流党人基于传统宗藩观念，对法国的扩张行动颇为不满，并同声谴责恭亲王奕訢、李鸿章的"绥靖政策"。

清流党人的观点深深影响了决策者，使清廷在战与和之间摇摆不定。

"荣誉要求捍卫一个朝贡国，可是畏惧心理却不允许它去和一个西方头等强国打仗。"[1]1882年12月，李鸿章与法国驻华公使进行谈判，中方同意在法国承诺放弃侵占越南北部企图后，允许法国经过红河流域、云南进行过境贸易；约定中法两国政府共同保证越南独立。这样一来，越南就由先前中国的附属国一变而成为中法两国的共同保护国。

1882年协定部分解决了中法在越南问题上的冲突，中国虽然放弃了对越南的完全宗主权，但毕竟没有诉诸武力与法国开战。而且，当国力并不足以支持中国拥有更多藩国时，中原王朝有限度、有意识地放弃部分藩国，也是没有办法的办法。然而，1882年协定并不被翌年初上台的法国新政府所接受，法国新政府决意对南亚实行更为直接的殖民统治。1883年5月，法国议会通过对越南北部进行军事远征的计划，中法关系陷入紧张。8月25日，法国与越南当局签署协定，越南自认为法国保护国，声明中国不得再干涉越南事务，完全否认中越间的宗藩关系。

越法新协定极大地激怒了清廷中的主战派，20余年洋务新政使这些主战派底气十足，无法接受丧失越南的事实。曾纪泽明确表示，中国如果放弃在越南的利益，那么其他西方国家就会趁机直入中国本土，进行商业、政治渗透，南部中国就要为此付出很大代价，不符合中国国家利益。[2]清廷主战派在批评李鸿章求和政策时，坚决要求派兵收复失地，恢复中国宗主权。而恰当此时，越南政府内部也发生了变动，一批亲中国军政大员发动政变，请求中国出兵援越抗法。

主战派的要求、越南政府的请求，获得了清廷的回应，清廷决定以武器弹药支持黑旗军，并从云南、广西调正规军5万人入越作战。1884年3月，中法军队在北宁附近交战，仅有1.6万人的法国军队竟然挫败了5万人的清军。

清军失败的消息传到北京，慈禧太后委派李鸿章与法国谈判，寻求解决方案。5月11日，李鸿章与法国海军军官福禄诺在天津签订《中法简明

---

① ［美］费正清：《剑桥中国晚清史1800—1911年》（下），中国社会科学院历史研究所编译室译，中国社会科学出版社1985年版，第119页。
② 中国史学会主编：《曾纪泽致法外部文》（光绪九年九月十五日），《中国近代史资料丛刊·中法战争》（5），新知识出版社1955年版，第80页。

条约》，亦称《李福协定》。根据
这个协定，清政府承认法国与越
南签订的所有条约，中国驻越南
军队立即撤回；法国承诺不向中
国要求战争赔款，保证中国南方
边界不受侵犯，承认中国在越南
的势力，同意在将来与越南缔结
任何条约时不使用有损于中国威
望的字眼。

《李福协定》是李鸿章心目中
解决越南危机一个比较好的办法。
但这个协定却遭到了清流党的激
烈反对，他们要求清政府追究李

慈禧太后

鸿章的责任。该协定本为预备性条约，正式签订应在 3 个月后。可法国方
面在该协定商定后就要求中国驻越南军队执行协定，从越南撤出，因此必然
遭到中方拒绝。6 月 23 日，中法冲突又起，尚未发生效力的《李福协定》无
果而终。

占领越南并不是法国在远东地区进行军事行动的终极目的，它希望以
越南为跳板，将势力渗透到中国腹地。所以，协定无效、冲突再起使法国
有了战争借口。1884 年 7 月 12 日，法国向清政府发出最后通牒，要求中
国立即执行《李福协定》，并索赔大笔战争赔款。法国的强硬态度并没有改
变清政府的立场，清廷迅即将主战的清流党代表人物张之洞调任两广总督，
张佩伦会办福建海防，摆出不惜与法军决战的态势。然而，法军并没有按
照清廷的思路行事。8 月 23 日晨，封锁闽江口的法国军舰突袭福州，仅一
个小时就击沉中国 11 艘兵船，并将 1866 年以来由法国人帮助建造的马尾
船厂彻底摧毁。10 月 1 日，法国海军陆战队在台湾基隆登陆，23 日宣布封
锁台湾岛。

与福建情况相反，在越南本土，清军几次失败后，又派遣大量援兵，
新任将领冯子材指挥有方，1885 年 3 月重新占领谅山，并准备向北宁、河
内发动攻势。中国在军事上又获得了优势地位。

军事上的优势并没有促使中国乘胜追击，扩大战果。相反，因为朝鲜问题的困扰，清廷决定乘谅山大捷争取和平，以便赢得体面结果。1885年6月9日，李鸿章与法国公使在天津签约，中法战争至此结束。根据这项条约，中国承认法国与越南签订的所有条约，法国则撤走在台湾的军队。中国不必向法国支付战争赔款，然而中国与越南的藩属关系至此终结。

东北亚危机

中国"不败而败"表明20余年的洋务新政经不起考验，"有限现代化"不足以支持中国抗击列强，南部边陲朝贡国只好一个接着一个丧失。1885年，英国效法法国进入缅甸，迫使缅甸脱离中国而沦为英国殖民地。中国南部实际上已面临英法两国的共同威胁。

被迫放弃南部藩属国，是清政府不得不选择的战略。早在中法战争爆发前，已有人意识到，中国的真正危险，除国内骚乱，主要来自毗邻京畿的北方，如丧失朝鲜，那将失去京畿的重要屏障。因此，奕䜣、李鸿章等不愿在越南与法国人决战，以免列强乘虚从朝鲜进入中国。这也是清政府为什么在谅山大捷后急于与法国和解的一个理由。在这一点上，清政府有深刻教训，那就是琉球的丧失。

琉球群岛是太平洋上的一颗明珠，面积3000平方公里，包括470多个岛屿，自东北向西南蜿蜒横列在日本九州鹿儿岛与中国台湾岛之间。

在中国古代文献中，琉球被称为蓬莱、瀛洲等，琉球与中原王朝关系悠久，明洪武五年（1372）起认中原王朝为宗主国。明清两代派往琉球的册封使络绎不绝，琉球王国依朝贡体制按时进贡，一直使用中原王朝年号，奉中原为正朔，使用汉文。中原与琉球交往密切，留下大量诗词歌赋，见证了中琉非同寻常的关系。

琉球是个小国，中原王朝是其靠山，但小国的特殊生存环境导致其总有一种不安全感。万历三十年（1602），琉球向日本萨摩诸侯称藩。又过了几年，1609年，琉球被萨摩征服。此后，琉球继位国王也接受日本封号，自愿臣服。换言之，琉球成了中日两国藩属。①

①蒋廷黻：《中国近代史》（外三种），岳麓书社1987年版，第67页。

　　特殊的地理环境、历史渊源也是琉球危机值得分析的因素。由于琉球很长时间自认是中日两国保护对象，而中国进入近代学习西方以后，对于藩国事务有心无力，再加上中国素来不愿干涉属国事务——"番邦自主"——这也是琉球王国地位后来生变的一个不应该忽视的因素。

　　明治维新开始，日本力主废藩。我们当然不能说日本这一举措是专门对着琉球来的，但这个举措确实让琉球的命运发生了惊天逆转。

　　在日方看来，琉球是自己的藩国，就应随着日本政治改革进程，终止与中国的宗藩关系，专注于与日本的宗藩关系，纳入日本的"政治秩序"一体化轨道。1872 年 10 月，明治天皇宣布设立琉球藩，以琉球国王为藩王，列入"华族"。紧接着，宣布接管琉球王国外交权，由外务省统一管辖琉球外交事务。次年（1873），将琉球进一步"日本化"，视其为府县，并将其划归内务省管辖。琉球的租税则像其他府县一样，缴纳给大藏省。

日本明治天皇

　　日本的做法激起了琉球的反抗，琉球派员前往天津谒见北洋大臣兼直隶总督李鸿章，请求清政府"尽逐日兵出境"。

　　此时，中国南部及西北边陲相继出现问题，清政府接受琉球请求后，确曾通过外交渠道向日本据理力争，然终究没有履行宗主国责任"奉有道而伐无道"，维护琉球正当利益，主持正义、公道。"自为一国"的琉球生生被日本灭绝了社稷。

　　日本的战略目标当然不是一个琉球，它要扩大生存空间，踏上大陆，就必须占领具有战略意义的朝鲜和中国台湾。

　　朝鲜与中国山水相连，很早就是中原王朝的属国。到了近代，朝鲜没有像中国、日本那样尽快接受西方影响，而是在很长时间我行我素，闭关锁国。

　　正像马克思分析的那样，资本的世界化，不会容忍地球任何一个角落成为世界资本主义的例外。朝鲜可以利用列强精力不济，继续过"隐士王国"的世外桃源生活，但其最终依然无法自外于经济全球化。

作为属国，朝鲜坚信中原王朝是其稳定后盾，因而不论西洋，还是东洋引诱其开放，朝鲜始终一句话：有事你们去北京找我们的"上国"谈判吧。①

在资本全球化大潮的冲击下，朝鲜傲然独立肯定不会持久，随着中国"有限制地"对西方开放，西方的资本、商品、舰队、传教士等络绎不绝进入内地，也试图进入中国的番邦。

面对西方不断施压，中国早已自顾不暇，更无力保护朝鲜。自1867年始，清政府有意劝导朝鲜与西方和解，建立适当的条约关系，以抗衡日益增长的日本影响。对此，朝鲜并没有给予积极回应，它既不愿意向西方开放，更对日本的变革不屑一顾，以为日本"脱亚入欧"，与西人交好，不过是化为夷狄，与禽兽无别。朝鲜坚守不与日本交往的原则，宣布"与日本交际者处死刑"。

朝鲜的冷淡使日本甚为不满，日本遂于1875年准备以武力敲开朝鲜大门，并为此专门委派使者前往中国试探反应，而中国此时正穷于应付各种外交危机无力东顾，只得告诉日本，称朝鲜虽是中国藩属，但其内政外交从来悉听自为。

日本不会听任朝鲜继续闭关锁国，决心以武力促使朝鲜开放。1876年2月28日，日本利用"江华岛"事件与朝鲜达成和解，签订《江华条约》，日本承认朝鲜为"自主之邦"，享有平等权利；双方同意建立外交关系，互派使节；朝鲜被迫向日本开放三个通商口岸，日本在这些口岸享有领事裁判权。中国对朝鲜影响力显著下降。中国的宗主国地位，无论怎样继续强调，但日本再也不愿承认。

中国不甘心就此放弃朝鲜，特别是日本吞并琉球后，中国对来自东邻日本的威胁更加敏感。为了抵消日本的影响，中国决定推动朝鲜对西方开放，试图借西方抵消日本影响。

1882年，主管朝鲜事务的李鸿章派员促成朝鲜与美国谈判，美国承认

①曹中屏：《朝鲜近代史（1863—1919）》，东方出版社1993年版，第2页。

朝鲜的独立，双方同意建立外交关系，互派使节；朝鲜同意美国在通商口岸设立领事馆。此后不久，中国还促成朝鲜与英、法、德等达成类似协议，促成朝鲜对外开放，中国的影响也因此恢复，朝鲜依然自认是中国藩属。

日本对中国在朝鲜地位的上升心有不甘，其驻朝公使努力在朝鲜培植亲日派。1884 年 12 月，朝鲜亲日派在日本支持下，趁中国忙于中法战争之机突然发动政变，庆军营务处袁世凯、统带吴兆有、总兵张光前迅即出兵镇压，平息了叛乱，中日因朝鲜发生正面冲突。这就是影响后来历史进程的"甲申政变"。

"主权线"与"利益线"

为协调中日矛盾，日本专使伊藤博文专程前往中国，1885 年 4 月 18 日在天津与李鸿章达成共识。

中日天津谈判互有让步，伊藤博文没有在甲申政变中方责任问题上穷追不舍，没有利用中法战争故意刁难。伊藤的姿态让李鸿章放松了警惕，李在谈判中表示：

伊藤博文

> 我有一大议论，预为言明，我知贵国现无侵占朝鲜之意，嗣后若日本有此事，中国必派兵争战；中国有侵占朝鲜之事，日本亦可派兵争战；若他国有侵占朝鲜之事，中日两国皆当派兵救护。缘朝鲜关系我两国紧要藩篱，不得不加顾虑，目前无事，姑议撤兵可耳。

李鸿章的善意远超伊藤预想，所以伊藤也非常感动，以为李鸿章所说"光明正大，极有远见"[1]，希望两国照这个思路进行，维护东北亚稳定。李

[1] 中国档案汇编、故宫博物院文献馆编：《清光绪朝中日交涉史料》（卷七），故宫博物院文献馆1932年版，第40页。

李鸿章

鸿章一直认为朝鲜是中国属国，中国有责任在朝鲜遇到重大危机，或在朝鲜请求时出兵援助。而日本，由于《江华条约》已否定中国宗主权，因而伊藤对于中国有权出兵持反对意见。最后达成妥协：

> 将来朝鲜国若有变乱重大事件，中日两国或一国要派兵，应先互行文知照。及其事定仍即撤回，不再留防。①

这一条，理论上并没有让人感到哪里不合适。但是，第一，这个条款再次确认了日本不承认中国与朝鲜之间的藩属关系。从日本观点看，中日两国在朝鲜的权限、利益是相等的，因而要出兵，必须互相知照。第二，日本彻底束缚了中国的手脚。中国此时如果明白这些，此后10年就应致力于重建与朝鲜"正常的国家关系"。

事后看，李鸿章让日本分享对朝鲜的出兵权，无疑是甲午战争一个无法回避的导火线，是李鸿章的重大疏忽。但从当时情形看，李鸿章让日本分享出兵权的主要目的在于力保中国对朝鲜一种"想象的宗藩关系"，"今已有先互知照之约，若将来日本（对朝鲜）用兵，我得随时为备，即（日俄）两国侵夺朝鲜土地，我亦可会商派兵，互相援助"。

李鸿章以"大国均势"原则处理朝鲜事务，不仅要考虑防备日本，还要防范俄国。李鸿章认为，假如俄国侵夺朝鲜时，日本是可以凭借的力量。李鸿章此时的目标，是想让朝鲜保留在所剩无几的中原王朝宗藩体系架构中。李鸿章的疏忽或不足，主要是不具备"近代国家"知识，不知道适时将"宗藩关系"转化成正常的"近代国家关系"。假如李鸿章那时有这样的

---

① 中国档案汇编、故宫博物院文献馆编：《清光绪朝中日交涉史料》（卷八），故宫博物院文献馆1932年版，第15页。

认识，凭借中国在甲申政变后对朝鲜政局稳定的贡献，凭借经济影响力，帮助朝鲜走向现代，构建现代民族国家，那么，朝鲜一定是中国当时最坚定的盟友，毕竟地缘因素让中国得地利之先。

中日间迟早发生冲突，主要是两国利益交集，特别是两国选择了不同发展道路，地缘政治导致利益冲突，由于没有一个协调机制而变得非常复杂。

那时中国的发展道路是以富强为诉求，对于外部世界并不愿给予太多关注，只要不明显损害中国利益。甚至面对宗藩解体这样的大事变，中国也没有觉得不可思议，宗藩毕竟不是本土，解体就解体吧，独立就独立吧，宗主国面对西方压力已显得无能为力。

但那时的日本与中国情形很不一样。作为一个岛国，作为一个没有经过战争而被美国强制打开国门的岛国，日本迅即尝到了自由贸易的甜头。日本比中国更早明白自由贸易是双向的，不是单向的。日本向美国、向世界，开放了市场，其实也意味着美国，意味着世界，向日本打开了自由贸易的大门。所以，日本较中国更早体会到开放的好处，更早生发走向世界的冲动。

走向世界，对于日本来说，面对的一个物理空间就是冲出岛国，踏上大陆；而冲上大陆，势必与中国发生利益冲突。日本能够选择的两个踏板，一个是中国台湾，另一个是朝鲜。日本如果不能说服中国"借道"，那么武装冲突势不可免，因此我们看到，日本在明治维新开始后，一直注意发展军事力量，尤其是在甲申政变后，日本渐渐将中国视为假想敌，不断改善、提升自己的武器装备，战争危险日趋严重。

在通往战争的道路上，山县有朋是至关重要的人物。1888年，即北洋海军成军那一年，山县有朋手拟《军事意见书》、《外交策略论》等文件，详细分析国际格局，认为朝鲜为日本"利益线的焦点"，坚定主张日本外交应联合英、德，并通过与中国缔结"日清同盟"去共同保护朝鲜。很显然，日本此时最大的担忧似乎还不是中国，而是俄国对朝鲜的觊觎。

日本有意与中国结盟，并不是尊重

山县有朋

中国宗主权，而是在否定中国宗主权的前提下，与中国共同维护朝鲜稳定。假如中国此时也有类似认识，从"天朝上国"的迷梦中走出，即便不与日本联手，也完全有把握帮助朝鲜建构一个现代国家，继续以"大国均势"应对俄国对朝鲜的蚕食，甚至也能遏制住日本的野心。

对于日本的设想，中国当然不愿回应。理由只有一个，即中国不承认日朝《江华条约》，中国的立场自有其正当性。

1890年12月6日，山县有朋以内阁总理大臣身份在帝国议会发表施政纲领《外交政略论》，认为日本自卫之途有二：一曰防守主权线，不容他人侵犯；二曰保护利益线，不失形胜地位。"何为主权线？国家之疆土是也；何为利益线？同我主权线安全紧密相关之区域是也。"

根据"主权线"、"利益线"理论，日本的利益不仅在境内，而且与其利益相关地区，都将被划在"利益线"之内。这样，当日本觉得朝鲜成为其利益范围时，就会不惜代价控制朝鲜；当日本觉得亚洲大陆成为其利益范围时，就会不惜代价控制亚洲大陆。如果从近代国家发展的一般逻辑看，资本主义发展从来就不是一个国家境内的孤立主义行动，资本主义的世界性决定着近代国家无法只埋头赚钱，不问外务；也决定了近代国家的国防不是简单防务，而是怎样随着自身利益范围的扩大而延伸防务空间。所以，山县有朋在演讲中说："方今于列国之间，欲维持一国之独立，独守主权线已不足，非保护利益线不可。"

根据"利益线"理论，琉球、朝鲜、中国、越南、缅甸等，都是日本"利益线"所辖范围，而其焦点最初集中在朝鲜。日本不能容忍中国对朝鲜的绝对控制，因而为防止想象中的朝鲜危机，山县有朋提出日本陆海军经费必须占年度支出的大部分，日本就此走上疯狂的扩军路。天皇从皇室经费中划拨专款支持购买外国军舰，以为日本国民示范。1891年，日本自己建造的"立桥号"完工并交付海军。第二年（1892），日本从法国订购的巡洋舰"松岛""岩岛"交付使用。1893年，日本又从英国购买"吉野号"。又一年（1894），由英国设计、在日本横须贺海军造船厂建造的巡洋舰"秋津洲号"交付海军。至此，日本已拥有军舰31艘、鱼雷艇37艘，总吨位6万吨。

海军之外，日本陆军也在过去几年获得迅猛发展，相继组建6个野战师团、1 个近卫师团，均配有炮兵、骑兵、工兵等，现役兵力达 12 万多人，野炮、山炮总计 240 门，战马 3.8 万匹。

至此，日本战时总动员兵力可达 23 万人。为扩大军需产品生产，除强化其国内军工企业，大量制造枪炮弹药外，日本政府还拨巨资从欧洲购买武器弹药等战备物资，仅 1894 年购买军火就花费 420 多万日元。

为应对随时可能发生的战争，日本海陆军频繁进行联合或单独演习。在所有演习中，日军都不再提及俄国，而完全以中国为假想敌。

据研究，日本还向中国、朝鲜派出大批间谍，化装成商人、旅行者，有的干脆就化装成中国人，千方百计搜集政治、军事、经济、文化、地理、人文等各方面情报。日军参谋次长、对华谍报总负责人川上操六对烟台、天津、上海、南京等地实地勘察，熟悉当地山川形势，了解风土人情，探查军队部署。日本间谍绘制的军用地图，将中国东北、山东半岛每一个村庄，每一条道路、土丘，甚至水井，都标示得异常清晰准确。

北洋海军成军

与日本扩军备战几乎同时，中国也在致力于军队现代化。

过去很多年，中国并没有真正遇到从海洋进犯的敌人，直到鸦片战争。林则徐、魏源认为，与英人作战，最要之处在"船炮水军"，成败端在中国能否建立一支所向披靡的海军。

林则徐、魏源的见解没有在实践中发挥作用，又经 20 年蹉跎，西方科学技术又获长足发展，蒸汽机技术已全面运用于航海。1860 年，英法联军凭借"坚船利炮"长驱直入，陷大沽，占天津，直逼京师，清廷不得已与各国签订城下之盟，中国人至此方才醒悟，意识到继续凭借长矛、帆船已不足以对付变化中的世界。

洋务新政第一步就是强军，就是建立一支现代水师，因为中国在与西方诸国达成妥协后，依然存在一个巨大心腹之患，就是已在南京城里长达10 年之久的太平天国政权。太平天国让富庶的东南半壁不在清政府手里。

太平天国之所以在南京城里安稳如故，一个重要原因是南京易守难攻，巨大的江面成为天然屏障，没有一支强大的水师，在那个时代确实很难破城。

为攻城，曾国藩等想了无数办法，甚至仿造西方轮船，但是根本弄不清西方轮船的内在技术，仅仅外表的模仿无法解决问题。于是，清政府重金聘请西洋技师设厂自造。

在中国本土建造船舰是一条最正当的路，只是这种方式见效太慢，远水解不了近渴。1862年，恭亲王奕䜣通过署理海关总税务司赫德，授权身在英国的李泰国代为购置一支火轮舰队。

李泰国为中国海关第一任总税务司，熟悉中国，知道中国之所需，只是为人过于傲慢武断，他并没有与总理衙门充分协商，竟自作主张为中国购买了8艘轮船，并顺带做主雇用英国海军上校阿思本为总司令，甚至规定阿思本只接受代表中国皇帝的李泰国的命令。

很显然，李泰国太不了解中国国情，他后来为这个鲁莽决定付出了代价。中国不可能容忍一支桀骜不驯的洋人水师，在指挥权、管理权无法妥协时，中国自认倒霉赔偿阿思本一笔违约金。至于李泰国，也只好拿到一笔赔偿后丢掉海关总税务司之职。中国第一次创办海军的尝试付出了不小代价，依然失败。

恭亲王、曾国藩、李鸿章等不会接受一支不受约束的现代化洋人海军，创办属于自己的海军就成为自强运动本有之意。1865年，曾国藩鉴于李泰国事件的影响及中国尝试建造军舰不断失败的教训，建议朝廷在上海建立江南制造局，委派留美归来的容闳负责机器采购，利用西方技术在本土制造现代化战舰。仅3年（1868），第一艘木制汽船"惠吉号"竣工。至1872年，江南制造局共打造5艘战舰，最后一艘拥有400匹马力，配备26门火炮。

恭亲王奕䜣

创办一支自己的海军，是洋务新政的既定主题。但究竟应该怎样做，在那个时代，恭亲王、曾国藩等并没有既定蓝图，而是边走边看边调整，并最大限度地发挥地方积极性，让各省督抚寻找办法，进行试验。

1866年，即江南制造局创办第二年，闽浙总督左宗棠创办船政局，设于马尾，故又名"马尾造船厂"。在继任大臣沈葆桢苦心经营下，成为远东最大造船厂。

福州船政局由中国投资经营，但在技术、管理方面，从一开始就重金聘请西洋人为正副监督，总揽一切，完全按照西洋方式进行生产。1869 年，福州船政局第一艘轮船"万年青号"下水。至 1874 年，福州船政局共制造轮船 15 艘。这些战舰主要交付福建水师、南洋水师使用，为那时中国水师主要战舰。

曾国藩、左宗棠、沈葆桢，都是清朝海军事业的开创者，都为清朝海军初期发展贡献出了心智。但要说清朝海军建设的最重要人物，还是李鸿章。

李鸿章在与太平天国交手时，与洋人军官戈登、华尔等都有密切交往，早就知道洋人"坚船利炮"具有不可思议的威力，早就渴望拥有这样的武器。

1870 年，李鸿章接替曾国藩出任直隶总督兼北洋大臣，参与处理朝鲜、日本等外交事务。在与洋人广泛接触中，李鸿章意识到中国正面临"三千年未有之大变局"，其标志是西洋人自印度而南洋而中国，步步紧逼，稳步推进，中国必须面对、顶住这一挑战，而要达成这样的目标，唯一路径就是用西洋"坚船利炮"武装自己。

基于这样的认识，李鸿章在此后任职北洋大臣 20 年，无论辖区以及整个国家经济状况好还是坏，他都坚定不移、不遗余力地推动强军，推动海防，推动海军从无到有，从小到大。如果一定要说李鸿章在洋务新政中最大的贡献是什么，毫无疑问就是 1888 年建成的北洋海军，以及附属水师学堂等。

1875 年，在总税务司赫德的帮助下，李鸿章从英国订购了 4 艘军舰，分别命名为"龙骧""虎威""飞霆""策电"。这是北洋海军最初的家底，也是英国军事工业刚刚投入批量生产的新款军舰。其特点为舰体虽小，但配置却是主力战舰大口径火炮；其主要用途不是出海打仗，而是当作海上可运动的炮台，精致灵捷，转移方便，一旦某港口局势吃紧，需要加强防务，临时抽调这几艘军舰是最便捷的事情。

从后来的观点看，第一批军舰还算不上真正的海军舰队，但考虑到中国毕竟第一次接触西洋现代装备，能达到这样的水平已经很不错了。3 年后（1878），李鸿章再接再厉，仍请赫德帮忙，从英国购买 4 艘小型军舰，分别命名为"镇北""镇南""镇东"和镇西。

四"镇"系列与第一批"龙骧"等舰一样，都存在很多缺陷，船体狭小，大炮沉重，行动迟缓，只能在沿岸浅水行驶，没有办法驶向大洋与敌舰正面交锋，无法用于实战。

对李鸿章主导的早期购舰活动，当时和后世都有很多批评。不过实事求是地说，李鸿章或许在这些活动中有看走眼的时候，或许价格虚高，军舰性能也不甚合乎中国需要。但如果不脱离海清朝军初建历史背景，应该承认李鸿章主导的军舰采购大体上合乎一般规律，因此清廷并没有因为这些批评而停止向西方购买军舰。

1881年，李鸿章继续依靠赫德从英国购买了两艘快船，后命名为"超勇""扬威"。这两艘巡洋舰尽管在后来也发现不少了问题，但不论性能、体量、火炮装备，都是先前战舰的更新换代，具有升级意义。这两艘军舰都参加了后来的黄海大战，而且表现英勇出色，为北洋海军的骄傲。

英国海军是北洋海军的示范，也是北洋海军的理想，因而北洋战舰许多都购自英国，只是早期购置的英国战舰还不属于真正意义上的战舰，因而稍后向德国定制7000吨级铁甲舰，1885年相继交付，被分别命名为"定远""镇远"。这两艘军舰后来都成为北洋海军主力战舰，为当时远东最大型军舰，也是中国海军史上绝无仅有的两艘铁甲舰，装甲厚12—14英寸，并分别配置有4门12英寸口径主炮。"定远"舰为舰队旗舰。

与"定远""镇远"同厂出品的还有"济远"。"济远"的订购计划为"定远"级第三艘，只是后来因为经费缩水而改为穹甲巡洋舰。这艘军舰后来参加过丰岛海战、黄海海战及威海之战，只是首任管带方伯谦表现不好，在黄海海战时临阵逃脱，让济远官兵蒙羞。

1888年底，清政府颁布《北洋水师章程》，标志北洋海军成军。至此，北洋舰队规模初具，拥有大小舰艇近50艘，总吨位5万吨[1]，官兵4000多人，被誉为亚洲第一、世界第八，是"同光中兴"的重要标志。

---

[1]王家俭在《李鸿章与北洋海军》中说，北洋海军有战船26艘，一类为中国自制，共9艘，分别为"康济""威远""泰安""镇海""操江""湄云""利运""海镜"和"平远"，占船只总数的34.6%。另一类为外国制造，共17艘，占整个舰队总数的65.4%。其中，英国建造13艘，德国建造4艘。德国建造的4艘为"定远""镇远""济远"和"经远"。见刘广京、朱昌峻编，陈绛译校《李鸿章评传》，上海古籍出版社1995年版，第308页。

近代海军建设是一项复杂的系统工程，不是简单购买西方战舰就一定能战胜西方。后来，北洋海军在甲午战争中惨败，其实就是没有充分领悟现代化工具一定要由具有现代化思维和能力的人去操控。假如人的思想还停留在坚船利炮前的时代，无论怎样先进的工具，其功能都不可能获得充分施展。

李鸿章等洋务新政领导人也看到了这一点，所以他们在推动近代海军建设时，格外注意海军人才培养和基地建设。1879年，李鸿章在天津设立水师营务处，负责处理北洋海军的日常事务。第二年，在天津创设水师学堂，从全国调派优秀师资，为北洋海军培训急需人才。

根据1888年颁布的《北洋海军章程》[①]，北洋海军现有战舰分为中军、左翼、右翼3路，每路3船，即以一船为一营，由北洋大臣委任某营官管带。参照这些原则及英国海军章程，北洋海军成军之初，酌定官制如下：

> 提督一员：统领全军操防事宜。归北洋大臣节制调遣。在威海建海军衙门办公。另于威海、旅顺两处，各建基地。根据李鸿章提名，海军衙门奏请以北洋水师记名提督、直隶天津总兵丁汝昌补授北洋海军提督，为北洋海军最高指挥官。

对于丁汝昌的任用，由于后来黄海海战打得一塌糊涂，威海之战北洋海军全军覆没，因而后来研究者对于丁汝昌是否有足够能力出任北洋海军提督存疑，甚至以为李鸿章任人唯亲导致了甲午战争的失败。这些说法不能说没有道理，但其实没有逃脱以成败论英雄的旧路。就大节而言，丁汝昌不仅是北洋海军最早介入者，而且在海军业务方面并非外行。至于品质，更是以死殉国、从容就义，具有古典豪杰的风度。

> 提督之下有总兵官二员：
> 左翼总兵，由记名总兵林泰曾担任，兼管中营，委带镇远铁甲战舰。
> 右翼总兵，由总兵衔水师补用副将刘步蟾担任，兼管中营，委带

---

① 张侠、杨志本、罗澍伟、王苏波、张利民：《清末海军史料》，海洋出版社1982年版，第472页。

定远铁甲战舰。

林泰曾、刘步蟾，均为福州船政学堂出身，后留学英国习海军，为严复同学、好友。

总兵以下设副将五员，分别委带致远、济远、靖远、经远、来远快船。

按规定，总兵以下各官必须"终年住船，不建衙，不建公馆"。[①]但这些规定后来并没有获得严格执行。

北洋海军初建，在制度、等级、编制、人员、俸饷，以及员弁升迁、处分、训练、会操等方面都有严格规定。这些规定基本参照西方国家标准制定，严格且可操作。只是，甲午一战让北洋海军全军覆没，所有一切无法再提。

为配合北洋海军建设，清政府于1885年创设海军衙门，任命醇亲王奕��总理海军事务，庆亲王奕劻、李鸿章为会办，汉军都统善庆、兵部右侍郎曾纪泽为帮办。当然，既然为"北洋海军"，那么真正掌握这支新型军队的，还是北洋大臣李鸿章。

在李鸿章主持下，北洋海军发展势头不错。由于不错，也就引起了日本的警觉。日本在后来加大对海军的投入，并将其假想敌由俄国转为中国，在某种程度上反证了北洋海军并非失败后所说的那样不堪。北洋海军不仅拥有可以与日本媲美的一流战舰，而且由于中国地理环境优越，北洋海军还拥有日本海军望尘莫及的旅顺、大连、威海等基地。这些天然良港，为北洋海军提供了得天独厚的条件。四周的炮台，让这些良港进可攻退可守，进退自如。只是无论如何都没有想到，北洋海军残部后来会在威海良港成为瓮中之鳖，被日军死死围住。

北洋海军在甲午战争中的失败，可检讨的问题很多。但130年过去了，我们不应继续以成败论英雄，应如实肯定北洋海军的成绩，如实探究其失败的原因。

[①]张侠、杨志本、罗澍伟、王苏波、张利民：《清末海军史料》，海洋出版社1982年版，第473页。

第二章

走向战争

19 世纪晚期，由于李鸿章施行"大国均势"策略，以夷制夷；又由于《江华条约》，朝鲜不得不对外部世界开放，世界各国资本、商品相继进入朝鲜。这既表明朝鲜的魅力，也意味着朝鲜或许会成为地区冲突的一个热点。中日两国竭力提升军备，发展海军，在最初阶段并非有意识互为假想敌，因为那个时候觊觎朝鲜的不只有日本，俄国、英国都有类似想法。

穆麟德、袁世凯与金玉均

还在李鸿章、伊藤博文天津会晤时，国际上对朝鲜的争夺已紧锣密鼓。最让人不可思议的是，中国派往朝鲜的穆麟德竟然在这个时候暗中与俄国人勾结，损害中国利益。

穆麟德为德国人，1869 年 22 岁时来中国，先后在上海、汉口海关任职，受总税务司赫德赏识。后因协助购买克虏伯军火，加入李鸿章幕府。1882 年壬午兵变后，清政府加强对朝鲜的控制，穆麟德奉命出使朝鲜，任朝鲜海关总税务司兼外交顾问，类似赫德在北京的角色。

从中国立场看，穆麟德为中国雇员，只是奉命出使，理所当然应为其雇主服务，维护中国利益。但由于穆麟德又受朝鲜政府聘用，使他觉得有责任为朝鲜出谋划策。基于这样一种复杂心理，穆麟德期望将朝鲜从中日两国的夹缝中拉出来，竭力劝说朝鲜与俄国订约，以俄为后援，以中日俄三国关系为朝鲜寻找更加稳固的外部环境。

1885 年初，穆麟德利用朝鲜政府委派自己出使日本的机会，与俄国驻日使馆联络，代表朝鲜政府邀请俄国派遣教官前往汉城，帮助朝鲜训练新式军队，并希望俄国对朝鲜提供保护。

让俄国因素介入朝鲜半岛，甚至让各大国都进入朝鲜半岛，理论上说是李鸿章"大国均势"的原

穆麟德

则，并不违背中国利益，也是李鸿章"以夷制夷"外交手腕的具体运用。只是穆麟德的做法引起了英日两国的高度关切，英国正与俄国在亚洲腹地阿富汗冲突。英国有意阻止俄国南下，尤其是从出海口南下太平洋，影响其在亚洲及远东的利益，因而英国先发制人，1885年春出兵占领朝鲜巨文岛，希望在那里设立一个军事基地。英俄冲突一触即发，朝鲜局势日趋复杂。

作为亚洲国家，日本多年来对俄国染指亚洲心怀恐惧，更不愿俄国扼住日本踏上欧亚大陆最重要的踏板——朝鲜。因而，日本很长时间扩充军备的假想敌并不是中国而是俄国，因为日本在很长时期相信与中国同在亚洲共同面对西方威胁，总能找到利益交集点。因此，日本对穆麟德擅自拉俄国势力进入朝鲜非常恼怒，以为这一举措不仅损害了朝鲜，而且损害了中日两国。

穆麟德的想法不可能得逞，日本的立场对中国也毫无意义。中国坚信朝鲜是自己的藩属，朝鲜问题是中国与朝鲜的问题，与俄国无关，也与日本无关。但日本的态度也对中国形成了强烈影响，中国借机辞掉穆麟德，派遣年轻、强势的袁世凯接替温和的陈树棠，担任"驻扎朝鲜总理交涉通商事宜"。

袁世凯

袁世凯的强势很快引起朝鲜主政者的不满，特别是中国政府此时将扣押在保定的大院君李罡应送回朝鲜，显然期望起用大院君牵制朝鲜现主政者闵氏集团。1885年底，又传出甲申政变后逃亡在外的开化党领袖金玉均企图勾结日本袭击朝鲜。种种情势都迫使朝鲜执政集团不得不寻找新靠山，以遏制、冲销来自中日两国的压力。于是，朝鲜政府内部亲俄势力再度抬头，1886年7月

派员密晤俄国驻汉城公使，希望俄国
支持朝鲜独立，为朝鲜提供必要的政治
保护。①

　　日本在甲申政变后对朝鲜的政治影
响力大幅下降，日本采纳"军事退缩，
外交进攻"的策略，就是承认中国在朝
鲜处于优势的事实。基于这样的判断，
日本在袁世凯强力干预时期，并不愿与
袁世凯发生正面冲撞，而是利用袁世凯
强力干预的大环境，加大对朝鲜移民、
投资，加大柔性影响力。

　　袁世凯在朝鲜的跋扈，引起朝鲜朝
野的反感。此时的朝鲜虽然没有力量宣
布脱离中国，但其离心离德倾向在袁世

大院君李罡应

凯主持朝鲜事务时已非常明显，只是中方无从觉察、反省而已。

　　朝鲜微妙的心理活动不被中方所觉察，但朝鲜确实加大了与东西方各
国的接触。朝鲜与东西方各国接触，原本合乎中国利益，也是李鸿章"大
国均势"的基本方略，朝鲜如能对东西方各国展开全方位外交，那么中国
作为朝鲜认同的"特殊的国家关系"应该还能存在很长时期。无奈，此时
的袁世凯已被朝鲜表面上的恭顺所迷惑，弄不清中朝关系的本质，以"太
上皇"姿态指手画脚，最后只能让朝鲜渐行渐远。其最典型的事件就是
1887年"朴定阳出使美国"所引发的中朝冲突，朝鲜朝野对中国尤其是袁
世凯的跋扈几乎到了忍无可忍的程度。

　　袁世凯的跋扈让朝鲜渐生异志，朝鲜内部亲日派渐渐成长，最重要的
一个标志，就是金玉均与"开化党"。

　　金玉均生于1851年，随着朝鲜国门打开，金玉均逐渐接受近代西方
文明，曾多次往访日本，期待朝鲜能像日本那样进行政治改革，维新图
强，跻身于近代国家。为推动朝鲜改革，金玉均与洪英植、朴泳孝等组织开

---

① 陈伟芳：《朝鲜问题与甲午战争》，生活·读书·新知三联书店1959年版，第91页。

化党，在日本的暗中支持下，于 1884 年发动政变，试图以非常手段推翻旧政权。

不过，金玉均等低估了袁世凯的能量、胆略。新政权仅仅存在 3 天，就被袁世凯、吴兆有率领 1000 名清军击败，金玉均及其同党流亡日本。

在流亡期间，金玉均等继续准备反攻计划，期望用暴力改变朝鲜政治生态。这些做法原本就是日本政府所支持、期待的，但当金玉均的行动引起朝鲜政府恐慌后，为日朝关系整体，日本不再视金玉均等流亡者为可信赖的伙伴，反而视其为"麻烦制造者"。

日本对朝政策并没有发生根本改变，金玉均对日本却越来越失望。在这种情形下，金玉均的政治主张也在改变，他从原来单纯依赖日

金玉均

本转变为利用多边，希望中日朝三国和解合作，以共同抵御欧美对亚洲的蚕食。

金玉均的改变当然比较容易获得中方特别是李鸿章的认同，李鸿章之子李经方在出任驻日公使时就与金玉均有比较密切的交往。但毕竟金玉均是甲申政变的重要当事人，究竟能在未来政治格局中扮演什么角色，李鸿章父子似乎没有确定性预见。但当金玉均在日本遇到困难，并表示愿意投奔中国时，相信李鸿章、李经方乐观其成。

1894 年 3 月 23 日，金玉均经一番准备，与其随员北原延次、洪钟宇、吴升等乘坐"西京丸"号离开神户，27 日抵达上海，并迅速与在上海的开化党成员尹志浩接头。尹志浩善意提醒金玉均，洪钟宇可能是朝鲜政府的密探。但金玉均很不以为然。第二天，洪钟宇枪杀了正在午睡的金

玉均。

金玉均之死引起了中日朝三国关系的大调整。李鸿章出于好意接受了朝鲜政府请求，同意将金玉均灵柩送回朝鲜。想不到金玉均灵柩运抵朝鲜，朝鲜政府迅即以"大逆不道"罪名追加凌迟处斩酷刑，对金玉均遗体百般凌辱。

对于金玉均之死及朝鲜政府追加的处罚，日本朝野反应强烈，福泽谕吉、犬养毅及玄洋社主要成员，普遍认为金玉均之死、朝鲜政府追加处罚，都是对日本的羞辱，他们要求日本政府对中国、朝鲜宣战雪耻，只是因为外务大臣陆奥宗光、参谋本部次长川上操六以为时机还不成熟，暂时制止了极端派的冒险。不过，仅仅过了几个月，甲午战争还是爆发了，金玉均之死依然是引发这场战争的一个重要因素。[①]

东学党骚乱

金玉均之死严重恶化了中日关系，但这件事还没有将两国迅即推向战争。真正将两国引向战争的是东学党骚乱。

东学党，又称东学道，或东学教。其创始人崔济愚，号水云，出生于朝鲜南部一个塾师家庭，云游四方，深知民间疾苦。但毫无疑问，崔济愚对西方近代文明并不理解，以为朝鲜问题，都是西方文明东来后所发生的，因而应反对西方文明，反对西方势力在东方的扩张。崔济愚杂取儒释道思想，创建东学道。

东学道，又称东学教、天道教、侍天教、济愚教、水云教等，也被称为东学党。这些不同名称所说都是一回事，均来自崔济愚的创造，以诚、敬、信为基本教义，从而使得东学教更符合当时社会情形，更具东方色彩，更容易被下层民众所接受，具有极强的社会冲击力、号召力。

1864年，崔济愚被官府杀害，其族人崔时亨继承其未竟之志，坚持在下层社会传教。此时的朝鲜，处在外来文明进入早期，政治、吏治腐败，

①金玉均之死与甲午战争的关系众说纷纭，参见戴东阳：《历届使团与金玉均》，《晚清驻日使团与甲午战前的中日关系》，社会科学文献出版社2012年版，第272—306页。

权贵阶层穷奢极欲，下层民众生活艰难，怨声载道。东学教极大地满足了一般民众的精神需求，对处在生死线、贫困线上的下层民众具有精神慰藉的功能，因而迅速风行全国，在朝鲜南部全罗、庆尚、忠清三道最为盛行。

随着《江华条约》的签订，日本渐渐影响朝鲜。东学道后来的政治意识、诉求，具有反对日本渗透、影响的意思，其"除暴救民"、"扫破倭洋"，就是发泄对日本的不满。

1894年春，全罗道古阜郡郡守赵秉甲征集上万民夫修筑水利灌溉工程，但在修复后却向农民征收水税，中饱私囊，激起民众反抗。

4月，古阜郡东学道首领全琫准首举义旗，率众起义，全罗、忠清、庆尚三道民众群起响应。起义军纪律严明，所到之处受到普遍欢迎，大批青壮年相继加入，起义军声威更振。

在全琫准率领下，起义军攻城略地，所到之处，开仓分粮，救济穷人，烧毁借据契约，建立义军政权"执纲所"，与统治者形成全面对抗。

出于利益考量，中日两国对东学党义军一举一动格外关注，极为敏感，彼此也格外警惕着对方，生怕发生什么意外。中国担心日本借口东学党起义损害侨民利益出兵朝鲜，重演甲申政变故事；而日本也虎视眈眈，担心中国借口东学党起义出兵朝鲜，让日本利益受损。

而对于朝鲜统治者来说，他们一方面希望自己有力量将起义军镇压下去，不希望外来力量介入。但另一方面，朝鲜政府自身力量确实有限，几个月过去了，起义军越来越多，政治危机有向全国蔓延的趋势。

5月31日，东学党攻占全州，有迅即向京城进攻的迹象。朝鲜国王对自己的军队越来越没有信心，遂派员与袁世凯会晤，商请中国借兵助剿。收到朝鲜国王请求后，袁世凯迅即转报北洋大臣李鸿章，力主出兵干预，帮助朝鲜平定东学党骚乱。据袁世凯预估，朝鲜政府根本没有力量平息这场骚乱，中国如不出手，相信日本或其他国家必乐于出力。

李鸿章是10年前天津谈判的主角，他此时一定懊悔当年一激动发出的那番"大议论"：假如中国未来为朝鲜出兵的话，一定会通过外交渠道告知日方；同理，假如日方因为某种原因向朝鲜用兵的话，也会这样通知中方。因此，李鸿章没有袁世凯那样洒脱，他一直担心日本会利用中国的不慎而妄动。

对于李鸿章的忧虑，袁世凯似乎早有预感。他根据与日本外交官的接触，判断日本政府不会借口中国出兵而出兵。袁世凯建议，"天津共识"应该遵守，收到朝鲜正式请求后，总理衙门应电饬驻日公使照约行文。而且，仔细研究《天津条约》，中日派兵只先行文知照，并没有中国派兵日本也必须派兵的意思。假如日本借此多事，袁世凯以为不过是借口保护使馆，调来百余人而已。况且，东学党骚乱距离汉城还有一段距离，日军进驻汉城引起骚动，应提醒朝鲜政府预先劝阻日本不要派兵。袁世凯说，他和日本使馆翻译官郑永邦、代理公使杉村浚谈过，他们明确表示日本希望东学党骚乱早日平息，"察其语意，重在商民，似无他意"。

袁世凯是第一线外交官，他的判断深刻影响了李鸿章，使原本犹豫不决的李鸿章在收到朝鲜派兵请求后终于下定决心。他先后奏请朝廷派遣叶志超、聂士成率淮军约2500人分赴朝鲜，又命丁汝昌派遣北洋"济远""扬威"两舰分赴仁川、汉城。中国政府依照《天津条约》，通过外交渠道知照日本。

此时，李鸿章、袁世凯信心满满，他们真诚相信日本会像郑永邦、杉村浚所说，不会借机向朝鲜用兵。而且，他们还相信，即便日本也向朝鲜派兵，也只是因为东学党之乱

聂士成

而去保护日本侨民，日本军队不会与中国军队发生冲突，因为没有冲突的理由。甚至他们可能还想到，即便真的发生冲突，为什么历史不会重演？相信壬午兵变、甲申政变的情形，在袁世凯脑海里不止一次显现，那才是好男儿建功立业的时机，为什么不抓住呢？

袁世凯、李鸿章等根本没有想到的是，此一时彼一时，现在的日本既不是壬午，也不是甲申，日本有备而来，甚至可以说，袁世凯、李鸿章的所有行动，都在按照日方的规划行事，一步步进入日方的预设圈套。

借机用兵

依中国观点，朝鲜为我属邦。属邦有难，且正式向我提出救援申请。作为宗主国，义不容辞出兵助剿，恢复秩序。这是中国出兵朝鲜的正当性、法理依据。

但从日本观点看，他们没有反对中国出兵助剿，而且一再向中方暗示支持出兵助剿，平息叛乱。只是，日本希望中国出兵有自己的考量，那就是趁中国出兵而出兵，日本的法理依据是伊藤博文与李鸿章10年前的"天津共识"。

作为近邻，日本最早进入朝鲜通商贸易，自然关心朝鲜政局。日本驻朝公使馆临时代办杉村浚认为，东学党骚乱为朝鲜历史上少有的重大事件，如果持续发展，势必会影响日本在朝鲜的利益。因而，日本公使馆希望中国出兵朝鲜，平息叛乱，并不至于借机生事，引发冲突。至于日本将向朝鲜调兵遣将的说法，袁世凯认为只是一种传言，并不足以信。

袁世凯的判断是对的，只是此一时彼一时。5月31日，东学党攻陷全州。第二天（6月1日），日本的立场就发生了显著变化。

这一天，日本公使馆译员郑永邦往访袁世凯，询问中国对全州沦陷的看法。袁世凯如实介绍中朝两国沟通情形，强调朝鲜已向中国求救，中国也在积极考虑。袁世凯、郑永邦的交谈，是两国外交官正常往来，是职责，也是本分。

袁世凯将此次会晤情形及时报告李鸿章，袁世凯判断日本政府面对国内纠纷，并不会向朝鲜大举用兵，即便日本会因中国出兵而出兵，其目的也不过如壬午、甲申两次故事，以保护公使馆名义象征性地派出数百人。袁世凯的报告坚定了李鸿章的信心。

郑永邦也在第一时间将此次会晤情形通过代理公使杉村浚向陆奥宗光报告。据陆奥回忆，日本国会此时正在开会，如往常一样，国会中的反对派对政府政策不遗余力进行攻击，政府竭力容忍，避免冲突。及至6月1日众议院通过谴责内阁的议案，政府才不得已采取最后手段，奏请天皇颁布解散议会的诏书。第二天（6月2日），日本内阁在总理大臣官邸开会，恰巧会议开始时，陆奥宗光接到公使馆电报，获悉朝鲜已向中国求救。陆奥以为此事重大，建议日本必须采取相应对策：

> 如果中国确有向朝鲜派遣军队的事实，不问其用任何名义，我国也必须向朝鲜派遣相当的军队，以备不测，并维持中日两国在朝鲜的均势。[①]

陆奥宗光

对于陆奥的建议，阁员们表示赞成，因为从日本利益角度看，确实没有反对的理由。内阁总理大臣伊藤博文立即请参谋总长炽仁亲王、参谋本部次长川上陆军中将参加会议。经紧急磋商，会议迅即对日军赴朝问题做出秘密决议，伊藤博文随即携此项决议进宫，循例奏请天皇裁夺施行。

由此推测：一、日本虽然很早就有与中国一战的预案，但甲午年间出兵朝鲜还是一个临时性决定；二、日本的目标为维持中日两国在朝鲜的均势。换言之，如中国此时不出兵，日本依然没有出兵的理由。

但随着局势演变，日本的政策也在变化。陆奥当天命令正在国内休假的驻朝公使大鸟圭介搭乘军舰返回任所；另由参谋本部密令第五师团抽调部分兵力做好出兵准备；密令轮船公司征集船只，筹集军需。

对于未来，日本政府经审慎讨论，确定如下原则：

> 即中日两国既已各自派出军队，何时发生冲突虽然未可逆料。如果发生战争，我国（日本）当然要倾注全力贯彻最初的目的，但在不破坏和平的情况下，应尽力保全国家荣誉，维持中日两国的势力均衡；其次，我国（日本）尽可能地居于被动地位，事事使中国成为主动者；且每当发生此种重大事件，根据外交惯例，在第三者的欧美各国之中

① ［日］陆奥宗光：《蹇蹇录》，伊舍石译，商务印书馆1962年版，第9页。

必然会有支持一方和反对一方的情形，除非事势万不得已外，必须把事态严格地局限在中日两国之间，应竭力避免和第三国发生纠葛。①

为战而胜之，伊藤、陆奥煞费苦心。6月2日晚，陆奥邀请参谋次长川上、外务省次官林董到其官邸推演策略：日本出兵，中国必来攻。中国兵力不至于超过5000人，而日本为了必胜则需要6000—7000兵力。派出这些兵力，如在汉城或汉城附近一战而胜，中国必来求和。那么日本就可以"轻胜而善后"。反之，中国不来求和，进一步增兵。如日本在平壤获胜，那么必定媾和。因此，他们建议日本至少应准备派出一个师团。②

日本的策划是秘密的，李鸿章、袁世凯甚至驻日公使汪凤藻既无法打听，更没有办法想象。袁世凯、汪凤藻仅从表面看到日本1890年颁布宪法后的政治混乱，以为政府、议会冲突极大地削弱了日本的力量，使日本很难就出兵朝鲜达成共识。

受袁世凯、汪凤藻影响，李鸿章6月4日命太原镇总兵聂士成率900名官兵由大沽前往牙山，救援朝鲜。6日，电命汪凤藻根据"天津共识"，将中国的决定通知日本。第二天（7日），陆奥照复汪凤藻，依据《江华条约》，否认朝鲜是中国属邦，并宣布日本也将向朝鲜出兵，保护商业利益。

节外生枝

6月9日，日本驻朝鲜公使大鸟圭介奉命率领400名海军陆战队员抵达仁川，随后返回公使馆寓所。

日本出兵，尤其是其态度让李鸿章犹豫不定。6月9日，李鸿章命直隶提督叶志超率1000余名清军日夜兼程赴牙山。③第二天，电命袁世凯不要轻举妄动。李鸿章寄希望于各国干预，相信通过外交斡旋，应能避免中日冲突。

当中日军队进入朝鲜时，朝鲜内部发生戏剧性变化。6月11日，东学党一部接受政府安抚，全琫准率义军退出全州，中日出兵理由不复存在，

---

① ［日］陆奥宗光：《蹇蹇录》，伊舍石译，商务印书馆1962年版，第10页。
② ［日］藤村道生：《日清战争》，米庆余译，上海译文出版社1981年版，第55页。
③ 戚其章：《甲午战争史》，上海人民出版社2005年版，第16页。

各国均希望中日撤军，维护和平。

在舆论压力下，大鸟公使、袁世凯于 6 月 12 日举行会晤，双方达成共识：中国不再增兵，日本后续部队不再登岸，原船返回。第二天（13 日），袁世凯、大鸟公使就撤兵问题继续会商。14 日，李鸿章电令袁世凯抓紧与大鸟就撤军时间做出决定。

大鸟确实在与袁世凯谈判共同撤兵，但日本政府却不这样想。12 日，陆奥训令日使小村寿太郎照会中国，否认朝鲜为中国属邦，宣称日本派兵根据为《济物浦条约》第五款，是维护日本在朝利益。13 日，陆奥电令大鸟让日军进驻汉城，暂不撤兵，即便引起外交纠纷，也在所不惜。14 日，日本内阁决定向中国提出"共同改革朝鲜内政"的要求。这个突如其来的变化将朝鲜问题复杂化。

日本提出"共同改革朝鲜内政"光明正大的理由是朝鲜内政混乱，财政混乱，政治腐败，其真实原因，就是不愿撤兵。

对于日本突如其来的节外生枝，中国方面毫无心理准备，甚至不明白日本的真实意图。汪凤藻在与陆奥对谈时，建议双方暂且搁置"共同改革朝鲜内政"的动议，待双方撤兵完成后再行商议。

日本不愿接受中方的建议，并宣布如果中国不愿接受日本"共同改革朝鲜内政"的建议，那么日本将独自进行。

鉴于日本的态度，汪凤藻建议李鸿章毫不犹豫地派遣大军赶赴朝鲜，彻底荡涤东学党之后再以实力与日本交涉。汪凤藻的建议虽说冒险，但未尝不是一个办法，两军相遇勇者胜。既然日本决定凭借武力，要求共同改革朝鲜内政；既然中国不愿与日本讨论这个问题，那么中国就应以实力为后盾。

然而，李鸿章却不这样想。他的第一反应是，朝鲜为中国属国，朝鲜事务是中国专有权力，内政是否改

大鸟圭介

革是中国与朝鲜的事务，日本无权说三道四。18日，李鸿章复电汪凤藻，命令他明确地拒绝日本的建议。理由有三：

第一，朝鲜内乱，现已平定，目前中国军队已无须代朝鲜讨伐乱党，中日两国合力平乱一节，可作罢论。

第二，日本政府对朝鲜谋善后之策，用意虽善，但朝鲜内政，只可由朝鲜自行改革，中国尚且不欲干预，日本既认朝鲜为独立国，当更无权干预其内政。

第三，变乱平定后应即撤兵一节，《天津条约》既有明文规定，今亦无再议必要。

李鸿章拒绝了日本的建议。

至于用兵，李鸿章也不愿接受汪凤藻、叶志超、袁世凯等人大规模向朝鲜集结的建议。相反，18日连电叶志超、袁世凯，叮嘱千万不要将在牙山的清军向汉城移动，不要与日军冲突，不要给日方提供寻衅口实。

调停失败

甲午战后，很多人以为李鸿章此时的决策有问题。其实从当时情形看，李鸿章这样回应日本的挑衅并无不妥。这是因为：第一，李鸿章看出日本的动机并非真的要给朝鲜建构一个长期稳定机制，而是要挑战中国的宗主权；第二，一个不可忽视的因素是，英俄两国均表示出面调停中日冲突。化危机于爆发之前，不战而屈人之兵。这是大军事家的基本谋略，李鸿章的想法并没有错。

列强不希望发生妨碍东亚贸易的战争，不希望改变现状。英国不希望日本的行动引诱俄国南下，损害英国利益；俄国对英国远东政策心存疑虑，也不愿意日本的鲁莽举动搅动远东，损害俄国利益。谁都知道，假如英国坚决反对中日开战，那么日本是不可能强行开打的。这是李鸿章不愿向朝鲜大规模增兵、扩大事态的真实原因。

"以夷制夷"，是李鸿章外交思想的出发点，是一大亮点，也是其毕生事业的最大败笔。本来，利用国际环境，为中国寻求利益最大化，是外交当局的本职，但李鸿章的许多随机发挥，总带有过于浓厚的谋略色彩，缺少大政治家的坦诚。

陆奥宗光在朝鲜内乱渐趋平息时节外生枝，提出什么"共同改革朝鲜内政"案，确实不是为了朝鲜，更不是为了东北亚稳定，而是要拖住中国，寻找与中国决裂、决战的机会，一举解决两国在东北亚过去20年的纷争。成功了，中国势力退出东北亚，日本也就打通了通过朝鲜进入欧亚大陆的通道；失败了，日本也只是一次尝试，将来一定还会这样做。对于陆奥的心迹，李鸿章多少猜到，因而他断然拒绝了日本的提议。

李鸿章拒绝了日本"共同改革朝鲜内政"的建议，但他也深知中国没有足够力量与日本抗衡，更不要说一决雌雄了。所以当英、美、法、俄、德诸国军舰纷纷向济物浦集结时，李鸿章相信各大国的介入一定能让中国避免与日本正面冲突，继续维护中国主导的东北亚秩序。

从当时大国关系看，与日本利益有交集并有可能冲突的，除了中国，就是俄国。

俄国是"帝国主义盛宴"上的迟到者，表现出非常强烈的扩张倾向。19世纪80年代以后，由于俄国在中亚的活动受到英国牵制，故俄国在法国的支持下，利用与中国漫长边境这一有利条件，直接侵吞了中国大片领土，更期待将朝鲜并入俄国版图。这样对俄国有两大好处：一、从陆上和海上对中国形成一个比较严密的半圆形包围圈；二、为俄国海军寻找到了一个或多个质地优良的出海口，使俄国海军可以直接进入太平洋、印度洋。①

俄国东向，与日本西向战略发生冲突。日本的战略目标就是要通过朝鲜踏上欧亚大陆。于是，日俄围绕朝鲜便不可避免发生矛盾。所以当朝鲜局势日趋紧张，俄国以不能置身局外为由，于1894年5月下旬，将炮舰开进仁川，密切监视局势的发展。

6月，俄驻北京公使喀西尼在回国途中，接到政府调解中日纠纷的命令。6月20日，喀西尼在天津与李鸿章举行会谈，李鸿章提及中俄两国1886年的共识，双方共保朝鲜独立、主权完整，共同抵制英、日等对朝鲜

①张蓉初译：《红档杂志有关中国交涉史料选译》，生活·读书·新知三联书店1957年版，第152页。

的觇舰，建议俄国力劝日本与中国约期同时撤兵。据李鸿章分析，日方对俄方的畏惧远远超过对英人的猜疑、恐惧，俄方出面劝阻日本，朝鲜和平应不成问题。

俄国正寻找介入朝鲜事务的契机，李鸿章的邀请使他们找到了一条捷径。6月25日，俄驻日公使希特罗渥求见日外相陆奥宗光，力劝日本与中国同时撤军：

> 中国政府已请求俄国调解中日两国纠纷，俄国政府甚望两国早日和平解决，因此，若中国政府撤出其派驻朝鲜之军队，日本政府是否亦同意撤退其军队？

陆奥拒绝了俄国的建议，但表示：

> 若中国政府能就下列两点保证其一而撤退军队，日本政府亦可撤退其军队，即：一、同意由中日两国共同负责改革朝鲜内政，直至完成为止；二、不拘任何理由，若中国政府不愿与日本共同承担改革朝鲜内政，日本政府则以独立实行之，届时中国政府无论直接间接皆不得加以阻碍。

继之，陆奥又向俄使保证两件事：

> 甲：日本政府除希望确立朝鲜之独立及和平外，绝无他意；
> 乙：将来中国政府不论采取如何举动，日本政府决不作进攻性之挑战，万一不幸此后中日两国不得不交战时，日本亦必立于防御地位。[①]

陆奥的表态迷惑了俄国，以为调停有望。6月30日，希特罗渥照会日本，声言如果日本拒绝与中国同时撤军，那么日本必须承担由此生发的重

---

① ［日］陆奥宗光：《蹇蹇录》，伊舍石译，商务印书馆1962年版，第38页。

大责任。

希特罗渥这句"重话"引起了陆奥高度重视，只是这个重视不是使他屈服于俄国的压力，相反促使他进一步冒险。陆奥暗想，俄国这时送来如此强硬的照会，其用意固然不易测其深度。但他深知，日本此时如果不问任何理由，在朝鲜滋生事端，当然也不是一件好事。不过，退而反观日本国内情形，事态已极大地推动了局势的变化，纵令中国从朝鲜撤军，日本如毫无作为，恐怕亦难以罢手。陆奥经与伊藤博文研判，决定明确拒绝俄国的动议。

7月2日，日本政府照复俄国，婉言拒绝共同撤兵要求，以为酿成此次朝鲜变乱的原因尚未芟除，促成日本派遣军队的内乱并未完全平服。日本向朝鲜派遣军队，对目前形势实属不得已之举，绝无侵略意思。若至朝鲜内乱完全平定，祸乱已无再起危险，当然即将军队撤回。

日本拒绝俄国劝告，其实就是拒绝俄国干涉，将朝鲜问题严格限定在中日之间。7月3日，日驻华代理公使小村寿太郎奉命求见总理衙门大臣，声明朝鲜事务应该而且只能由中日两国直接协商，日本不愿其他国家干预。

既然日本对俄国调停已明确拒绝，俄国必须重新考虑自己的立场。7月7日，俄国外交大臣吉尔斯电示驻华公使喀西尼，解释俄国政府在此之前要求日本从朝鲜撤兵只是一种"友谊的劝告"，俄国的根本立场是不宜卷入这场有关朝鲜的纠纷。俄国所遵循的外交目标是，不为远东敌对双方任何一国一面之词所蒙蔽、所利用，因为正如李鸿章所明知的，赞同维持现状就是偏袒中国，就是与日本为敌。[①] 这显然不符合俄国利益。

遵照指示，喀西尼7月9日派人前往天津面见李鸿章，表示朝鲜纠纷虽然明系日本无理取闹，借端生事，然俄国也只能以友谊劝告日本撤兵，不便使用武力强迫日本行动。至于朝鲜内政是否应改革，俄国不太清楚，因而不便表达立场。

俄国态度发生如此大的转变，出乎李鸿章预料。李鸿章闻讯感到格外失望，责怪俄国出尔反尔，不守信誉。李鸿章这个认识是对的，反应也是

①张蓉初译：《红档杂志有关中国交涉史料选译》，生活·读书·新知三联书店1957年版，第67页。

正确的，那么接下来就应放弃幻想，准备斗争，好好进行战争准备。然而遗憾的是，李鸿章依然不顾朝廷一催、再催、连三催，继续幻想不战而屈人之兵，将希望寄托在英国人身上。

朝鲜危机刚发生，英国就对中国表示同情，因而乐意接受中国调停的邀请。而日本在面对俄国压力时，也想到利用英国牵制俄国，利用英国弄清中国的虚实。

中日两国的信赖让英国跃跃欲试。7月1日，英驻天津领事面见李鸿章，表示英国公使欧格讷已数次致电伦敦，请求政府劝说日本与中国从朝鲜同时撤兵，英外交部指示驻日公使斡旋，但到目前为止还没有获得日本肯定答复。

对于英国的好意，李鸿章表示感谢，同时指出英国只是口头表示没有用，建议速令英远东舰队司令督带兵舰前往日本，责备日本重兵压境胁迫朝鲜之无礼，且扰乱东方商务，严重损害英国利益，勒令日本从朝鲜迅速撤兵，再议善后。

中日两国请求、默许，使英国以为自己特别重要，7月2日，欧格讷向中国提出调停方案：一、整理朝鲜内政；二、确保朝鲜领土完整。

对这个方案，总理衙门在当天面谈中并没有拒绝，以为中国政策出发点，原本就是要保全朝鲜，所以这个方案尽可由英国出面与各方相商，只是具体采取什么样的办法，届时再谈。

有了中国的同意，欧格讷和英驻日临时代办巴柴特反复电商，巴柴特遂向日本建议：中国对于日本曾提过提案，有附某种条件再行协商之意，不知日本是否可以重新提出来商量。

对于英国提议，陆奥宗光与巴柴特反复讨论。陆奥最后表示，中国提议是否出于诚意虽不无可疑，然日本决不愿破坏和平。假如中国同意为改革朝鲜内政由两国互派委员，且根据此精神，由中国先行提议，日本决不拒绝再开会谈。

欧格讷接到陆奥意见后，竭力劝说总理衙门启动与日临时代办直接商谈，希望中日两国以远东大局为重，不要诉诸战争。总理衙门对于英国好意不好拒绝，勉强接受。

在英国公使斡旋下，7月9日下午，庆亲王率孙毓汶、徐用仪、崇礼、张荫桓等总理衙门大臣与日使小村寿太郎举行会晤。在这次会议上，中国重申日本必须先从朝鲜撤兵，表示日本如不撤军，中国不能提出任何新建议，于是经英国居间调解的中日直接交涉无果而散。

箭在弦上

中国之所以在关键时刻后退一步，主要有两个原因：

其一，光绪帝对李鸿章先前诱导英国派军舰前往日本示威，用武力恐吓日本，劝阻日本从朝鲜撤军，表示不太满意，甚至认为根本不可取。7月4日上谕表示，日本挑衅，挟制朝鲜，假如事情真的很难收束，中国自应自保藩封，不宜借助他邦，致异日别生枝节。如照李鸿章方案进行，英国将来若以所耗军费向我取偿，中国必重陷两难境地。光绪帝批评李鸿章借力发力，用英国去恐吓日本非但示弱于人，且贻后患，并不可行。

其二，总理衙门在欧格讷强烈要求重开与日使谈判时，曾将欧格讷方案通报李鸿章，问中国是否可以接受整理朝鲜内政、保全朝鲜土地两个条件作为中日协商基础。李鸿章随即回复说，这个方案不能同意，所谓"整理"朝鲜内政，其实就是英国对待埃及的那种手法，朝鲜不会同意，中国也不可能办到。

正因这两重因素，总理衙门与小村寿太郎重开谈判时，根本没有答应英日两国已讨论过的方案，表示现在只需按《天津条约》一起撤兵，至于将来有事将来再说，大不了继续同时派兵就是了。至此，小村寿太郎已明白中国的立场，因而他表示事情未定之前，日本不会从朝鲜撤兵。

小村寿太郎的威胁并没有吓住中国代表，中国大臣明白表示日本必须先从朝鲜撤兵，然后才能谈到怎样劝说朝鲜整理内政等。对此，小村寿太郎表示无法接受，此次会谈无果而终。

此次会谈结果出乎小村寿太郎预想，他在归途专程前往英国公使馆，当面向欧格讷指责总理衙门背信弃义，以为中国做事太不地道。欧格讷闻言非常吃惊，以为清政府如此做法确实有点出格了，不过他依然好言劝说小村寿太郎，表示既然如此，除待他日寻找机会再谈外，也没有什么好办法。

日本原本不愿接受英国的调停，但一直苦于没有充足理由拒绝英国。

现在，英国经手的调停归于失败，反而使日本获得了行动自由、道义优势。日本赢得了英国的同情也就容易赢得欧美的理解。而且，朝鲜局势由于中日两国不断增兵已趋于高度紧张，日本早已打定主意在战场上决胜负，因而除了道义上应付英国调停外，并不想在开战前浪费更多时间。中国的态度为日本发动战争提供了借口，他们迅即利用这个理由断绝与中国的外交关系。

7月14日，小村寿太郎奉命照会总理衙门，以为朝鲜问题的关键主要在于内政不修，而要解决这些问题，莫善于日清两国勠力同心，协力帮助朝鲜改革。照会指出，中方断然拒绝日本，唯望日本从朝鲜撤兵。中国这样做，显然有意滋事。日本声明，嗣后如有什么不测之变，日本不任其责。①这就是有名的"第二次对华绝交书"。

日本如此挑逗，终于引发中国的愤怒。在第二天、第三天早朝中，君臣普遍沉迷在中国30年发展所积聚的巨大力量上，光绪帝一力主战，并传懿旨亦主战，不准借洋债。慈禧太后甚至旧话重提，传知翁同龢、李鸿藻，暗示10年前中法战争办理失当，军机处彻底改组，希望各位大臣汲取教训，好好布置，打出中国的气势来。

清政府上下的这些想法正中日本人下怀，日本求之不得尽快开打。日本外相陆奥宗光在第二次绝交书送出后，立即给驻朝公使大鸟发电：英国调停已告失败，现在必须断然处置。言下之意，战争是唯一手段。

朝鲜局面已非常紧张，大有一触即发之势。面对这种情况，英国公使非常着急，7月16日，他再度拜访庆亲王，表示如果中国能保证改革朝鲜内政，英国依然愿意和各国一起劝说日本从朝鲜撤兵。然而庆亲王坚持既定原则，仍持日本先撤兵，再议整顿朝鲜内政等。第二天，欧格讷第三次与庆亲王会谈，寻找解决方案，建议让日军撤往汉城以南，中国军队撤往汉城以北，然后再商整理朝鲜内政等。

现在的问题症结在于，中国主张中日两国先撤兵，再谈朝鲜内政改革；而日本主张先谈朝鲜内政改革，再谈撤兵。英国的调停也从这个地方着力，

①中国史学会主编：《日本使臣小村照会》，《中国近代史资料丛刊·中日战争》（2），新知识出版社1955年版，第618页。

但中日双方始终谈不拢。在这种情况下，日本蓄意要使中日谈判彻底破裂，于是通过英国提出一个中方无论如何都不会答应的条件，迫使谈判破裂。日本的条件是：中国必须在规定时间内以适当手续表明对朝鲜内政改革的态度、安排，否则日本不再就这些问题与中国进行会商。此外，中国如在此期间再向朝鲜增派军队，日本即认为是对日军的威胁。中国如能本此宗旨与日本会商，日本当不拒绝。否则，那就各行其是，各走各的路。

中国政府没有对这些要求给予及时回答，日本的意思就是不要回答，或者回答之前事情就已结束。然而，英国对日本这一做法很有看法。7月21日，英国向日本提出一项备忘录，指出日本此次对中国的要求，不仅与日本曾经言明作为谈判基础之处相矛盾，而且超越其范围。现在日本决定单独进行，且丝毫不许中国过问，这其实就是蔑视《天津条约》的基本精神。因之，如日本坚持此项政策，以致发生战争，日本应对其后果负责。

英国表面上很强硬，其实，只要日本下决心承担一切后果，下决心与中国一对一对打，英国和俄国一样，也会从偏向中国转为局外中立。日本已充分测试到英国的底线，所以日本对英国的恐吓并不觉得是怎样严重的一件事。7月23日，日本向英国提交了一份备忘录，强调日本此次要求于中国的条件，并没有像英国所诘问的那样，超越了过去作为谈判基础的范围，只因中国之提议已与日本过去提出的条件有不少大不相同之点，且《天津条约》规定中日两国向朝鲜出兵手续，此外并无其他约束。所以，英国若谓由此纠纷所产生之后果，由日本独自负责，日本无法接受这样的推定，因为当初中国若容纳日本提议或驻华英国公使之调停，与日本开会商讨，事态当不致如此严重。

对于日本这个表态，英国没有再提出异议，实际上默认了日本的看法，承认英国主导的调停至此失败。英国迅即向日本提出一个最低限度的要求：希望日本在今后不得不与中国发生战争时，能充分考虑英国的利益，希望日本不在上海及其附近地区与中国作战。

俄英调停失败，尤其是英日妥协，使日本更加有恃无恐，使日本在通往战争的路上越走越远。日本迅即强化战时体制，吸收枢密院议长、内阁首相、外相列席大本营会议，以求一致对外。大本营精心制订作战计划，明确作战目标为最后在直隶平原与清军主力决战，并一举击败清军，迫使清政府投降。

大本营认为，日中海军交锋将对整个作战计划起决定作用，特制定两个阶段作战方案。第一阶段，由第五师团出击朝鲜，牵制清军，留在国内的陆军随时做好增援准备；联合舰队在黄海或渤海寻找战机与北洋舰队主力决战，力争夺取制海权。

第二阶段，根据海战结果，考虑三种选择：

甲案：如海战胜利，即运送陆军主力于渤海湾登陆，进入直隶平原与清军主力决战；

乙案：如海战虽胜但并未取得制海权，再派陆军赴朝，驱逐在朝清军，扶植朝鲜"独立"；

丙案：如海战失败，则坚守在朝既有地盘，以图时局变化。

这个方案的核心是首先击垮北洋舰队，取得制海权。

基于这样的战略布局，预备役海军中将桦山资纪转为现役，被任命为海军军令部部长，负责筹组联合舰队，以伊东祐亨为司令长官，开往朝鲜西海岸，寻找与中国海军作战机会。至于驻朝公使大鸟圭介，也被陆奥宗光特别授权在特殊情况下有权临时处置，于是大鸟随后在汉城演出了一场明火执仗的大戏。

7月23日，大鸟公使指挥日军攻入朝鲜王宫，解除朝鲜军队的武装，囚禁国王及闵妃，诱胁、威逼国王生父大院君李罡应再度摄政，主持国事，建立由日方控制的傀儡政权，起用亲日派，逼退、驱散、迫害闵族集团人物。

在日方刺刀威逼下组建的朝鲜新政府，按照日方意图，7月25日宣布脱离中国，"独立自主"，废除中朝过去所订一切条约；授权大鸟公使率日军驱逐在朝全部清军。

第三章

战事初起：偷袭、对峙、大溃退

俄、英调停相继失败，日本对列强软硬不吃，顽固坚持与中国直接交涉，甚至不惜与中国大战一场，一决胜负。

丰岛海战

中国不希望为朝鲜事务与日本大打出手，尤其是李鸿章，更是坚守多年来的原则，尽量不与各国闹翻，尽量为中国赢得更多和平时间。洋务建设需要时间，中国不应因朝鲜而与日本决战。

基于这样的考量，李鸿章主张尽量避战，而不是备战。在战术上，李鸿章期待"以夷制夷"，希望各国出面劝退日本。为此，李鸿章耽搁了许多时间，没有像日本那样调兵遣将抢占有利时机和地形。

李鸿章利用大国斡旋是对的，但是没有军事上的准备却是错的。整个6月，中国一直将希望寄托在列强干涉上，没有进行必要的战争动员，没有及时向朝鲜调兵遣将。时间被一点点消耗掉了，赢来的不是日本让步、妥协，而是俄英两国外交官相继宣布调停失败。

中国政府内部早有人看到日本的狡诈、不可信，主战派、清流党，一直都在弹劾李鸿章"因循玩误"、"敷衍了事"。只是中国当时特殊的体制让这些反对太缺少理性色彩，因而也不太容易被政治高层接受。

事实证明，主战派的看法更合乎实际。于是亡羊补牢，清政府加紧调兵遣将，排兵布阵，急调卫汝贵盛军6000人、马玉昆毅军2000人、左宝贵奉军马步8个营、丰升阿盛军6个营，总兵力多达1.4万人，日夜兼程，赶赴朝鲜，大有与日军对抗到底的意思。

新调集的军队从海道进抵鸭绿江口大东沟登陆，经陆地进驻平壤，准备在朝鲜北部阻击日军。此外，李鸿章重金雇用英国商船"爱仁""飞鲸""高升"，运载天津练军2个营共2500人，分批驶往牙山，增援先期到达那里的叶志超、聂士成部。

毋庸讳言，李鸿章之所以租用英国运输船，有自己的深层考虑。因为当时中日虽未正式开战，但相互关系已非常紧张，战争一触即发。英国海军是当时的世界老大，不管日本怎么蛮横强硬，至少还不敢在海上公然践踏国际公约，对英国非武装的运输船痛下黑手。

另外一个原因是，既然日本已撕破脸皮，一再要求中国不得再向朝鲜增兵，而中国尽管有号称世界第六强或第八强的北洋海军，但如果用北洋海军运送兵员，可能会给日本留下借口，引发无谓争执。

大规模海上运兵，存在许多不确定因素，北洋舰队提督丁汝昌电请李鸿章，欲率北洋舰队护送接应，但遭李鸿章复电否决。很显然，李鸿章担心北洋舰队与日本海军擦枪走火。

7月21日，下午，满载清军以及武器弹药的"爱仁号"从大沽口起航。翌日傍晚，"飞鲸号"离港。第三天，7月23日，晚，"高升号"从大沽启程。北洋海军副将方伯谦率"济远""广乙""威远"3舰护航。

爱仁、飞鲸在牙山顺利登陆，但高升号却在丰岛附近发生了大问题。

丰岛，是牙山湾外群岛中的一个岛屿，地处牙山湾要冲，为进出牙山湾必经之路。7月25日晨，方伯谦率"济远""广乙"两舰出海迎接"高升"号。

7时20分，返航中的"济远号"突然发现有3艘日舰迎面扑来，指挥官随即命令投入战斗，准备迎敌。中日双方战舰迅即进入战斗状态。20分钟后，中日战舰相距3000米时，日舰吉野率先开炮，拉响了丰岛海战序幕。

日舰较"济远"等舰购置得稍迟，装备因而稍微先进，拥有火力猛烈的速射炮。济远等舰装备稍旧，只有旧式后膛炮，在火力上处于明显劣势。但济远管带方伯谦、帮带大副都司沈寿昌、枪炮二副柯建章、水师学堂见习生黄承勋等并没有被日舰吓倒，他们率全舰官兵拼死搏战，奋勇发炮。只是由于日舰炮火猛烈，开战不久，沈寿昌被弹片击中头部，壮烈牺牲。柯建章毫不犹豫，登上瞭望台接替指挥。瞬间，日舰一炮击中"济远"前炮台，弹片洞穿柯建章胸部，其当即阵亡。黄承勋义愤填膺，飞身跃上瞭望台，召集炮手瞄准射击，猛轰"吉野"。不料，"吉野"的一枚炮弹在他身边爆炸，黄承勋半截胳膊被炸飞，当即倒地阵亡。

很显然，清军在舰艇质量、速度及人数等各方面均处于劣势，以两舰对三舰，但清军将士并没有坐以待毙，而是顽强对抗。战场是综合实力的对抗，敌众我寡，敌强我弱，精神可以奋一时之勇，然在苦苦支撑、激战1个多小时后，"济远"渐渐很难继续搏斗。管带方伯谦令"济远""广乙"两舰不再恋战，设法突围，保存实力，徐图复仇。

其实，在战斗打响不久，"广乙"就受了重伤，难以再战，将士伤亡

70余人，遂先行驶离战场，后冲滩搁浅。管带林国祥焚舰登岸，后转搭英舰回国。途经仁川时，在日军强迫下，林国祥等具结声明"永不与闻兵事"后方被放行。

"广乙"退出战场后，3艘日舰合围"济远"。"济远"经激烈炮战，官兵死伤60余人，舰身多处受伤，很难再战。在艰难支撑中，终于找到了一个机会，迅速掉头朝西，向中国方向突围撤退。"济远"将士相信，如果赶得巧，或许有北洋舰队给予接应。"吉野""浪速"全力追赶。就配置、航速而言，"济远"比不上日舰"吉野""浪速"。"济远"一方面全速西向；另一方面在眼见"浪速"追上时打出免战白旗，全速驶离战场。

"济远"诈降起了作用，敌舰不再追赶，或者说放慢了追赶速度。然而，"济远"既然是诈降，当然会利用这难得机会，利用敌舰短暂犹豫，突出包围，拼命西逃。毫无疑问，"济远"将士成功运用了诈降手段，扭转先前被尾追的被动局面。

据说，白旗在海军交战中可以有多种解释，蕴含有多重含义。把白旗理解成投降，可以；把白旗理解成没有敌意，也可以。没有敌意，并不意味着投降。所以挂上白旗的"济远"只是表示自己此时无敌意，所以不愿放弃逃生机会。而在日本舰队司令官看来，既然挂上白旗，就意味着愿意投降；既然愿意投降，还往中国方向全速逃跑，就是欺诈。所以，日舰在短暂犹豫后反应过来，继续全速追赶，并向"济远"发出停止前进的命令。在距"济远"大约3000米时，"浪速"对挂有白旗的"济远"开炮猛轰。

炮击没有使"济远"停止前进，"济远"只是在白旗下加挂一面日本海军旗，期待以此继续迷惑日舰，而"浪速"此时似乎又有点相信，所以向旗舰"吉野"报告说敌舰已降服，"浪速"已向"济远"发出停止航行的命令。

可怜的"高升号"

在"浪速"被迷惑时，运载清军、武器弹药的运输船"高升号"出现了；紧接着，北洋舰队通信舰操江号也进入日舰视野。

"高升号""操江号"的出现极大缓解了"济远"的压力，分散了日舰注意力。操江在11时许与正在西逃的"济远"擦肩而过，大概是太紧张，"济远"不仅没有帮助"操江"，甚至没有通过旗语向"操江"暗示危险。这一点让"操江"将士后来很不满意。

"济远"全速西逃，又出现了"高升""操江"，战场上一下子多出两个目标，遂使日舰队司令感到兵力不济。日舰队司令稍事考虑，调整部署，令"浪速"放弃追踪"济远"，专门对付"高升"；令追击"广乙"至浅滩的"秋津洲"追击已向西逃跑的"操江"。至于正全速西逃的"济远"，则由舰队司令官所在旗舰"吉野"对付。

部署调整后，"吉野"全力追击济远。中午 12 时 30 分，"吉野"追至距"济远"大约 2000 米处，连发 6 枚炮弹，重创"济远"。

"济远"将士非常愤怒。在他们看来，既然挂上了白旗，又挂上了日本海军旗，其实就是表明自己无意恋战，无意以日舰为敌；自己全速西向逃走，也只是活命，只是保全舰只而已，日本既然欺人太甚，"济远"官兵在主炮被毁、主炮手或亡或伤的情况下，决心破釜沉舟，背水一战，许多水手挺身而出，奔向尾炮，连发数弹击中"吉野"指挥台。接着，"吉野"舰首、舰身连连中炮。"吉野"孤军无援，心生胆怯，只好竖起白旗、黄龙旗，表示不再追击，仓皇转向，沿来路返回。"济远"终于摆脱困境，从容返航。

"济远"在丰岛海战中保全了下来，但它忘记了自己的职责是为"爱仁""飞琼"和"高升"3 艘运输船护航，忘记了作为旗舰应保护战斗力很低的"操江"通信舰。这也是后来清政府向方伯谦问罪的重要原因。

"爱仁""飞琼""威远"都已安全返航，"广乙"搁浅自焚，剩下的只有"操江"和"高升"。

"操江"主要用于通信、运输，是一艘老式木壳军舰，至此已服役 20 多年，设备老化，配置陈旧，船上 5 门火炮在浩瀚的大海对付海盗还可以，真要与日军作战，简直就是以卵击石。所以当"操江"将士发现"济远"匆匆西逃，就知情况不妙，迅即掉转航向，向中国方向急驰而去。然而，日舰"秋津洲"一路狂奔，下午 2 时追上"操江"，发炮示警，命停止前进，就地抛锚。毫无抵抗力的"操江"在随舰丹麦人的劝说下，只好挂上白旗和日本旗，表示投降。舰上 20 万两饷银、20 门大炮、3000 支步枪及大量弹药全部落入敌手。至此，战场上只剩"高升号"。

"高升号"上载有 1000 多名清军官兵。该船出现在丰岛海面的时间为早上 8 时。但由于"高升号"是英国商船，挂着英国国旗，所以"高升号"

发现日舰后并没有多少恐慌，而是按照计划继续在预定航线上前行。

9时许，日舰浪速逼近"高升"，鸣放两声空炮，用旗语要求"高升"下锚停航，就地待命。"高升"船长高惠悌是英国人，他见日舰气势汹汹，不可阻挡，当然不会选择对抗，即便为船上1000多名清军将士安全考虑，高惠悌的选择也只能是接受日方指令，停止前进，接受检查，避免无谓冲突，避免不必要伤亡。更何况"高升号"只是一艘运输舰，没有大炮之类的配置；船上的清军也非海军，没有海上战斗经验，甚至很多人根本不会游泳。基于这种种考虑，好汉不吃眼前亏，高惠悌下令停船下锚。

10时许，"浪速"放下一只小艇，几名全副武装的日本军人在人见善五郎大尉的带领下，乘坐这只小艇登上"高升号"，要求检查商船执照。高惠悌在接受检查时，提请日方注意"高升号"是在伦敦注册的英国籍商船。

日军无论怎样蛮横，怎样期待与中国开战，都不敢无视英国利益，更不能侵犯英国商船。不过，"高升号"上毕竟装载有1000多名清军，而日本在几天前就明确告诫清政府不要向朝鲜增兵。所以，日军可以不对"高升号"采取措施，但毫无疑问，他们不会放过这些清军。

高惠悌与日方交涉的详细情况，清军将士并不知道，只是出于敏感，清军带队将官请求搭乘"高升号"的德国人汉纳根转告高惠悌，表示清军官兵宁死也不愿当俘虏。汉纳根会中文，一方面将这个意思向高惠悌作了传递；另一方面劝慰清军将官注意维护船上秩序，这样或许有利于高惠悌与日方谈判。

日方其实也没有什么好谈的，他们既然不能打击属于英国的商船，就只能让"高升"跟着"浪速"，驰向日本海军基地，然后再作处理。

将"高升号"拖至日军基地，当然是清军无法接受的。只是"高升号"毕竟不是一艘战舰，船上1000多名官兵毕竟不是水手，比较合乎情理的选择，就是最大限度减少损失，"高升号"暂时接受日方安排，然后通过外交渠道去解决。所以船长高惠悌回答日方说，如果你们这个说法就是命令，那么我没有别的办法，只有在表示抗议的同时予以服从，因为一艘商船绝对无力抵抗一艘军舰。

"高升号"是英国商船的事实使清军存在幻想，他们觉得既然乘坐英国商船，就等于站在英国土地上，所以他们无论如何不愿被拖至日军基地。

他们既然已无法继续前往牙山，那么他们希望英国船长将他们按照原路送回大沽。日方当然不会同意清军返回大沽，而高惠悌也不愿违背日方意志，反复向清军解释：任何抵抗都是徒劳的，因为一颗炮弹就能在短时间内使"高升号"葬身大海。

清军将士的坚守使"高升号"上的欧洲船员非常为难，作为非武装人员，他们当然不愿意与清军一样送死。欧洲船员通过船长高惠悌向清军将官提出，如果清军执意要与日方开战，那么请允许"高升号"欧洲船员安全离开。

这对欧洲船员来说，当然是一个合理要求。但一个实实在在的问题是，这些船员离开后，"高升号"无人驾驶，那就会变成一个漂游的孤岛，1000多名清军就成为任人宰割的羔羊，毁灭只是瞬间。所以当清军官兵明白外国船员的意思后，他们无论如何也不愿意这些外国船员离开。原本中日间的冲突瞬间转为清军将士与欧洲船员间的矛盾。当这些矛盾得不到合理解决时，欧洲船员无论如何也应对自己的乘客负责，清政府是这艘运输船的雇主，没有乘客的同意，无论如何不能擅离职守。可是，这些欧洲船员并不愿意遵循这些行规、伦理。他们向"浪速"发送信号，要求日方派小船接他们。

漫长的交涉、哄闹使"浪速"上的日方也弄不清"高升号"上到底发生了什么事，在高惠悌一再请求下，"浪速"上的日方再一次乘坐小船靠近。这一次，清军官兵情绪激昂聚集在甲板上，他们既不愿日方登船，也不愿欧洲人离开。不得已，日方只好与清军将官直接谈判，汉纳根翻译，船长高惠悌在场。经过长达3个小时交涉，依然没有达成一致。

中午12时30分，早就不耐烦的日方担心高升号上的清军利用英国商船的身份拖延时间，以待后援。所以"浪速"用旗语通知高升号上的所有欧洲船员立即离开。下午1时许，"浪速"行至距"高升号"约150米处，突然向"高升号"开炮猛轰。

"高升号"只是一艘商船，上面没有装甲，也没有大炮，在日舰猛轰下，犹如一只靶船。船身迅速起火，急剧下沉。欧洲船员迅即拿起救生衣跳水逃生，而中国将士在仁字军营务处帮办高善继的带领下，沉着镇定，大义凛然，视死如归，齐声呐喊杀贼，用步枪奋勇射击，直至"高升号"全部沉没。

而残暴的日军，竟用快炮射杀落水清军，长达 1 个小时。据研究，除 200 余人侥幸逃生获救，"高升号"上共有 871 名将士壮烈殉国。

交手成欢驿

按照日军大本营计划，其对付清军的行动规划是双管齐下，水陆并进，既在海上拦截中国运兵船，寻找机会与北洋海军主力决战；又在陆地上突袭、打击驻朝清军，直至将清军围歼在朝鲜。7 月 23 日，即丰岛海战前两天，大本营密令第九混成旅团长大岛义昌率部从汉城南下，直扑牙山。

牙山距汉城 70 公里，是叶志超、聂士成率部进入朝鲜之后的临时营地。叶志超、聂士成统率的 4000 清军入朝后，朝鲜的形势在发生变化：一方面，东学党起事在朝鲜政府让步后渐趋平息，一部分义军与政府和解；另一方面，日本在清军进入朝鲜后也向朝鲜集结，这不能不引起中方的疑虑。李鸿章格外叮嘱叶、聂两部后撤至牙山，不要轻易进入汉城，不要与日军冲突，更不能擦枪走火。

大岛义昌的异动，迅即引起中方的关注，为防止正面冲突，清军迅速调整部署，由聂士成率 2000 名主力撤至成欢驿，叶志超率部守公州以为后援。

成欢驿位于朝鲜忠清道平泽县东南，稷山县西北，是汉城至全州必经之地。成欢驿东西高山丘陵环绕。东有月峰山、西有银杏亭、牛歇里高地，地势险要，易守难攻。聂士成将部队布置在左、右两翼，左翼以牛歇里高地为主，右翼依成欢驿东面之月峰山修筑防御工事。

7 月 25 日，即"高升号"事件发生同一天，聂士成探知日军向成欢驿扑来，慷慨誓师，激励将士英勇杀敌。是日夜，日军 4000 人兵分两路，偷袭成欢驿。由武田秀山中佐率 4 个步兵中队、1 个工兵中队从右翼进攻。夜 3 时许，偷袭的日军悄悄渡过安城渡，到达佳龙里。夜色昏暗，伸手不见五指，加上道路崎岖泥泞，前锋士兵迷路，闯入村内，打算抓人问路。此刻，日军的一举一动，早被预先埋伏的清军看得真真切切，眼见日军进入伏击圈，武备学生周宪章、于光圻等率士兵 20 余人，突然从道路两侧民房向日军猛烈射击。日军猝不及防，黑夜中又不辨方向，搞不清清军人数、位置，一面胡乱射击，一面匆忙后退，至全部匍匐于水田之中，狼狈不堪。接应梯队听到前方激战，急忙救援，时受伤的山田四郎中尉率 3 个分队向前急奔，因地形不熟，黑夜中前冲心切，有 29 人误冲入沼泽之中，全部淹死。中队长松崎直臣大尉为摆脱不利处境，下令冲锋。清军骑兵出现在佳龙里村边，射出密集子弹，松崎被子弹击中头部，当场毙命。日军大惊，全队仓皇逃走，拥上狭窄的安城渡桥，踩伤、溺死日军多人。

就在前队日军行将瓦解之际，武田率大队赶到，再次向清军发起冲锋，战斗异常激烈。可惜清军伏兵少，骑兵因沼泽、水田地形不利于展开而后撤。步兵也只有 20 多人，又无援，终于不支，周宪章等 20 余人壮烈牺牲。凌晨 4 时，日军攻占佳龙里。

右翼日军得手时，大岛义昌率 9 个步兵中队、1 个炮兵大队和 1 个骑兵中队，对月峰山清军发起进攻。由于在兵力、火力上清军处于明显劣势，交战不到 2 个小时，第一、第二营垒即被攻破，仅余第三、第四营垒。面对日军 8 门野炮的密集炮火，聂士成临危不惧，指挥若定，清军以一当十，奋勇杀敌。后因弹药用尽，后援不继，第三、第四营垒也被日军占领。激战至早晨 7 时 30 分，成欢驿左、右两翼阵地均告失守。余部被迫退守成欢驿街道，遂被日军四面包围，不得已，聂士成率部突围，退往公州。

镇守公州的叶志超贪生怕死，拒不救援，反以敌众我寡、公州难以再守为由，竟自率部沿朝鲜东海岸经清州、兴塘渡汉江、大同江退往平壤。聂士成无奈，只好随叶志超北走，沿路收集残部，历时月余，行程千余里，抵达平壤。

成欢驿之战，是中日在朝鲜陆地上的一次小规模交锋，以清军战败，丢掉牙山、成欢驿，损失 8 门大炮及大批大米、弹药等军需物资，败退平壤而结束。日军死 37 人，伤 50 人；清军伤亡 200 余人。

同一天相继发生的丰岛海战、成欢驿之战，是 1894 年甲午战争正式爆发前的一次前哨战，问题凸显，清军士气从此日落千丈，失败主义情绪在军中弥漫；而日军却通过两次小胜积大胜，赢得了先机，振奋了军心，日本国内到处充满着胜利的气息。

与日本国内情形很不一样。两天后，7 月 27 日，丰岛海战的消息传到北京。清廷对此并没有多少激烈反应，在他们看来，日本击沉"高升号"，虽然死的是清军，但这艘运输船毕竟属于英国，英国政府对此不可能保持沉默。清政府某些人甚至怀有这样的心理，暗自庆幸"高升号"事件的发生，认为这样可以将英国拉下水了，英国怎能轻易放过日本？

其实，这些人忘了，"高升号"是英商租给清政府使用的，在签订租用合约时，清政府就有明确承诺：如因战争造成轮船损失，由清政府负责赔偿。所以英国政府对"高升号"被击沉，并没有认为是英国的损失，更不认为是日本故意侮辱英国。何况，日本在事后第一时间就向英国做了解释，达成谅解。

至于牙山之战、成欢驿之战的消息传到北京，今天看来就更可气可笑。叶志超，一个临战无措的主帅，竟然大言不惭饰败为胜，谎报战功，吹嘘"牙山大捷"；更可恨的是，叶志超的伎俩竟然蒙蔽住了清廷，竟然得到朝廷命令嘉奖，并在稍后的平壤大战中被委以总统诸军的重任。指望这样的朝廷、这样的将军与日军对阵，怎能不失败？

宣战

丰岛海战、"高升号"事件，以及中日双方在牙山、成欢驿的交手，毕竟还只是牛刀小试，因此中国人并没有因为这几次小小的失败而垂头丧气。相反，中国人觉得忍无可忍，只能绝地反击，一雪前耻。

7月29日，清政府下令召回出使日本大臣汪凤藻。30日，总理衙门照会各国公使，控诉日本悖理违法，首先开衅。31日，日本外务大臣陆奥宗光照会各国公使，宣称战争状态已存在于中日之间。

光绪帝

第二天，1894年8月1日，光绪帝、日本天皇不约而同发布宣战诏书。光绪帝说：

> 朝鲜为我大清藩属二百余年，岁修职贡，为中外所共知。乃倭人无故派兵，突入汉城，嗣又增兵万人，迫令朝鲜更改国政，种种要挟，

难以理喻。各国公论皆以日本师出无名，不合情理，劝令撤兵，和平商办，乃竟悍然不顾，反更陆续添兵，乘我不备，在牙山口外海面，开炮轰击，伤我运船，变诈情形，实非意料所及。该国不遵条约，不守公法，任意鸱张，专行诡计，衅自彼开，公理昭然，用特布告天下，俾晓然于朝廷办理此事实已仁至义尽，而倭人渝盟肇衅，无理已极，势难再予姑容。①

明治天皇睦仁宣战诏书说：

朕此对清国宣战，百僚有司，宜体朕意。海陆对清交战，努力以达国家之目的。苟不违反国际公法，即宜各本权能，尽一切手段，必期万无遗漏。惟朕即位以来，于兹二十余年，求文明之化于平和之治，知交邻失和之不可，努力使各有司常笃友邦之谊。幸列国之交际，逐年益加亲善。讵料清国之于朝鲜事件，对我出于殊违邻交有失信义之举。朝鲜乃帝国首先启发使就与列国为伍之独立国，而清国每称朝鲜为属邦，干涉其内政。于其内乱，借口于拯救属邦，而出兵于朝鲜。朕以明治十五年条约，出兵备变，更使朝鲜永免祸乱，得保将来治安，欲以维持东洋全局之平和，先告清国，以协同从事，清国反设词拒绝。帝国于是劝朝鲜以厘革其秕政，内坚治安之基，外全独立国之权益。朝鲜虽已允诺，清国始终暗中百计妨碍，种种托词，缓其时机，以整饬其水陆之兵备。一旦告成，即欲以武力达其欲望。更派大兵于韩土，要击我舰于韩海，狂妄已极。清国之计，惟在使朝鲜治安之基无所归。查朝鲜因帝国率先使之与独立国为伍而获得之地位，与为此表示之条约，均置诸不顾，以损害帝国之权力利益，使东洋平和永无保障。就其所为而熟揣之，其计谋所在，实可谓自始即牺牲平和以遂其非望。事既至此，朕虽始终以平和相始终，以宣扬帝国之光荣于中外，亦不得不公然宣战，赖汝有众之忠实勇武，而期速克平和于永远，以全帝

---

①中国档案汇编、故宫博物院文献馆编：《上谕》，《清光绪朝中日交涉史料》卷十六，故宫博物院文献馆1932年版，第3页。

国之光荣。[①]

光绪帝宣战诏书充满悲情，以宗主国身份昭告天下；明治天皇诏书从近代国家建构视角解释中日冲突由来。这两份文件对各自立场的解释都相当充分，因而深刻影响了后来国际社会的立场、态度。

平壤之战

中日相互宣战后，并没有立即开打，但双方都在加紧调兵遣将，进行布局。

日本大本营无法确定与北洋海军主力决战的具体时间，因而决定以陆军对朝鲜、以海军对中国，双管齐下，寻找战机。8月14日，日本大本营决定将第五师团后援部队及第三师团全部投入朝鲜战场，合编为第一军。任命枢密院议长山县有朋为军长，星夜启程，驰往朝鲜釜山、元山、仁川集结。次日，日本颁布《军事公债条例》，强征民众献金，以充战争物资准备。9月8日，山县有朋率第三师团长桂太郎中将、军参谋长小川又次少将在联合舰队的护卫下到达仁川，统一指挥在朝日军。甫抵仁川，山县有朋即指挥日军全线展开，分进合击，包围平壤。

在朝鲜危机爆发之初，李鸿章就根据朝廷部署向朝鲜派遣南北两路大军。南路为由"高升号"等运输船运送至牙山的部队，主要是为了接应、援助驻扎在那里的叶志超、聂士成部，但未能成功；北路为陆路入朝的盛军、毅军、奉军等四路大军，总兵力1.3万多人，堪称清军精锐，主体部分为淮军旧部，分别由卫汝贵、马玉昆、左宝贵统领，练习西洋新式武器多年。

北路大军从陆路入朝后，平壤形势已非常紧张。中日双方都清楚，平壤是朝鲜北部最重要的战略据点，谁先进入谁就占有先机，谁就有胜利的可能。所以中日双方在其战略布局中都以抢占平壤为最急要务。7月31日，卫汝贵一部率先进入，至8月9日，北路各部分别完成在平壤的集结。

清军已控制住了平壤，但在平壤的清军各自为政，互不统属。叶志超从牙山溃退平壤后，颠倒黑白，谎报战功，将千里溃逃描写成屡战屡胜，

---

①戚其章：《甲午战争史》，上海人民出版社2005年版，第79页。

战略转移。李鸿章不辨真伪，上奏朝廷。而朝廷大约此时也需要这样的喜讯以激励人心。8月25日，任命叶志超为平壤各军统帅，责其督率诸军，相机进剿，并发饷银两万两。

一个恇怯畏敌且又惯于谎报军功、饰败为胜的人竟然成了前敌总指挥。日军将领闻讯窃笑，清军内部稍微了解真相的人非常生气，"一军皆惊"，当然也不会服气。将帅间矛盾激化，将帅不睦。叶志超却得意忘形，并不认真筹备战守。

9月8日，日军大本营由东京迁入广岛，以就近指挥，天皇也来到广岛坐镇。日军1.6万人，在山县有朋的统率下兵分四路直扑平壤，前锋大岛混成旅团12日进抵平壤外围并发起佯攻。14日，日后续部队完成对平壤的包围，切断清军退路。然后采取分进合击战术，从各个方向对平壤清军进行骚扰式攻击，不断蚕食清军防地，扰乱清军注意力。

平壤，北倚崇山，东、西、南三面大同江环绕，城墙高10米，玄武门外牡丹台为全城制高点，地势险要。各路总指挥叶志超日日"置酒高会"，醉生梦死。一听日军来犯，慌了手脚，急召众将，以"我军弹药不济，地势不熟"为由，提出撤出平壤，其实就是弃城逃跑。左宝贵挺身而出，坚决反对临阵脱逃，力主抗敌。叶志超见左宝贵反对甚为激烈，又顾虑朝廷严词切逼，不敢贸然违抗，于是匆忙布置防守，制订了一个死守平壤作战计划：令马玉昆守城南、大同江东岸；卫汝贵守城西、西南；左宝贵、丰升阿、江自康守城北；自己在城中，号称"居中策应"。

9月15日，凌晨，日军发动总攻，大小炮弹纷发如雨，炮声隆隆震天撼地，硝烟如云，火光映天，杀声阵阵。

马玉昆驻守大同江东岸船桥里，这里遭大岛义昌部猛烈进攻。马玉昆，字景山，安徽蒙城人，性格坚毅沉稳，胆识过人。1864年投宋庆毅军，积功至副将，以总兵记名。曾出嘉峪关与左宗棠共抗阿古柏、沙俄，被称为"勇略冠诸将"。后调北洋，驻防旅顺。此次入朝，面对强敌，马玉昆沉着冷静，指挥士兵奋勇杀敌。战场上枪炮声震天动地，日军伤亡惨重，连预备队也投入了战斗。激战中，日军一度突入清军阵地，而清军官兵无一后退，双方白刃格斗，日军伤亡过多，狼狈逃走。稍停，日军又发起冲锋，双方多次肉搏。

中日两军在大同江岸鏖战多时，卫汝贵率盛军过江助战，清军士气大振，人人奋勇，个个争先。在马玉昆的指挥下，清军官兵跃出堡垒，向日军发起反冲锋，炮兵也越打越猛。日军自凌晨战至中午，水米未进，饥饿疲惫，弹药用尽，旅团长大岛义昌、联队长西岛助义等均被击伤，自将校以下死者约 140 名，伤者约 290 名。第 21 联队中各大队长非死即伤。第 2、第 4、第 10 中队除 1 名少尉外，所有军官非死即伤。战至午后 1 时，大岛义昌见实在难以支撑，下令撤退，匆忙逃离战场。

船桥里一战，清军重创日军，获得大胜。这是清军在朝鲜战场取得的唯一一次较大胜利。战后，日军对马玉昆及其部下闻之丧胆。在船桥里歼敌的同时，驻守城西的卫汝贵，也顽强挡住了野津道贯第五师团主力的进攻。

城北战场，是平壤保卫战的主要战场。城北玄武门牡丹台，巍然屹立于平壤城北角，是全城制高点，可谓天设险堑。另有 4 座堡垒拱卫，"垒壁高五丈，炮座完备，掩蔽坚固"。若此地一失，平壤全城必告急。日军深知牡丹台的重要性，投入朔宁支队、元山支队总计 7000 余人，约占日军进攻平壤总兵力一半。15 日凌晨 4 时 30 分，日军先以炮火猛轰牡丹台清军堡垒，继以步兵轮番冲锋。守军将领左宝贵身先士卒，登城指挥，激励清军奋勇杀敌。

左宝贵，字冠廷，山东费县人，1856 年入清军，因作战勇敢，屡立战功而多次被提升，赏戴双眼花翎、穿黄马褂，头品顶戴，赐"建威将军"，驻防奉天。左宝贵治军严整，部下战斗力极强。此战前，当众怒斥主帅叶志超贪生怕死，发誓与平壤共存亡，并派兵日夜

左宝贵

看守叶志超，防其逃跑。战场上，左宝贵激励官兵"进则定有异常之赏，退则加以不测之罚，我身当前，尔等继之"。将士感奋，全力死战，战斗激烈空前，"四处如天崩地塌，满空似落雁飞蝗，日月无光，山川改色，鸟望烟而遁迹，兽闻响而潜踪"。双方兵士"互相混战，草木皆红"。

日军见清军拼命，一时难以得手，遂改变策略，集中炮火猛轰清军堡垒。至晨8时，清军城外4座堡垒均被日军炮火摧毁。日军分东、北、西三面包围牡丹台并发动总攻，全力与清军争夺平壤制高点。左宝贵见日军进攻凶猛，命令用速射炮平射，横扫日军，杀伤多人。激战多时，日军集中炮火，猛攻牡丹台，炮弹如飞蝗一般。日军施放的榴雾弹威力极大，将清军速射炮全部击毁，步兵随即冲上牡丹台，清军几经白刃拼杀，终于不支，退入玄武门，牡丹台遂告失守。

坐镇玄武门指挥的左宝贵，眼见情况危急，几次派人前往叶志超处请求发兵增援，均遭拒绝。遂亲自前往叶营求援，百般陈述利害。叶志超顾及自身安全仍拒绝发兵增援。左宝贵愤然离去，抱定必死决心，换上黄马褂，头戴珊瑚冠，岿然立于城头，指挥杀敌。操炮士兵中弹身亡后，左宝贵点燃大炮，连发36弹，炮弹连连在敌阵营中爆炸。日军指挥官惊呼"凡能击中头戴红顶翎者，万金赏"。激战中，先是一发炮弹在左宝贵身边爆炸，弹片击中胸部，而他继续带伤操炮不止。随后不久，其面部、左胸，相继中弹，血染征袍，他仍巍然挺立，大声指挥士卒还击，直至被抬下城后"始殒"。

主帅阵亡，属下3个营官非死即伤，指挥失灵，但数百士兵毫不退却，英勇不屈，奋勇发射枪铳。嗣后日军炮火将城楼摧毁，仅剩4根柱子。清军无险可据，与登城日军拼死搏杀后，退入城内，日军趁机攻占玄武门。

左宝贵战死，牡丹台、玄武门相继失守，平壤保卫战进入异常艰难时刻。由于马玉昆、卫汝贵挡住了日军对平壤西南方面的进攻，激战一日，日军死伤近700人，伤亡人数远多于清军，弹药、粮食已用尽，因在城外，冒雨露宿，处境极为艰难。此时，如果叶志超妥为筹划，战事尚有一搏。无奈，惊恐万状的叶志超早已方寸大乱，心中只盘算着如何逃命。他一面令马玉昆、卫汝贵率部火速撤退，一面于下午4时，在七星门上挂起白旗，派一朝鲜人持停战书送至日军兵营，并在未与众将商议的情况下，以统帅身份下令弃城逃走。

当夜，电闪雷鸣，大雨倾盆。清军从各门拥出，有的从城墙攀缘绳索而下，由于指挥不力，命令传达不通，突围清军群龙无首，全无队形，四散拥挤而逃。加之道路狭窄，泥泞不堪，乱成一团，仓皇沿义州大道北逃。日军预计清军会趁雨夜突围，早已设下埋伏，半路突然冲出，截杀清军。混战中，清军全无抵抗能力，前面的士兵遇日军排炮轰击，只得掉头回跑；后面的军队不知底细，舍命前冲，黑夜间不分敌我，竟致互相残杀。既遭敌炮，又中己枪，自相践踏，哀号之声震动四野。仓皇中的官兵，或投水自尽，或拔刀自刎，或头碰石碑，或自缢树枝，遍地死尸，血水和着雨水，染红山川草木。仅箕子陵二三百步间，清军尸体山积，堵塞道路。50步内，伏尸竟达120人，马30匹，相互枕藉，惨不忍睹。这一夜，清军有2000余人被击毙，680余人被俘。

平壤之战，是甲午中日陆军一次大规模战斗。清军死伤、失踪2000余人，被俘700余人，损失大量武器弹药，并退出朝鲜。日军死180余人，伤500余人，失踪10余人。

第四章

不屈的海魂

平壤之战匆匆结束了，叶志超及其部属落荒而逃。这场战斗并没有分出胜负，因为中国军队并没有殊死搏斗，并没有使出浑身解数。朝鲜的控制权，清政府等于拱手相让。清廷的战争目标，在第一个回合中实际上未达到。清政府原本是为了让朝鲜继续留在清朝的宗藩体系中而战。这个目标已经不复存在了，但战争却无法顺利结束，日本不依不饶，在平壤战役清朝军队溃散的第三天，就向北洋海军主力发起了进攻。

不期而遇

北洋海军创设于1875年，至此已有十几年历史，其实力与日本海军各有优长，不相上下。只是，由于清政府一直奉行近海防卫战略，从来没有想着像欧美、日本海军那样驰骋全球。清政府海军虽获得很大发展，但只是原来沿海炮台的延伸，并未设想出洋作战，从未想到将战场引向日本。

与清军防御方针完全不同，日本海军从一开始就没有想着固守防线，而是要到世界任何地方作战。因此，朝鲜危机发生后，日本大本营参谋人员迅即制订海上作战计划，其基本目标就是要尽快寻找北洋海军主力决战，其地点，或黄海，或渤海。为此，日本在华谍报人员加紧情报工作，对于清军布防、调动，了如指掌。

在朝鲜南部失利，淮军在牙山仓皇而逃，均让李鸿章很没有面子。到了这个时候，李鸿章仍不相信清军打不过日本，因此，李鸿章对平壤战役相当上心。9月初，他根据朝廷指示及前线将领要求，增派原驻扎金州铭军4000人奔赴朝鲜，驻防平壤后路。为确保这次增援万无一失，李鸿章命丁汝昌率北洋舰队护航。

9月16日，海军提督丁汝昌奉

丁汝昌

命率北洋舰队"定远""镇远""致远""靖远""经远""来远""济远""超勇""扬威""广甲""广丙""平远"12只战舰，以及"镇中""镇南"两艘炮船并鱼雷艇 4 艘，大小船舰共 18 艘，自大连湾开行，护送铭军 8 营4000 人乘招商局轮船赴大东沟。午后，抵鸭绿江口，"镇中"等两艘炮船及鱼雷艇 4 艘继续护送运兵船入口，溯江而上，以"平远""广丙"两舰停泊于江口守护。"定远""镇远"等 10 舰在口外 12 海里处（大鹿岛附近海面）下锚。

日军知道清军大致动态，知道北洋舰队将派舰艇护航运兵，但日本舰队对细节并不清晰。9 月 16 日夜，也就是北洋舰队在大鹿岛附近海面停泊时，日本联合舰队司令官伊东祐亨率"松岛""吉野"等 12 艘战舰从大同江口临时停泊地出发，前往鸭绿江口一带搜索北洋海军行踪。

17 日，午前，约 11 时 30 分，北洋舰队官兵正准备午饭，以便饭后起锚，返回旅顺基地。恰当此时，日本联合舰队从东北方向望见了簇簇煤烟，日舰随即改变航向，驶向北洋舰队停泊地方。

与此同时，北洋舰队瞭望哨也发现了日本舰队。丁汝昌迅即传令升旗，命令各舰点火起锚，准备战斗。此时，两军参战兵力大致如下：

北洋舰队主力铁甲舰为"定远""镇远"；其余为巡洋舰、炮舰、鱼雷艇，大小火炮约 190 门，鱼雷发射管 27 个，总排水量 3.1 万吨，平均时速15 海里稍多，总兵力 2000 多人。

日本舰队有旗舰"松岛"，以及"千代田""严岛""桥立""比睿""扶桑""赤城""西京丸"等 8 艘，还有"第一游击队"的"吉野""高千穗""秋津洲""浪速"等 4 艘，共 12 艘，装备火炮、速射炮近 250 门，机炮 29门，鱼雷发射管 37 个，总排水量 4 万吨，平均时速 17 海里略强，总兵力3500 人。

比较而言，日军参战战舰总吨位、机动性、航速、火器等，其功能均略优越于清军，但差别并不是非常大。北洋舰队设备方面的主要问题，是舰龄老化，装备赶不上后起的日本海军，日本战舰多为近年购置，以置于舷侧之中口径速射炮作为主要攻击火力，所以日本舰队基本阵势为各舰前后相随的鱼贯纵队，也称为单纵队。第一游击队的"吉野""高千穗""秋津洲""浪速"4 舰依次而行作为先头，其"本队"之"松岛""千代田""严岛""桥立""比睿""扶桑"6
舰鱼贯在后，由商船改造而成的"西京
丸"及炮舰"赤城"又在"本队"之左
后方。

　　而北洋各舰不仅显得老式，其主要
攻击手段为置于舰首部位的普通大口
径火炮，由此，各舰在作战时只宜采
用各舰比肩而进的战法，要始终以舰
首指向敌舰的横阵作为基本队形。全
队各舰以两艘为一个小分队，共分为
5个小队，"定远""镇远"居中，"靖
远""致远"，"广甲""济远"，"经远""来
远"，"超勇""扬威"分别位于左右两
翼。每个小队两舰前后相随。唯不在

伊东祐亨

一条直线，而是后舰在前舰45度角斜线上，各小队并排推进，整个队形
形成一种前后两舰交错站位的双列横阵，即"犄角鱼贯阵"，或称"夹缝
雁行阵"。

　　中午12时许，日本舰队以鱼贯式单纵队逼近北洋舰队，第一游击队4
艘战舰直冲北洋舰队"犄角鱼贯阵"。此时，丁汝昌、右翼总兵刘步蟾等均
在旗舰"定远号"飞桥上坐镇指挥，见敌舰摆阵迎面而来，丁、刘诸位将
领为最大限度发挥北洋舰队舰首巨炮的威力，下令将"犄角鱼贯阵"变为
"犄角雁行阵"，以定远、镇远两舰居中，冲击敌舰。12时20分左右，变阵
令旗挂出。由于临时变阵，北洋各舰不可能迅即跟上，及至开战，整个舰
队呈"人"字形冲入敌阵。

　　面对中方突然变阵，伊东祐亨等日军将领不明所以。日军官兵都知
道"定远""镇远"两舰的威力，现在看到两舰威风凛凛居中冲锋，不禁
心生恐惧。据说，伊东祐亨下令准许官兵随意抽烟，以安定心神，解除
恐惧。伊东祐亨命令第一游击队各舰避开"定远""镇远"，直扑北洋舰队
右翼弱小的"超勇""扬威"两舰，试图集中火力击沉这两艘舰船，以挫
清军士气。

黄海大战：英勇的北洋将士

12 时 50 分，两国舰队相距差不多 5000 米时，"定远"舰首先发出黄海海战第一炮，随后各舰发起第一轮炮击。3 分钟后，日舰"松岛"率先发炮还击，旗舰"定远"主桅中弹，信号索具被摧毁，整个北洋舰队指挥系统在第一时间陷入瘫痪。丁汝昌时在飞桥上指挥，也"抛堕舰面"，身受重伤，但他不肯进舱息养，裹伤后仍坐在甲板上以振军心。

丁汝昌负伤后，其部下"定远"管带、总兵刘步蟾毅然"代为督战，指挥进退"。海战开始不久，北洋舰队即闯入敌阵，将日舰本队拦腰截为两段。"定远"发炮命中日舰"松岛"，毙伤炮手多名。日舰"比睿"因航速较慢，遭"定远""靖远"夹攻，舰身多处中炮，无力再战，急忙转舵奔逃。慌不择路，竟冒险从"定远""靖远"中间穿过，企图走捷径逃归本队。不料，遭"定远""靖远"夹攻，甲板中弹，燃起大火，多名官兵当场毙命。"靖远"管带随即下令停止炮击，在甲板上摆满持步枪的突击队员，逐渐靠近"比睿"，欲将其俘虏。"比睿"眼看即将被擒，其水兵们操纵尚可使用的速射炮拼命施放，5 分钟内竟发射炮弹 1500 多发，才使"靖远"无法靠近。不久，在勉强逃出包围之际，被巨炮命中，甲板被击毁，全舰瞬间被大火吞没，20 余名士日军兵当场丧命。"比睿"慌忙挂出"本舰火灾退出战列"的信号，仓皇向南逃离战场。"定远"诸舰随即转攻日舰"赤城"，"赤城"因属一炮舰，不仅舰速慢，火力也弱，根本无力抵挡"定远"巨炮轰击。战至 1 时 20 分，"赤城"舰长、海军少佐坂元八郎太被炮弹击毙，舰上死伤 28 人。代理舰长佐藤铁太郎不顾一切，全速指挥逃跑。追击而至的北洋"来远"舰发炮连连击中，日舰"赤城"舰桥被毁，佐藤被击伤。下午 2 时 30 分，"赤城"狼狈逃离作战海域。

北洋"扬威""超勇"最弱，属木质包铁旧式兵船，舰龄老化。开战伊始，就遭日舰"吉野"猛烈攻击，"高千穗""秋津洲""浪速"等舰密切配合，"扬威""超勇"两舰纷纷中弹。但两舰官兵不畏牺牲，殊死抵抗，奋力反击，不肯稍退。然由于两舰配置太低，速度太慢，火力太弱，防御能力太差，而"吉野""高千穗""秋津洲""浪速"等均为日舰精锐。交火半小时，"超勇"中弹起火，霎时黑烟弥漫，遮蔽全舰，右舷倾斜，逐渐沉没。管带黄建勋落水，拒绝救援，放弃生还，沉海牺牲。

"扬威"也在战斗中受到重创，战斗力基本丧失，但全舰官兵在管带林履中带领下，顽强抵抗，奋勇发炮，直至各炮均毁，无法再战，不得不驶离战场，后触礁搁浅。林履中愤然投海自尽。

"定远"是北洋旗舰，因而也就成为日舰主攻目标。日军旗舰"松岛"从一开始就紧紧咬住"定远"不放。然在随后炮击中，日舰炮火并没有占上风。

至下午2时30分，"松岛"中弹起火，仓皇退出战场。中日海军黄海之战第一阶段大致结束。此阶段，北洋略占上风，"超勇"沉没，"扬威"损坏；而日舰"比睿""赤城"亦遭重创，逃离战场。

此后不久，大东沟海战进入第二阶段。

日舰指挥官伊东祐亨见一时难以取胜，遂改变策略，挂出变阵旗号，企图依靠第一游击队各舰速度快的特点绕到北洋舰队侧后，夹攻北洋舰队。第一游击队指挥官坪井航三少将对本队旗舰"松岛"发出意思模糊的"第一游击队回航"信号不甚明了，率4舰驶回北洋舰队正面，以右舷炮火轰击北洋各舰。伊东见第一游击队驶回，只好率本队各舰右转以绕到北洋舰队后面进攻，以期造成前后夹击之态势。这时，日舰本队各舰侧舷完全暴露在"定远""镇远"前方，二舰趁机集中全部火力，猛烈发炮。日舰"西京丸"中炮，气压计、航海表、测量仪器被击毁，蒸汽轮机受损，不能使用，舰体进水，只得靠人力舵勉强航行，发出"我舰故障"信号，全力逃跑。北洋"福龙"鱼雷艇，迅速逼近该舰，欲击沉之。相距约400米，"福龙"连发鱼雷，直射"西京丸"。坐镇"西京丸"指挥的日军桦山资纪中将，见状大惊，高呼："我事毕矣！"其他官兵也只得目视鱼雷直扑而来，全舰鸦雀无声，只待最后时刻。不料，因福龙击沉"西京丸"心情太切，进逼过甚，两舰相距太近，鱼雷竟从"西京丸"舰下深水中穿过而未触炸。"西京丸"大难不死，仓皇逃离。

不多时，随着日舰变阵完成，北洋各舰前后受敌，首尾不能相顾，形势陡然严峻。旗舰"定远"信号装置被毁，导致舰队指挥失灵，各舰只好各自为战，战至下午3时许，"定远"中炮，燃起大火，士兵忙于救火，攻击力大减。日舰趁机群起猛攻，企图击沉"定远"。

"定远"为北洋旗舰，其生死存亡，事关黄海之战全局。面对危情，"镇远"管带林泰曾、"致远"管带邓世昌不顾安危，率舰出面迎敌，护卫旗舰。

林泰曾，字凯仕，福建侯官人。福州船政学堂驾驶班一期毕业生，后赴英国学习海军。回国后，累官升至"镇远"管带、左翼总兵，后赏加提督衔。中日开战后，林泰曾提出主动进攻，与日舰决战于海上。他治军严明，"待下仁恕"，此次海战前，即令卸除舰上救生舢板，以示"舰存人存，舰亡人亡"的决心。激战中，指挥"镇远"与"定远"密切配合，不断高声激励士卒："时至矣！吾将以死报国，愿从者从，不愿从者吾弗强也。"士兵感奋，虽死伤枕藉，仍拼命搏战。在痛击敌舰时，仍时刻注意保护定远，不稍退却，日舰避之犹恐不及。

除"镇远"，其余各舰也十分注意保护旗舰"定远"，管带邓世昌率领"致远"为此作出了巨大牺牲。

邓世昌，字正卿，广东番禺人。入福州船政学堂驾驶班学习，毕业后，任福建水师炮舰管带。后调入北洋，任"致远"管带，以副将补用，加总兵衔。邓世昌精于驾驶，严于训练，关心士兵疾苦。"在军激扬风义，甄拔士卒，有古烈士风"，以"忠勇"冠诸军。丰岛海战后，邓世昌"愤欲进兵"，常说"人谁不死，但愿死得其所耳"！

经常告诫部下："设有不测，誓与日舰同沉！"海战中，激励将士："吾辈从军卫国，早置生死于度外，今日之事，有死而已！"

邓世昌

面对日舰围攻，邓世昌镇定自若，指挥士兵拼死搏战。激战多时，眼见弹药用尽，"致远"中弹屡屡，邓世昌对大副高呼："倭舰专恃'吉野'，苟沉是船，则我军可以集事！"大副陈金揆深受感动，遂开足马力，直扑向前，准备撞沉"吉野"，同归于尽。正在围攻"致远"的日舰第一游击队，忽见"致远"突然鼓轮冲出，舰身挟着浓烟烈火，宛如一条狂怒的火龙，直奔"吉野"扑来。"吉野"集中所有炮火，全力轰击，"致远"虽连连中炮，燃起浓烟大火，但毫不退却，仍旧疾扑而来。在吉野上督战的日本常备舰队司令、海军少将坪井航三，意识到"致远"冒烟挟火，迎头撞来，是要同归于尽，急令转舵躲避，并连发鱼雷。

追击中，"致远"不幸被日舰鱼雷击中要害部位，锅炉炸裂，舰身随即倾覆，很快沉没。邓世昌落水后，拒绝亲兵递过的救生圈。爱犬游过来，衔住他的手臂，被推开，又衔住他的头发，邓世昌以手将爱犬猛力摁入水中，自己也随之沉海。致远全舰200多人，除27人获救，其余均葬身海底，壮烈殉国。

"致远"沉没后，左翼"济远""广甲"远离本队，处境危险。"济远"连中数弹，伤势惨重，管带方伯谦见战事已无可为，遂下令转舵西行，重演丰岛故事，退出战场。

本来，开战后，"济远"官兵奋力拼战，虽自身多次中炮受伤，死伤10余人，但也屡屡发炮击中日舰。然方伯谦胆怯畏敌，面对日舰两面夹攻，遂强令转舵西驰，脱离战场。"济远"此举吸引日舰第一游击队尾追西去，减轻了主战场上"定远""镇远"压力，使二舰得以专力对付日舰本队各舰。

方伯谦率"济远"西去脱离战场，就军事层面来说并不是不可以，但其行为此时无疑起了恶劣的示范作用，管带吴敬荣也率"广甲"匆忙跟随而去，因慌不择路，在大连湾三山岛外触礁搁浅，吴敬荣纵火登岸逃归。两天后，"广甲"被日舰击沉。

次日凌晨2时，方伯谦率"济远"单独返回旅顺。稍后，丁汝昌以方伯谦临阵脱逃，败坏军纪，奏请军前正法。9月23日，清廷下令，方伯谦军前正法，吴敬荣革职留任。

"致远"被击沉后，日舰第一游击队一度追击避走的"济远""广甲"二舰，因相距过远，追之不及而作罢，转而绕攻"经远"。面对4艘日舰的围攻，"经远"管带林永升指挥官兵全力迎战，虽以一挡四，然毫不畏惧。在敌舰猛烈轰击下，"经远"多处中弹，燃起大火。全舰官兵在林永升指挥下，发炮击敌，泼水灭火，慨然赴死，全无惧色。林永升命令将龙旗升上桅顶，以示决一死战之决心。激战中，林永升突然发现一艘敌舰中弹受伤，急令"鼓轮追之，欲击使沉"或"擒之同返"。追击中，虽遭日舰第一游击队各舰排炮轰击，仍毫不退缩，奋力向前，猛轰敌舰。一时间，空中炮弹横飞，海面水柱冲天。激战中，林永升不幸头部中弹，当场壮烈牺牲。

> 林永升，字钟卿，福建侯官人，考入福州船政学堂学习驾驶，后与刘步蟾等人赴英国学习海军。归国后任中军右营副将，统率"经远"。林永升为人和善，体恤士卒，士兵愿为之用。战前，时常"以大义晓谕部下员弁士兵，闻者咸为感动"。

接替林永升指挥"经远"的是帮带大副陈荣，陈荣战死后又由守备二副陈京莹接替。稍后，陈京莹也壮烈殉国。"经远"在日舰围攻轰击下，已完全丧失战斗力，渐渐沉入海底。全舰官兵270人，除16人获救，均为国捐躯。

战至3时20分，海战第二阶段结束，北洋舰队"致远""经远"被击沉，"济远""广甲"逃走，只剩"定远""镇远""靖远""来远"4艘留在那里苦苦搏斗。日舰除"西京丸"被击成重伤，逃离战场外，尚余9舰。力量对比，日舰已占绝对优势，北洋舰队处境艰难。

日舰倚仗舰多势众，为彻底击垮北洋舰队，以本队"松岛""千代田""严岛""桥立""扶桑"5舰围攻"定远""镇远"；以第一游击队4艘围攻"靖远""来远"。北洋舰队被一分为二，彼此难以顾及，惨烈的第三阶段苦战开始了。

北洋将士面对危境，斗志高昂，越战越勇，毫不退却。鏖战多时，"靖远"中炮100多处，甲板起火，舰身进水。"来远"中炮20余处，燃起大火。二舰除舰首重炮外，其余炮位均被击毁，难以再战，遂相伴杀出日舰包围圈，向西驶至大鹿岛附近浅水区，占据有利地势，背靠沙滩，用舰首巨炮瞄准尾追而来的日舰，猛轰不止，一面抢修舰体，扑灭大火。日舰害怕搁浅，不敢靠近，只是远远来回巡驶，发炮轰击，丧失了机动能力和主动权。"来远""靖远"借此赢得了时间，扑灭了大火，修复了舰身，重新恢复了作战能力。

此刻，日舰本队5舰正在原作战海域全力猛烈环攻"定远""镇远"。二舰中弹上千处，"镇远"前甲板燃起大火，烈焰迅速蔓延，几乎吞没整个甲板，舰上士兵毫不慌乱，井然有序发炮射击，泼水灭火，毫无惧色。日舰官兵通过望远镜，发现有一清军军官正在甲板上"泰然自若地拍摄战斗照片"，不由得慨叹清军官兵的勇气。

下午5时许，"靖远""来远"归队助战，"靖远"代替旗舰升起归队旗，"平远""广丙"二舰及"福龙"、左一两鱼雷艇也前来会合，先前停泊于大东沟口内的"镇南""镇中"炮艇及右二、右三两艘鱼雷艇见信号也纷纷冲出口外，前来助战。北洋舰队重整队伍，在"定远""镇远"率领下，摆开阵列，猛追日舰。伊东见北洋舰队声势愈振，阵形严整，前来决一死战，便顾不得第一游击队4舰，独自率本队5舰南逃而去。北洋舰队追击数海里，因日舰速度快，很快驶出大炮射程之外，追赶不及。于是收兵转向，摆队返回旅顺基地。日舰第一游击队见本队抢先逃走，也随即仓皇逃离战场，历时5个小时的黄海大海战，至此方告结束。

总结黄海大战，"定远"管带刘步蟾在这次海战中发挥了重要作用。开战不久，由于丁汝昌负伤，指挥的重担就落在了他的肩上。

刘步蟾，字子香，福建侯官人。考入福州船政学堂学习，后赴英国深造，习海军，"成绩冠诸生"。1885年，统带定远回国，后被任命为右翼总兵兼旗舰定远号管带。刘步蟾性格坚毅，有胆有谋。此次海战，刘步蟾坐镇定远指挥，施展军事才华，扬己之长，充分发挥定远舰首30.5厘米巨炮威力，连连发炮，重创日舰，炸死"赤城"舰长，击伤"西京丸"号。舰上水手称赞刘步蟾"有胆量，有能耐"。

刘步蟾

面对 5 艘日舰围攻，定远进退有序，一面躲避敌舰炮火，一面频频发炮，奋勇杀敌。下午 3 时 30 分左右，定远舰首巨炮，一炮命中日本旗舰"松岛"号甲板，将左舷炮架全部击毁，引起甲板上弹药爆炸。"松岛"舰体立刻向右侧倾斜，烈焰腾空而起，舰上百余官兵当场被炸死，甲板上尸如山积，血流满船。半小时后，大火虽被扑灭，但"松岛"已完全丧失了作战、指挥能力，再战下去，就会像靶船一样，只有被动挨打的份了。日舰队司令伊东祐亨发出撤退命令，一时间，5 艘日舰争先恐后，仓皇逃离战场。"定远""镇远"奋起追赶，发炮猛轰。北洋两艘主力舰穷追不舍，日舰别无他法，只得掉头应战。双方炮战激烈，海空硝烟弥漫，水柱腾空，炮声震耳欲聋。良久，日舰不敢再战，狼狈逃走。

黄海决战，规模大、持续时间长、战斗惨烈，在近代海战史上达到空前程度。前后激战 5 小时，北洋海军"致远""经远""超勇""扬威""广甲" 5 艘军舰或被击沉，或被击毁，死伤千余人。日本舰队"松岛""吉野""比睿""赤城""西京丸" 5 舰受重伤，死伤 600 人。

威海攻防战

黄海大战结束后，中日两军互有胜负，北洋海军打出了气势，是中国军人的荣光。中国为此付出了极大牺牲，北洋舰队也损失惨重，基本丧失了黄海、渤海的制海权，中国的门户洞开。

北洋海军在黄海之战中损失巨大，但并不意味着一蹶不振，更不意味着全军覆没。问题在于，李鸿章经过黄海之战后更趋于保守，一味担心再度失利，因而提出更加保守的战略战术，"保船制敌""避敌保船"，不再让剩余的北洋舰队出海作战，而是让北洋水师躲进威海卫。

威海卫位于山东半岛东北端，东北南三面濒临黄海，西连烟台、蓬莱，北隔渤海海峡与辽东半岛相对，与旅顺口海军基地成掎角之势，拱卫京津海上门户。威海的东面及东南面与朝鲜、日本列岛隔海相望。仅就地理环境而言，威海卫确属中国海军的良港，湾口宽阔，底为沉沙，无论遇到何等强烈、恶劣的天气，舰船均可安全锚泊。

对于威海卫的重要性，中日双方都很清楚。中国海军在威海卫有重要设施，驻扎有重兵，而日本很早以来就对威海卫有详细的侦察，非常清楚威海卫的防务、交通等方方面面。

黄海之战后，李鸿章出于战略考虑将残存的北洋舰队深藏威海卫。然而日本大本营并不因为李鸿章避战而不再战。恰恰相反，日军在黄海大战后不久就积极组织威海卫战役，调动了 25 艘军舰、50 艘运兵船，于 1895 年 1 月 19 日分三批从大连湾出发，实施登陆山东半岛作战计划，仅 5 天时间，就顺利占领荣成，完成登陆山东半岛作战的初步目标。

在日军登陆山东半岛前后，中国方面一直在争论，始终拿不出一个确定性的方案，在战与和之间摇摆不定，或主张袭击日本运兵船，阻止日军登陆山东半岛；或主张增援威海卫，殊死抵抗；或主张与其坐等围歼，不如主动出击，让北洋海军驰骋大海，与日本海军一决胜负于大洋。

各种各样的主张只是主张，决定北洋战略、战法的毕竟还是李鸿章。而李鸿章面对几个月来连连败北的惨景似乎也慌了心智，不停在各种方案中摇摆。他一会儿希望北洋海军撤往烟台，一会儿希望北洋舰队固守威海，避战保船。从事后的观点看，各种方案都可以一试，问题的关键在于必须抓紧，必须不失时机。摇摆不定让北洋海军失去了一个又一个机会，让北洋海军错失了阻止日军登陆山东半岛的机会，威海卫的铁链没有锁住敌舰的进攻，反而极大地束缚了北洋海军的手脚。

威海卫三面环山，背后峰峦叠嶂，南北两岸山势险峻，向东伸出突入海中，为天然屏障。刘公岛巍然屹立于港口中央，将海港分为南北两口，巨舰出入，畅行无阻。并与南部日岛、西部黄岛构成威海卫港天然屏障。

刘公岛上设有北洋水师提督署、水师公所、水师学堂、兵营、制造局、鱼雷局、医院等军事设施。刘公岛与黄岛之间修筑有大堤。岛西有船坞，岛南有码头。在威海港南北岸设置陆路及海岸炮台多座，称南帮炮台、北帮炮台。在刘公岛、日岛、黄岛也修筑有炮台，装备了从德国克虏伯厂、英国阿姆斯特朗厂购买的新式大炮。在公所后炮台和日岛修建"暗台"，即交战时大炮可以从地下井中升至地面，"圆转自如，四面环击"，交战后，又退回井中，"敌人无从窥，炮弹不能及"。为弥补后防空虚，充实南北岸炮台后路，还在陆路增建多座临时炮台。至战前，威海卫防区共建有各类炮台 25 座。并在海港东、西两口敷设水雷和拦阻设施，用铁索将直径 1 尺半、长 1 丈的方圆木材连接起来，每隔一定距离用巨绳系于海底，以防风浪和潮水的冲击。各式水雷则遍布于防材附近。由于南口过于宽阔，为防备日艇夜间偷袭，将南口完全堵死，只在北口留一活动门，平时关闭，用时打开。

为统一指挥，清政府任命前署广西巡抚枭司李秉衡为山东巡抚，主持威海卫防务。李秉衡到任后，大力招募兵将，整顿防务，至战前，山东半岛清军总兵力已达 60 营，计 3 万余人，分兵驻防各战略要地。

1895 年 1 月 25 日，日军分左、右两路进犯威海卫。欲从后路抄袭威海卫城和北岸炮台。威海卫海岸炮台系德国人设计，存在严重缺陷，后路没有防御设施。日军利用威海卫防御体系上这一薄弱环节，从后路包抄进攻，以右纵队沿荣成至威海大道经九家疃，进犯南帮炮台；以左纵队沿荣成至烟台大道，进攻温泉汤一带，切断南帮炮台后路。联合舰队正面进攻海港，配合陆路进攻。

1 月 30 日，拂晓，日军对南帮炮台发起总攻，日舰队也从海上发炮助攻。右纵队日军又分左、右翼，猛扑威海卫南岸的制高点——摩天岭。陆军少将大寺安纯指挥左翼第十一旅团士兵，向清军营官周家恩指挥的守军猛烈进攻。摩天岭地势险要，是群山中的最高山峰，"炮垒峨峨、高耸入云，仰头才能望到"，是整个南帮炮台防御战的关键。清军由于防守兵力过于分散，没有突出重点，驻防此地的仅有清军 1 个营，士兵为新近招募而来，仅配有 8 厘米的行营炮 8 门。而就是这 1 个营，与数倍于己的日军展开了殊死战斗。开战之初，日军先头部队踏响清军预先埋设的地雷，死伤严重，进攻受挫。日军见正面强攻难于得手，转而先攻下摩天岭西侧山头，再向摩天岭发炮轰击，步兵也连续发起进攻。日军先后三次爬上摩天岭炮台，与清军肉搏厮杀，但均被清军赶下炮台。台上"清军大旗倒了三回，硬是竖起了三回"。日军虽几度冲锋受挫，却仍倚仗人多势众，冲锋如涨潮的海水一般，一浪连着一浪。周家恩虽率部血战，终因寡不敌众，全部壮烈牺牲。

由于摩天岭炮台在整个南帮炮台中举足轻重，它的陷落，使南帮炮台的清军失去了制高点，整个南帮炮台防守更加困难。日军在付出重大代价后占据重地，负责指挥的大寺安纯少将得意忘形，踏上炮台，指手画脚，耀武扬威。适此时停泊在港内的北洋舰队驰来增援南帮炮台守军，忽见摩天岭炮台挂起日军旗帜，"定远"等舰立即向摩天岭的日军发炮轰击，一炮击毙被誉为日本"一代良将"的大寺安纯。这是甲午战争第一个被击毙的日本将军。

上午 8 时，占领摩天岭炮台的日军居高临下，使用清军大炮轰击杨枫岭炮台。驻守杨枫岭炮台的清军，也仅有一营兵力，在副将陈万清指挥下，奋起抵抗。

与此同时，清军南炮台群中的皂埠嘴、鹿角嘴、龙庙嘴也发炮轰击日军，"定远"等也驶近南岸，加入战斗，支援陈万清部。一时间，炮弹横空纷飞，飞弹急如骤雨。

激战多时，日军冲锋被一次次打退，官兵死伤惨重。清军也伤亡过半，但毫不退却，仍拼力死守。战至中午 11 时许，炮台弹药库被日军炮弹击中，起火爆炸。炮台上一片火海，难以再守，清军被迫放弃，杨枫岭炮台遂告陷落。日军占领南帮陆路炮台后，立即对 3 个海岸炮台发起攻击。

陆路炮台失陷，使得本来后防就十分空虚的 3 座海岸炮台，愈发孤立危险。设计上的缺陷，此时暴露无遗，一旦日军从后面进攻，则炮台几无防御能力。龙庙嘴炮台深居海港内部，仅有守军 40 余人，形同虚设，一旦失守，日军可利用龙庙嘴炮台大炮直接射击港内北洋舰队及刘公岛守军。

日军发现清军防御体系的薄弱环节，集中兵力猛攻龙庙嘴炮台。龙庙嘴炮台位于摩天岭西北，几乎没有外围防御设施，炮台前沿既无高墙屏障，又无地沟保护，守将刘超佩甫一开战，即逃往刘公岛。唯有 40 余名清军士兵死守不退，先是发炮轰击日军，继而又刀枪并举，与攻入炮台的敌人展开白刃格斗，情景异常惨烈，场面惊心动魄。鏖战多时，寡不敌众，全部壮烈牺牲，炮台随即失陷。

日军登上炮台，立刻使用该台大炮，向鹿角嘴炮台猛烈轰击，继而步兵发起冲锋。由于鹿角嘴炮台守军既无步枪，又未配备机动小炮，巨炮在如此近距离内对进攻之敌形成死角，根本无法发挥作用，很快，亦告失守。日军在占领了龙庙嘴、鹿角嘴炮台后，开始海陆夹攻皂埠嘴炮台。

皂埠嘴炮台是威海最大的炮台，设有 28 厘米及 24 厘米德国造克虏伯大炮共 5 门，火力强大。日军在舰炮的掩护下，分兵多路，从几个方向猛攻炮台。激战良久，守台清军将士大部阵亡，日军开始攀登炮台。眼见炮台即将落入敌手，丁汝昌选派敢死士兵 25 名，冒着浓烟烈火登岸，冲上炮台，装填炸药炸炮。但见硝烟散处，日本旗帜刚刚在炮台竖起，日军官兵正手舞足蹈庆贺胜利之际，即闻巨响，山石横飞，连同日军士兵一起，冲上半空。仅剩的 8 名清军敢死队员，飞速登上岸边小艇，刚刚驶离，炸起飞落的巨石即轰然砸在小艇刚刚停泊的位置上，激起冲天水柱，场面惊心动魄。

南帮炮台失守，清军死亡达 800 余名，另有 50 余名被俘。日军也付出惨重代价，死伤 230 人。

日军夺得南帮炮台后，立即抢修大炮，猛轰港内之北洋各舰，"镇远"事先受伤，"定远""济远""来远" 3 舰奋勇还击。北洋 3 舰巨炮，倾泻如雨弹丸，日军占据的炮台完全笼罩在硝烟及爆炸的火光中，在震耳欲聋的爆炸声中，只见炮台上乱石、树木、弹片上下翻飞，日军士兵身首异处，血肉横飞，大炮亦被炸坏。

当双方炮击正酣时，从南帮炮台下撤的清军约 800 名被日军围困在海埠、城子和沟北村一带。营管陈万清虽身负重伤，但仍坚持指挥士卒奋勇突围而出。几十名自愿担任掩护的清军士卒，弹药用尽而不甘被俘虏受辱，毅然跳入岸边的船坞中，壮烈捐躯。皂埠嘴炮台的失守，标志着南帮炮台也无地可守。丁汝昌无奈，只得撤往刘公岛。

2 月 1 日，日军吸取了进攻凤林集时遭北洋舰队炮轰损失惨重的教训，转而从西面迂回进攻威海卫城。午后 1 时，日军第二师团第四混成旅团开始向威海卫西路的清军阵地发动进攻，大批日军士兵涌上结冰的双岛河，顶风冒雪，号叫着扑向孙万龄部防守的河南岸。被一连串胜利刺激得狂妄至极的日军士兵忽略了坚如铁滑如镜的宽阔冰面，加之寒风挟着大雪扑面而来，连眼睛也睁不开，冲锋兵卒一步一跌，行进极为迟缓。此时，孙万龄抖擞精神，指挥清军士兵集中火力，猛烈狙击。日军多次冲锋，均被击退，死伤惨重。

面对如此大好的战场形势，清军本应乘胜追击，但驻防侧翼的阎德胜贪生怕死，畏敌如虎，见日军来势汹汹，不指挥士卒认真狙击，却于激战正酣之际，不顾战场形势，径自率部撤走，以致侧翼阵地被突破，清军防线全线动摇，孙万龄无奈而退走。

日军渡河后，顺利占领早被清军弃守的威海卫城，烧杀掠抢，无恶不作。"操戈入室，持刀登堂，拆毁我房屋，搜取我衣裳，糟蹋我黍稷稻粱，屠杀我鸡犬牛羊。一至黄昏，四起火光。"

占领威海卫后，日军旋分兵攻打北帮炮台。北帮炮台居于威海卫城东北，自西向东，依次为祭祀台、黄泥沟、北山嘴3座炮台，地势险要，工事坚固，与刘公岛相距仅4里，干系重大。丁汝昌派"广甲"舰管带吴敬荣率水手200多名协助戴宗骞的绥军镇守。戴宗骞贪婪狡猾、贪生怕死。在日军进攻南北帮炮台之前，竟将平日剥削士兵得来的8000两白银偷偷运到烟台，由其子带往老家。由于他平日不作训练，士兵临战，纷纷哗变。丁汝昌怕北帮炮台大炮落入敌手，遂命敢死队员将炮台弹药库炸毁，并将戴宗骞押往刘公岛。戴自知罪行深重，服毒自杀。北帮炮台不战而落入敌手。

不死的是精神

随着南北帮炮台的失守，港口进出口又被日本联合舰队封锁，北洋舰队被困港中，与外界联系断绝，形势非常严峻。刘公岛保卫战，成为事关北洋舰队生死存亡的关键。

联合舰队司令伊东祐亨与丁汝昌不止一次交手了，他知道真正开战，并不一定赢，因此利用日军优势，致信丁汝昌，劝其效法乐毅、李陵，"去燕降赵"，"投降单于"。

对于伊东祐亨的伎俩，丁汝昌不屑一顾，立即将信呈送李鸿章，以表示自己对国家的赤胆忠心。伊东见劝降不成，恼羞成怒，于1月30日，指挥海军侵犯刘公岛及港内北洋各舰，日本陆军也同时向威海卫城发起攻击。

早在日军水陆夹攻南岸炮台之际，丁汝昌即将北洋舰队分为两队，丁本人亲登"靖远"舰，指挥"镇南""镇西""镇北""镇边"诸舰支援南岸炮台；其余各舰为一队，协同刘公岛、日岛炮台守军防守威海南北两口，严防日本舰队偷袭。随着南北帮炮台的相继失守，使得刘公岛、日岛的防守十分艰难。尽管丁汝昌事先曾预存一月粮食于刘公岛，并几次派人炸毁南、北帮行将落入敌手的炮台大炮，以免资敌。

2月3日，上午10时，日军从海陆两路向困守刘公岛的清军发动猛烈攻击，丁汝昌沉着指挥守军英勇还击。山间、海面、炮台、军舰，到处是纷飞的炮弹；尖厉的炮声呼啸而过，轰鸣的爆炸声惊天动地，冰冷的海水被炮弹炸得像沸腾的热泉，平静的海面被炮弹激起冲天水柱所冲击。激战整日，互有胜负，各有死伤，但日军根本无法凭借强攻冲进威海卫，更没有办法抢占刘公岛。

强攻不成，伊东祐亨改变战术。第二天（4日），日军各战舰在威海外海耀武扬威，虚张声势，貌似进攻。入夜，则派出鱼雷艇悄无声息摸进威海港南口，派遣水兵用斧头砍断防口拦坝的钢索，打开缺口。

5日凌晨，当一轮明月转入威海里口山背后，皎洁的月光被大山遮掩，港内一片漆黑之际，日军以第一鱼雷艇队为掩护，分别由6艘、4艘鱼雷艇组成第二、第三突击队，自缺口悄悄进港，发动偷袭。

"月黑杀人夜，风高放火天。"寂静的夜晚，漆黑的凌晨，偷袭的日本鱼雷艇几次发射鱼雷，但都没有击中目标，却惊醒了港湾中的清军，霎时间，清军大炮轰鸣，但并不知道目标在哪里。

丁汝昌此时正在"定远"舰与诸将议事，一闻警报，即登甲板查看。烟雾加上黑夜，到处漆黑一团，根本弄不清日舰方位，于是丁汝昌下令停止炮击。烟雾散去，才看清一艘来袭的日本鱼雷艇正在迫近。丁汝昌一声令下，"定远"舰一炮击中，日舰迅即被炸碎。不料，敌艇已先行施放鱼雷，仅几秒钟，"定远"舰底突然发出轰然一声巨响，舰身急剧抖动，升降口突然涌出大量海水，舰身开始倾斜。刘步蟾急令砍断锚链，驶往刘公岛东南海岸浅滩处搁浅，避免了"定远"沉没，又让"定远"舰炮继续发威，丁汝昌移督旗于"镇远"，继续指挥。

天亮时分，伊东祐亨用望远镜证实"定远"确实被鱼雷击中，以为时机已到，指挥联合舰队全力进攻威海南北两口，以期冲入港内。刘公岛守军及北洋将士奋力抵抗，殊死搏斗。鏖战终日，日军始终没有得手，只得退走。

6日凌晨，日军故技重演。鱼雷艇再次偷袭，借黑夜混入港内。北洋舰队探照灯几次掠过日艇竟未发觉。相反，日艇却借探照灯光看清了北洋各舰的位置，于是，发射鱼雷，击中"来远"舰。"来远"中鱼雷后，翻转沉没，舰上将士 30 余人全部阵亡。训练舰"威远号"及差船"宝筏"，也都被鱼雷击中沉没。日艇极力寻找"镇远"舰，企图将其击沉，几经搜寻，没有发现，而北洋各舰又发炮轰击，日艇趁黑夜溜走。

当日下午，日舰大队再次驶近威海，发炮猛轰，岸上日军也从炮台上发炮助战。北洋舰队虽"定远"搁浅，"来远"沉没，将士在丁汝昌指挥下，殊死抵抗，"济远""靖远""平远""广丙"与刘公岛守军密切配合，抗击着日军来自海陆的猛烈炮火，并用密集火力封锁威海南北进出口，日舰几次试图冲入港口，均被击退。

7 日，伊东祐亨下达对刘公岛总攻击令，以期一举拿下刘公岛，全歼北洋舰队。晨 7 时 30 分，战斗打响，由于清军猛烈抵抗，开战不久，日舰"松岛"号即被炮弹击中。不久，"桥立""严岛""秋津洲""浪速"等舰相继中炮，日舰攻击势头遭受严重挫折。

不料，北洋鱼雷艇队管带王平、福龙管带蔡廷干等，畏敌如虎，贪生怕死，在战斗最为紧张、激烈时，公然率 13 艘鱼雷艇逃出威海北口，沿海岸向西奔逃。

正在进攻的日舰突然发现大批鱼雷艇冲出港口，伊东大吃一惊，以为北洋舰队前来拼命，急令各舰加强防卫。不久，却发现各艇并非前来交战，而是转舵奔逃，遂长出一口气，急令航速快的第一游击队"吉野""高千穗"等 4 舰追击。结果，出逃的 13 艘鱼雷艇，只有王平率左一号鱼雷艇逃回烟台，其余的或被击沉，或被俘虏。鱼雷艇队的覆灭，使北洋舰队丧失了海战的有生力量，处境更加危险。7 日当天的鏖战，在北洋将士的顽强抗击下，终于再次击退日舰进攻。

同一天，日军左路攻击部队向日岛炮台发动猛攻。日岛炮台居于威海港南口水域的中间，四面皆为汪洋，毫无遮拦屏障依托，宛如中流砥柱，屹立于港南口。全岛共有 2 座地阱炮及 6 门小火炮，防守炮台的，只有"康济"舰管带萨镇冰统领的 30 名水手。

鱼雷艇队出逃，牵乱了整个战局，在日军持续不断的水陆夹攻下，一座地阱炮被炸毁，由于阵地狭小，被毁的大炮又偏偏妨碍了其余大炮的操作，弹药库也被日军炮弹击中爆炸。丁汝昌决定弃守，萨镇冰率余部撤到刘公岛。

8 日起，日军采用围困战术，水陆两路轮番进攻，动用所有陆路大炮和海上舰炮，对刘公岛及港内北洋各舰，狂轰滥炸，密集的炮火，连续击伤"靖远"等舰，击毁刘公岛上的水师学堂、机器厂、煤厂、民房等，士兵平民伤亡无数。港内仅存"镇远""济远""平远""广丙"4 艘战舰，炮艇 6 艘即"镇东""镇西""镇南""镇北""镇中""镇边"及训练舰"康济"号，总计 11 艘。此时，刘公岛上弹药将尽，各炮台大批士兵撤入刘公岛，使得本已不足的存粮告罄，更加严重的是，由于一些人的蛊惑，军心动摇，丁汝昌已难以控制。

特别是，北洋舰队部分洋员根本不会与清军、刘公岛共存亡，他们推"定远"副管驾英国人泰莱、德国教习瑞乃尔向丁汝昌"劝降"。英国人总教习马格禄、美国人浩威，乃此事背后主谋，北洋威海营务处提调道员牛昶昞，更是积极参与者。

面对洋员"劝降"，丁汝昌严词拒绝，发誓："我必先死，断不能坐睹此事！"丁汝昌清楚地知道没有援军，大势已去，北洋舰队只有死路一条。为防止资敌，丁汝昌 9 日从容命令炸沉已搁浅的"靖远""定远"诸舰。10 日，刘步蟾在极度悲愤中自杀，兑现"苟丧舰，将自裁"的庄严诺言。

11 日，是丁汝昌为部下承诺的最后日子，原定这一天援军无望，各舰可以自行突围散去。晚间，得水手回报，知鱼雷艇管带王平逃到烟台后，为自己免责，谎报刘公岛已失守，致使援军后撤西去。丁汝昌见最后希望已经破灭，遂召众将会议，主张各舰自行突围，尽量保全战舰，以备将来。

此议遭到马格禄、牛昶昞拒绝。丁汝昌无奈，又提出将"镇远"炸沉，以免落入敌手。会场一片沉默，诸将无人应声。此时，马格禄、牛昶昞等竟带头离会，众将随之一哄而散。会后，马、牛二人派兵并持械威胁丁汝昌，要求他向日军投降，遭断然拒绝。深夜，马、牛等又施计煽动水陆兵民至丁汝昌住所前齐声呐喊，哀求活命。丁汝昌眼见局势万难逆转，遂派人召牛昶昞来，告之"吾以身殉"，并令其"速将提督印截角作废"，即饮鸦片自杀。

丁汝昌死后，牛昶昞召诸将及洋员商议投降事宜，推举护理左翼总兵署理"镇远"管带杨用霖出头主持。杨当即拒绝，高声朗诵文天祥诗句"人生自古谁无死，留取丹心照汗青"，转回舰舱，"引枪衔口，发弹自击"，慨然殉国，宁死不降。护军统领总兵张文宣也自杀身亡。

牛昶昞等继续密谋策划，后由浩威假丁汝昌名义起草降书，并商定由"广丙"舰管带程璧光携降书至日本旗舰。12日，上午8时，程璧光乘"镇北"舰，上插白旗，向伊东祐亨投降。伊东要求于第二天先交出兵船、军械、炮台等。13日凌晨，程璧光再次前往"松岛"号，以时间仓促为由，恳求伊东宽限3日，伊东同意。下午，在程璧光陪同下，牛昶昞登上"松岛"舰，商议投降之事。16日，牛昶昞与伊东祐亨共同签署《威海降约》，威海保卫战至此全部结束。

17日，上午10时30分，日本联合舰队大事张扬，耀武扬威驶入港口内，表示正式占领威海卫。

此时，港内除"康济"舰仍悬挂黄龙旗，以载运丁汝昌等人灵柩及遣返将士外，其余10舰都已换上日本旗，编入日本舰队。刘公岛各路炮台也升起日本旗帜。

午后4时，冷雨潇潇，"康济"舰载着丁汝昌、刘步蟾、杨用霖等人灵柩及海陆将官和洋员，伴着哀鸣的汽笛，凄然离开威海军港。至此，威海卫失陷，北洋舰队全军覆没，山东半岛也渐次沦入倭手。

第五章

且退且打，悲壮、痛惜

为了叙述方便，我们将北洋海军的最后时刻放在前面讲了。其实，在黄海大战不久前，日军通过南北两路入侵中国本土。清军在辽东、山东半岛进行殊死抵抗，虽然最终失败，但依然可歌可泣，表现出了中国军人不死的精神、无畏的勇气。

决战辽东

日本希望速战速决，其战略目标非常明确，就是用武力制服中国，通过谈判，获取最大利益。所以，日本在获取朝鲜控制权、黄海制海权后，并没有停止战争的步伐，而是乘胜追击，大兵压境，以实现"深入中国境内，攻占其首府，以迫使中国签订城下之盟"的作战计划。

基于这样的战略意图，平壤战役刚结束，日本大本营就命令山县有朋率领第一军，下辖第三、第五师团约3万人，计划从朝鲜义州渡过鸭绿江，寻找机会，进攻辽东，占领奉天，直指山海关，威逼北京。

日本大本营还任命陆军大臣大山岩大将为司令官，筹组第二军，统辖第一师团、第二师团及第十二混成旅团，总兵力达3万人，准备从辽东半岛登陆，进攻金州、旅顺、大连湾，然后进入辽南地区。

根据日本大本营规划，山县有朋第一军与大山岩第二军，为此次进攻中国本土的左右两翼，两军必须相互配合，相互呼应。

清军此时的情形是，平壤战役失败后，残部仓皇北逃，战略防线退至鸭绿江北。清政府此时已意识到日军胃口远不止于吞并朝鲜，其咄咄逼人的气势，必将于近期向中国内地进攻，根据各方面情报研判，日军从九连城、安东渡江进入东北的可能性最大。"兴京、沈阳为陵寝宫阙所在，关系至为重大"，为防守关键。清政府终于放弃了在鸭绿江南岸与日军作战的计划，转而采纳了李鸿章提出的"严防渤海以固京畿之藩篱，力保沈阳以固东省之根本"的防御计划。

为加强东北防御，四川提督宋庆受命帮办北洋军务，进驻九连城，为诸军总统，节制各军，所带各部82营，约2.8万人。

为协助宋军共同御敌，黑龙江将军依克唐阿奉命率镇边军迅即赶赴九连城。至此，清军集结在九连城一带总兵力约3万人，与日军人数相当。

9月27日，宋庆由旅顺启程赴任。10月10日，抵九连城。依克唐阿13日到达。然商议布防时，因宋、依二人素未谋面，相互间缺乏信任、了解，在具体防卫安排上各执己见，难以合作。宋庆在多次请示李鸿章后，决定与依克唐阿分兵布防。经反复协商兵力配备，确定以主力刘盛休的铭军和原由卫汝贵统率的盛军，驻防九连城至安东一线；奉军丰升阿、聂桂林驻守安东至大东沟一带；安平河口至蒲石河一带由黑龙江齐字练军倭恒额部防守；鸭绿江上游则由依克唐阿率军守卫。

宋 庆

宋庆、依克唐阿在具体布防上意见相左，二人互不统属，又是第一次共事，几次晤谈很不投机。未临战阵，主帅不睦。为调解这个矛盾，清军将布置稍作调整，以九连城为防御中心，分为左右两翼。左翼分两个阵地，安平河口至蒲石河口一带阵地由倭恒额指挥，东阳、苏甸及长甸河口一带阵地由依克唐阿率领镇边军马步13营防守，由依克唐阿统一指挥。右翼防线则由宋庆统一指挥，以专责成。以九连城为防守中心，而虎山又为九连城险要，宋庆遂率部亲守九连城，派马金叙守虎山。

宋庆虽有殊死抵抗的决心，临战受命统率各军，然威望不可能一时建立。前敌各将，除宋庆部下9营毅军外，其余因平时互不统属，或久未临战，或骄横跋扈，大多不听宋庆调遣。

通观中方布局，一如既往采取守势，属被动挨打格局，不敢反攻为守，不敢变被动为主动，在漫长的鸭绿江防线上，清军各将领分兵把关，消极防御，极大分散了本来就不充实的兵力，布防上也出现较大漏洞。尤其是自平壤溃败后，清军士气低落，军中伤病士兵极多，许多士兵对与日军交战都怀有恐惧心理，"避敌唯恐不及，已无抵御勇气"。此次鸭绿江防卫战，未及打响，清军已呈败象。

与清军情形不同，日军在海陆作战连续胜利的激励下，士气高涨，求胜心切，因而山县有朋详细勘察清军江防布局，选择清军防守比较薄弱地段作为突破点：攻取虎山，占领九连城。

根据日军侦察，水口镇附近安平河口一段多沙滩、少礁石，江水浅缓，便于徒步涉水，便于泅渡，而且更重要的是，清军还没有来得及在这里布防。

10月24日，上午11时30分，日军一部从安平河口泅水过江成功，并一举击退驻防在对面的少量清军和前来增援的有200多人的清军马队。两个小时后，日军攻占安平河口清军炮垒，轻而易举冲破宋庆、依克唐阿反复谋划布置的鸭绿江防线。随后，日军第三师团从正面，第十旅团和第五旅团分别从左、右两翼包抄，三路齐发，猛攻虎山。

虎山地处鸭绿江下游，由泥沙长年冲积形成沙洲，将江水分成3个支流。东、西两条支流水浅，流速缓慢，可以涉渡；唯中江支流宽150余米、水深流急。日军为保证步兵突击，连夜架设两座渡江浮桥。在架设中江浮桥时，为连接两岸浮桥绳索，日军指挥官挑选一名极善泅水的工兵三原国太郎，携长绳趁黑夜渡江，不料，游至江中心即为冰冷江水吞没。只得又派两名士兵再次涉渡，终于成功。

翌日（25日）晨6时许，越过浮桥的日军向虎山清军阵地发起猛攻。中方主帅宋庆原以为虎山虽然海拔不过百余米，但山势险峻，攀登困难，易守难攻，所以仅安排五六百人防守，守将马金叙。

面对日军一个师团、两个旅团的疯狂进攻，马金叙指挥清军以一当百，顽强抵抗，"未现狼狈之色"，猛烈回击进攻的日军。激战中，山顶数面"马"字大旗，在晨雾与硝烟弥漫中岿然屹立，迎风飘扬，先后打退日军3次进攻，场面惨烈，将士死伤严重，马金叙身负10余处枪伤，仍坚持指挥。士兵被主帅感动，齐喊杀贼，声震云霄，与敌寇拼命搏战，毫不退却。

此后，日军右翼攻占虎山东面高地，居高临下，从侧面向虎山马金叙部射击。驻守虎山侧翼聂士成军虽腹背受敌，仍不怕牺牲，苦苦支撑。宋庆见情况危急，急派宋得胜、马玉昆率2000步骑驰援。日军发觉清军意图，也急调援兵，全力阻击增援清军。日军左路进攻部队又绕至虎山西侧，以期截断增援清军的退路。双方激战良久，清援军终因难以抵挡日军前后夹攻，伤亡大半，无法实施增援，先行撤走。聂士成抵挡不住日军反复进攻，率残部 700 余人退守叆河西岸。此时，虎山阵地，清军虽"伤亡鳞叠"，仍"顽强抵抗，毫无退却之色"。日军集中炮火猛轰滥炸，马金叙部伤亡过半，渐渐难以支撑，中午时分，只得放弃虎山，率余部突围西走。山县有朋率第五师团渡江，进驻虎山。

日军攻占虎山后，继续扩大战果。按预定计划，10 月 26 日拂晓，兵分三路向九连城发起总攻，集中所有炮火，向城内猛轰，但见"鸟雀惊飞"，不见城中动静。急忙停止炮击，派士兵攀墙进城，打开大门，日军大队冲入城中后，发现并无一名清兵。原来，虎山兵败后，各路清军纷纷夺路而逃，阵形大乱而不可收拾。宋庆屡屡催促刘盛休率部过河增援虎山，刘却只进到叆河岸边即逃回。刘部见虎山失守，士卒惊恐万状，纵火焚烧军营，四散逃避。宋庆无力继续组织有效抵抗，只得连夜退走凤凰城。清军苦心经营的鸭绿江防线，处心积虑谋划以九连城为防守中心的防御体系，竟如此不堪一击，仅一日一夜，即告失守，可谓一大奇闻。

驻守大东沟一线的清军，听闻虎山、九连城接连失陷，闻风而动，连夜逃走。宋庆绞尽脑汁构建的鸭绿江防线，虽有 3 万重兵把守，竟在短短 3 天全线崩溃，彻底瓦解，而且没有一次像样的抵抗。日军仅付出 30 人的生命代价，而清军仅在虎山战场就有差不多 400 人殉国，还有数十门大炮，以及数不尽的粮草、弹药、枪支。

日军轻而易举占领九连城后，又连拔安东（今丹东）、凤凰城。就在宋庆率本部毅军从凤凰城退守摩天岭时，依克唐阿尚在长甸城驻守。当日军突击抢占安平河口时，其曾派兵增援，后又派马队统领侍卫永山率队驰援，并有斩获。直至得知日军占领凤凰城，为避免腹背受敌，依克唐阿才率部撤守宽甸城，退守赛马集，与宋庆军协，守摩天岭，以期固守辽阳、奉天，保卫清朝的龙兴之地。

原来，日军为达到进逼辽阳、奉天，"取奉天度岁"的目的，在接连占领长甸、宽甸城后，又于 11 月 18 日南北夹攻，攻占岫岩。岫岩为一战略要地，西通海城，东邻凤凰城，北通辽阳，为兵家必争之地。驻防此地的清军丰升阿见无力坚守，率部退走。

　　至此，日军几乎完全控制了东边道所，并在安东设立民政厅，任命书记官小村寿太郎为民政长官，实施殖民统治。

　　在占领东边道诸重镇后，日军没有停止进攻。其第一军第五师团以一路进攻赛马集，攻击依克唐阿军侧翼；一路进攻摩天岭，以夺取辽阳东路第一险要之地。11月24日，日军占领草河口，企图切断驻守赛马集的依克唐阿部及守卫摩天岭的聂士成部之间的联络，从而各个击破。依克唐阿与聂士成商议后，决定主动出击，痛击来犯日军。24日深夜，聂士成亲率马队数百名，冒着飞舞的雪花，突袭连山关隘。驻防日军梦中惊醒，因不知清军虚实，纷纷夺路逃走。聂军遂占领此地。次日，按照事先约定，聂士成率部出击位于连山关东南、草河口西北的分水岭。依克唐阿则率部十营由赛马集进攻草河口，东西呼应，合力夹击日军的6个步兵中队及3个骑兵中队。上午11时，依克唐阿部发起进攻，士兵在步队统领寿山及马队统领永山指挥下，绕山越涧，分道猛进。因山路崎岖，马队难以施展，永山遂下令将士下马步行，披荆力战。永山自己身先士卒，攀岩石，冒弹雨，冲锋在前，随身亲兵伤亡殆尽，仍毫不退却。面对清军一反以往固定的死守战术，竟展开浪潮般的冲锋，日军吃惊不小，拼命组织防御。战场上"枪炮环施，弹如雨注，数十里外，皆云声震山谷，如迅雷疾发，经日不止"。日军腹背受敌，拼力支撑，伤亡惨重。后因天降大雪，清军停止攻击。此战，清军以阵亡10余人代价，毙伤日军步兵大尉斋滕等42人。草河口一战，清军大胜，稍振军威，日军也由此惊惧永山马队。

　　日军在草河口受创后，其第十旅团长立见尚文率部从凤凰山倾巢出动，扑向赛马集和草河口，试图报复。双方在草河岭以北崔家房激战。后得知聂士成部已夺取连山关及分水岭，立见尚文深恐遭聂部及依克唐阿部的夹击，又顾虑凤凰城空虚，有意撤走。此时，天降大雪，北风刺骨，入夜，日军围篝火取暖，冻伤兵员十居八九，战斗力大减。

　　2月5日，日军放弃草河口，狼狈逃回凤凰城。9日，依克唐阿制订反攻凤凰城计划，率部由通远堡南进；寿山及永山率镇边军绕道出凤凰城东北，约定日期合攻凤凰城，以期克日收复。同日，依克唐阿部与正率部由凤凰城向连山关偷袭的立见尚文部在樊家台遭遇。樊家台地势险峻，有草河通过，两岸峡谷壁立，大军难以通行。清军迅即抢占峡谷两侧高地，居高临下，猛击日军。日军也立即还击。一时间，枪炮声震耳欲聋，响彻山谷。3 小时后，日军后援大队赶来，清军不支，依克唐阿部退守草河口，聂士成率部退守分水岭。此战，日军死伤 60 余人，清军也付出沉重代价。更为遗憾的是，合攻凤凰城计划由于依克唐阿部后撤而难以实现，日军据此得知清军反攻凤凰城计划，及时调整了部署。

12 月 13 日，寿山、永山率镇边军如期抵达凤凰城东北，夜宿顾家堡。深夜，早已探知清军虚实的日军，集中 3 个大队的兵力，在猛烈炮火的支援下，突袭宿营清军，并纵火焚烧民房。

面对日军突然袭击，从睡梦中惊醒的清军仓促应战，全然不惧。永山率部奋勇战斗，坚守阵地，吸引大部日军，使清军得以安全撤走，永山率部最后突围，与大部队在长岭子会合。15 日，退往葱岭。不料，立见尚文预伏一大队日军于此，突然杀出，截断清军退路。此时，寿山、永山部已激战一昼夜，疲惫不堪，难以再战，在日军突然截杀下，队形大乱。危急时刻，永山手持指挥刀断后，掩护清军突围。激战中，永山左臂、头部受伤，仍操枪械，击毙日军数名，督队前进，不料一弹洞穿其胸部，壮烈殉国。

至 11 月底，山县有朋率第一军与第二军相互配合，攻占辽东半岛大部分地区。照目前态势，山县有朋认为应按预定计划攻占海城，控制辽阳南路，然后继续向山海关进攻，发动直隶作战，进而兵临北京城下，甚至可以攻陷北京，逼清政府让步，签订条约，结束战争。

争夺海城

然而，山县有朋的主张遭到了伊藤博文等人的反对。在 12 月 4 日大本营会议上，伊藤博文提出"进攻威海，略取台湾"的方案，力主另组一支军队渡海作战，进攻威海，集中优势兵力，尽快歼灭北洋海军残余，占领山东半岛与辽东半岛，扼住渤海之锁钥，进而为日军南向夺取台湾创造条件。在伊藤博文等人看来，这才是日本进行这场战争的主要目的。

为维护日本大本营权威，防止山县有朋情绪用事，日本天皇下诏调山县有朋回国"养病"。但由于进攻海城命令已下达，山县有朋虽然回国了，但日军依然按计划攻占海城。

鉴于海城的重要战略地位，清廷急令宋庆自盖平驰援，以保护营口、牛庄。宋庆留章高元的嵩武军、张光前的亲庆军守盖平，亲率9000余人连夜北上，在海城西南马圈子、感王寨一线扎营，伺机反攻。

占据海城的日军，见处于清军四面包围中，盖平又有清军驻防，牢牢阻隔了其与第二军的联系，十分紧张。为争取主动，连日征战的日军不顾伤病增加，粮草缺乏，抢先从海城出兵进攻驻扎在马圈子一带的清军。12月19日午后，日军在大炮掩护下发起冲锋，清军毫不示弱，奋勇还击，战场上炮声如雷，"天地为之震撼"。日军步兵冲锋在开阔地上，毫无遮拦，被清军士兵像打活靶一样射杀，"死伤颇多"，"鲜血淋漓，染红满地积雪"。午后2时，日军攻占马圈子，但付出75人的生命代价。

午后4时，日军在两尺深的积雪中向感王寨东北香水泡子发动进攻。宋庆毅军打得异常英勇顽强，4门速射炮准确落在进攻日军队中，步兵也依托民房顽强射击。日军死亡惨重，其中一支120人的队伍大多阵亡。

随着日军两个大队援军投入战斗，清军感王寨第一道防线被突破。毅军临危不惧，绝不退让。日军指挥官由衷叹服，称毅军"不愧为知名的白发将军宋庆手下，不轻露屈挠之色"。双方战至傍晚6时许，日军攻占感王寨，宋庆率残部退守田庄台。此战，自上午直打到黄昏，双方都付出了重大代价。日军死伤400余人，清军伤亡500多人。

感王寨失陷，化解了海城日军的危机，日军随即展开攻势，试图打通其第一、第二军间的联系。

海城素有"辽沈门户，海疆咽喉"之称，清廷非常重视。当海城失守消息传出后，"宁、锦诸城大震"，清廷祖宗陵寝之地受到了直接威胁。此非小可，清廷急调各路援军，驰援辽阳，以期夺回海城。黑龙江将军依克唐阿、吉林将军长顺率部紧急驰援辽阳。奉天将军裕禄部及驻守海城西南田庄台、盖平、营口等地宋庆部加强备战。至12月底，清军在海城北、西、南各重镇集结兵力达170余营。清廷还在关内急调各路援军，以期反攻海城。

日军在攻占海城时，就发现自己处于数万清军的三面包围之中，第五师团又被牵制在凤凰城一线，难以抽身。在山东半岛登陆的日军，距海城较远，且有盖平清军阻隔，难以增援。为打通与海城的联络，日军反复衡量，于1895年1月3日，由乃本希典指挥第二军混成旅团北犯盖平。1月

10 日，日军分左、中、右三路向盖平发动猛攻。

此时，驻守盖平的有章高元部八营，守南门外盖州河一线；张光前及杨寿山、李仁党守东门外凤凰山一线。士兵浇水成冰，使盖州河面坚硬光滑，以期阻止日军进攻。清晨 5 时，日军全线总攻，清军誓死坚守。章高元阵前指挥，毫不畏惧，士兵们"精神百倍"，拼死杀敌，有效地阻止了日军的正面进攻。

日军见正面进攻难以实现，遂绕攻凤凰山，以期从侧翼突破清军防线。凤凰山一时硝烟弥漫，枪炮声"仿若天地即将崩毁"。不久，张光前支持不住，阵地被日军突破。7 时 50 分，凤凰山被日军占领。8 时 15 分，日军从盖平城东南攀城墙而入。

正在盖州河顽强阻击的章高元，发现城东南挂起日本旗，急令杨寿山、李仁党率队回援。二人冲锋在前，直闯日军步兵队中，左冲右杀，直扑城南门。不料，日军施放排炮，杨寿山、李仁党也"中子殒命"。其所带官兵，大多阵亡。

日军击溃清援军后，立即架炮猛轰坚守盖州河的章高元部。此时，清援军徐邦道率部赶来，无奈日军炮火过猛，章、徐两人只得率部撤走。9 时 40 分，盖平城全部陷于敌手。

是役，日军付出 300 多人伤亡代价，是开战以来较大一次；清军伤亡 700 余人，尚能控制战场主动权。

为切断日第一军与第二军的联络，挽回盖平失利的被动局面，缓解日军对奉天的威胁，经过较长时间准备，清军开始反攻海城。

1895 年 1 月 17 日，依克唐阿与长顺共率 2 万余清军联合反攻。经协商，依克唐阿率部由西北进攻，长顺由东北、北面进攻，形成对海城半圆形包围。早 8 时，长顺率部发起进攻，清军炮兵排炮向日军城外双龙山阵地狂轰，步兵随即攀岩而上。日军居高临下，组织炮火猛烈还击，阻止清军。双方战到下午 2 时 30 分，长顺部伤亡 60 余人，缓缓撤下。

依克唐阿部主攻西路，官兵骁勇异常，猛攻日军欢喜山阵地，日军力不能支。日军第一军司令野津道贯与第三师团长桂太郎正在山上观战，清军一发炮弹突然飞来，竟从二人中间穿过，惜未能爆炸，二人侥幸保得性命。日军指挥官惊恐之余，恼羞成怒，以 3 个大队猛烈反攻。清军在予敌以重大杀伤后，渐渐力不能支，加之夜幕降临，且战且退，反攻海城遂告失利。

第一次反攻失败后，长顺退往海城以北 10 公里的柳河子，依克唐阿退守海城西北 15 公里的耿庄子。1 月 22 日，经过休整，两支部队再次进攻海城。依克唐阿率部攻占海城西北 6 公里大富屯、小富屯。清军"五人一帜，十人一旗"，"头上缠着红色头巾，手持抬枪、鸟枪、连发枪等火器"，小心谨慎，一步一射。当进至海城西北 1 公里徐家园子时，埋伏已久的日军突然杀出，将依军拦腰截为两段。依军猝不及防，伤亡惨重。进攻城东双柱山一线的长顺部接依军救援急报，即率部绕到城西，抢攻晾甲山日军。长顺部将晾甲山三面围定，猛烈进攻，无奈日军炮火过猛，见依军撤走，遂下令后撤。此战，清军损失惨重，死伤 600 余人。

连续两次反攻失利，并没有动摇清廷夺回海城的决心。此时，在山东登陆的日军正全力进攻威海卫，以期全歼北洋舰队。而清政府则拟派出议和大臣张荫桓、邵友濂赴广岛与日本政府进行议和谈判，为增强谈判筹码，急需海城反攻胜利。清政府下决心夺回海城，除责令依克唐阿、长顺、章高元参加第三次反攻战外，又增调徐邦道拱卫军、李光久老湘军加入战列，总计 3 万余人，分左、中、右合击海城。

长顺担任左路进攻，直取海城东北头河堡、二台子及双龙山；中路由依克唐阿部进攻欢喜山；右路徐邦道、李光久进攻城西柳公屯一线。

2 月 16 日上午 10 时，清军左、右两路同时进攻，本着战前约定"以分军先抢山头为上"，长顺军约 3000 人"吹响进攻号，呐喊着猛进"，直扑双龙山。日军恐惧，拼命开枪开炮。炮弹在长顺军"头上炸裂，榴弹在周围迸散"，官兵死伤严重，被迫后撤。依克唐阿中路的进攻由于日军炮火过猛而败走。徐邦道、李光久右路进攻颇有声势，率先抢占了唐王山西侧高地。在继续攻击中因山势陡峭，多悬崖绝壁，又被日军炮火压制，始终未能抢上山头。午后 3 时，被迫撤走。

第三次反攻激战一天，清军仍以失利告终。是役，清军伤亡 200 余人，日军伤亡 14 人。

清军三次反攻海城，虽未得手，但依克唐阿、徐邦道、李光久等均扎营距海城几公里处，对海城仍紧紧包围，战场主动权仍在清军手中。

在三次反击战中，李鸿章的淮军暴露出腐败无能、屡战屡败的情形，根本无法抵抗日军进攻。淮军将领叶志超等拙劣表现，引起言官弹劾。清政府为夺回海城，决定起用湘军。12月28日，光绪帝任命两江总督、南洋大臣刘坤一为钦差大臣，督办东征军务，节制关内外各军。

刘坤一

刘坤一系湘军名将，一贯主战，此次奉命督师，奏请署湖南巡抚吴大澂和宋庆帮办东征军务。朝廷立即允准，并令湘军部将迅速组军增援关外。湘军旧部、新疆布政使魏光焘、江苏按察使陈湜、湘军悍将李续宾之子李光久等纷纷率部开往辽东。

2月9日，刘坤一抵达山海关。此时，关内增援部队仍源源不断出关，除黑龙江、吉林、奉天三省原有清军外，关内之京畿、北塘、天津、大沽等地驻军也纷纷调防。至2月下旬，集中在海城周围参加反攻的有依克唐阿、长顺、宋庆、吴大澂、魏光焘部共100多营，计6万人，加之关内军事调动，总计约在400余营，20万人。

为协调后勤，除天津东征粮台外，又增设湘军东征粮台，专门负责东征后勤供应。这次军事调动是中日开战以来，清军最大的一次军事行动，集中了能够调动的一切军事力量，足见清廷对此次海城反击战的重视程度。

与前几次反攻海城不同的是，此次清军进攻主要集中在大平山和海城两个战场。

大平山位于大石桥西南，为连接盖平及营口的咽喉要地。日军自占领盖平后，限于兵力，只派少数部队驻防。为配合反攻海城，牵制日军，宋庆等率部奔袭大平山。2月21日凌晨，宋庆、马玉昆率部从营口出发，8时许，进抵大平山，与日军展开小规模战斗。下午3时，宋庆部占据大平山，马玉昆也驻扎七里沟。不久，徐邦道也前来助战，扎营大平山北 6 公里之老爷庙、姜家房。至此，清军总数已达 1.2 万人。

23 日，日本第一军第一旅团到达盖平。第二天早上 7 点，向大平山发动进攻。第一旅团指挥官为乃木希典，他率部从右路进攻大平山东侧；西宽二郎指挥第二旅团为左路，进攻大平山南面；师团长山地元治率本队为预备队，向大平山清军发起全线进攻。

经一番猛烈炮击后，左路日军攻占东七里沟，随即向马玉昆驻守的西七里沟进犯，日军排出 12 门大炮，发射"榴霰弹四百余发"。马玉昆指挥士兵奋勇还击，军士们在民房墙壁上凿出枪、炮发射孔，向在雪地上蜂拥而来的日军猛烈射击，日军伤亡很大。战至下午 4 时，进攻日军子弹用尽，加之平地毫无遮拦，只得"伏地避弹"，情况十分狼狈。山地元治急令预备队增援，日军士兵为摆脱困境，拼死冲锋。清军阵中，宋庆、马玉昆纵马往来驰骋，指挥士兵奋勇抵抗。宋庆坐骑中炮，摔伤腰部，换马后继续指挥。清军官兵十分感动，"迎炮以上，呼声动天地，无不以一当十"。日军在大平山战场 20 公里范围内，有数十门快炮不停向清军轰击，清军死伤颇多，但毫无退却之色。战场上，马玉昆率百余亲兵被日军围困，搏斗尤为激烈。马玉昆左冲右突率部杀出包围，见还有清军士兵被困在内，遂又挥兵杀入，救出被围士兵，而百余名亲兵仅剩 20 余人，被迫放弃西七里沟。日军右路也攻占了大平山东部，大平山阵地遂被日军占领。

大平山之战是清军四次反攻海城战斗中较为激烈的一次，双方伤亡惨重。

在海城战场，清军沿以前进攻路线，兵分三路，依克唐阿担任中路突击，从北面进攻双山子、教军场；长顺从东路，进攻距海城仅 1 公里的栗子洼；吴大澂的湘军和徐邦道的拱卫军从西路进攻唐王山、晾甲山。

2 月 21 日上午 9 时许，清军全线总攻，在炮兵掩护下，长顺军向双龙山东侧、依克唐阿向欢喜山及双龙山之间甜水沟猛烈进攻，造成两路夹击双龙山的态势。日军急忙抢修加固工事，并组织炮兵、步兵全力反攻。激战多时，依军大炮多门被日军击毁，难以招架，步兵只得后退，两路进攻，同时受挫。

在西路攻击中，吴大澂指挥部将李光久、刘树元，徐邦道率领副将胡延相、蒋顺发及梁永福将晾甲山团团围住，合力猛攻。日军官兵难以招架如此凶猛攻击，向山顶仓皇逃窜。恰在此时，进攻唐王山清军罗应旒见日军逃窜，挥兵从山后偷袭，不料遭遇从盖平前来增援的三路日军围困，处境异常危险。徐邦道等立即掉转炮口，全力轰击增援日军，并率队增援，经过苦战，虽杀退日军，但伤亡很大，难以再行攻击。且依克唐阿、长顺两部，连遭挫折，进攻锐气远不如前，战场上一遇日军，步兵往往畏缩不前，只靠炮兵远远轰击而已。清军第四次反攻海城仍以失败告终。

四次反攻失败后，清廷仍未动摇攻下海城的决心。2月25日，再谕东征各军，以"现在关外大军云集，各营枪械亦齐，声威较壮。海城距贼毗连处，经依克唐阿等攻剿，凶锋已挫，亟应联络各营，鼓励士卒，齐心并力，迅图克复海城，再行合军南剿"。于是宋庆、吴大澂、依克唐阿、长顺等协商，遂定两天后分三路第五次反攻海城。

27日，西路进攻部队在李光久、刘树元、徐邦道、梁永福等率领下，分头猛攻，徐邦道指挥进攻唐王山的战斗，打得异常激烈，日军炮火猛烈，徐邦道指挥炮队还击，一发炮弹竟与徐邦道擦身飞过，营官刘桂云中炮阵亡。徐邦道只得下令退走，随后，各队清军也纷纷败退。

北路依克唐阿部击退日军对大富屯的进犯，统领寿山乘胜攻占日军双山子阵地。28日，天降大雪，平地深三尺。驻扎在海城的日军主动出击，第五旅团进攻欢喜山，双山子第六旅团进攻沙河沿、大富屯等地，分路进攻清军。激战多时，清军在寿山、德英阿等将领指挥下，坚守阵地，奋勇还击，日军退走。此时，为解海城之围，日军施调虎离山计，第五师团进攻摩天岭及辽阳，第三师团进犯鞍山，以实现山地元治和野津道贯确立的会攻牛庄、营口计划，同时，牵制围攻海城清军。驻守奉天的裕禄和辽阳的徐庆璋慌了手脚，急电海城前线诸军救援。清廷急令长顺、依克唐阿率部增援辽阳。此二军一走，海城北面空虚。3月2日，魏光焘、晏安澜诸将再议会攻海城。但诸将多有难色，不愿马上进攻。只有徐邦道率部与日军在海城西南唐王山苦战。由于各军犹豫不战，徐邦道孤立无援，不能深入，只得退走。第五次反攻海城也告失利。

清军集中兵力前后五次反攻海城，均以失败结束。最后两次反攻兵力达6万人，是海城日军的9倍。清军失败只因建制混乱，将领心志不齐，缺乏统一指挥。

五次反攻失败后，日军进犯辽阳、鞍山，清军陆路战场已呈败象，再也无力夺回海城了。

金州浴血

就在日军第一军向清军鸭绿江、安东、九连城防线发起进攻的同一天，日军第二军 2.5 万人，在大山岩指挥下，按照预定计划，开始在旅顺口后路花园口登陆，试图发动对辽东半岛的攻势作战。

辽东半岛，呈三角形，自金州斜伸入海，山海依倚，实属天然形胜。旅顺口位于辽东半岛顶端，与山东半岛的威海卫隔海相望，同为北洋海军重镇。旅顺后路大连湾，左右高山环绕，实属天赐良港。清政府为巩固军港防卫，在山中设置炮台，添置最新式自动回转大炮，并派重兵驻守。为夺取旅顺，日军经过多次侦察并反复研究，最后选定花园口为登陆地点。

花园口是辽东半岛东侧一个小海湾，位于庄河县西南。港口南向，面对黄海，南与长海县长山群岛隔海相望，背后三面为丘陵地带。西南距大连湾约 100 公里，距金州约 80 公里。此处海湾宽阔，细沙为底，浅而平坦，涨潮时水深约 3 米，便于登陆。自古以来，花园口都是军事要地，然而清政府在这里却没有设防，日军在此登陆时间长达 14 天，竟然如入无人之地，使日军自己都感到非常奇怪，不可思议。

10 月 24 日，凌晨，在日本联合舰队 16 艘军舰护送下，日军第二军第一师团分乘 20 艘运输船抵达花园口外。晨雾中，数十艘汽船牵引着无数的小舢板，满载着荷枪实弹的日兵，向沙滩拥来。一时间，岸边竖起日本国旗，侵略者一面到处抛洒、张贴日军"纪律严明"、"秋毫不侵"的传单、文告，一面派出部队冲入附近的村庄大肆抢掠。两相对照，足见日军卑鄙无耻之极。半个月内，日军第二军司令部和 24000 多名士兵及 2700 多匹军马顺利在花园口登陆。

面对日军如此大规模的登陆行动，清军事前竟一无所知，完全蒙在鼓里。24 日，日军先锋登陆后，驻扎花园口附近魏子窝的清军捷胜营马队营官荣安部下士兵俘虏了一名日本间谍，得知日军大队登陆的详细情况。次日，派人报告驻防金州的清军副统领连顺，并将俘虏押往金州。此后，层层向上报告，要求派兵增援金州、大连湾。29 日，李鸿章回电训斥"倭匪尚未过貔子窝而南，汝等只各守营盘，来路多设地雷埋伏"，并责骂守将赵怀业等"糊涂胆小"。就在互相推诿扯皮中，日军竟然从容登陆。清海陆军竟"无过问者"，致使大批日军登陆，金州城处境危急。

金州，地处辽东半岛蜂腰部，扼旅大后路咽喉，南距旅顺口约 50 公里，呈长方形。州城东西长 600 米，南北宽 760 米，城墙高达 6 米，城门坚固，号称"辽东雄镇"。金州若失，旅顺断难坚守。从海城驰援驻防金州附近的清军总兵徐邦道闻听日军大批登陆，坚决主张趁日军在花园口立足未稳之际，率先主动出击。由于李鸿章电报中有"并无守城之责"的话，大连湾总兵赵怀业害怕承担责任，拒不派兵增援金州。徐邦道义愤填膺，独率部下前往金州，参与防御，抢修工事，并在日军进攻金州的必经之路石门子设防，修筑堡垒，誓与日军决一死战。

徐邦道，字见农，四川涪陵人。早年参加楚军，累迁至副将。1889 年任正定镇总兵，以作战勇敢，忠勇顽强而威震诸军。在与日军的多次交锋中，勇谋兼备，身先士卒，多次重创日军。此次，率步队 3 营、马队 1 营、炮队 1 营约 2000 余人进驻金州，加上金州原有守军连顺部及自告奋勇协助徐邦道守城的周鼎臣部数百人，总计兵力约 3000 人。经协商，徐邦道率部驻防金州东路，连顺率部守金州城。徐邦道设大营于金州城东阎家楼，亲自坐镇指挥。

日军进攻金州，意在截断驻旅大清军后路，进而夺取旅顺、大连。具体部署是：由第一旅团长乃木希典少将指挥的第一联队进攻金州东路清军防地；第一师团长山地元治中将指挥第二、三联队绕出金州以北三十里堡，再沿金复大道南下，从背后进攻金州。11 月 5 日中午 11 时，乃木希典指挥日军向徐邦道驻防的金州城外石门子高地发起攻击，清军士兵据垒反击，枪炮齐发，弹如雨下，猛击进攻日军。激战 3 个小时，日军多名官兵受伤，被迫撤退。下午 4 时，不甘失利的日军发起第二轮进攻，双方再度激烈交手，战场上硝烟弥漫，枪炮声震天动地，"犹如轰雷闪电，弹弹相击，硝烟竟涨，激烈猛击，尤为雄壮"。徐邦道沉着镇定，指挥士兵英勇作战，几度击退冲上阵地的日军。由于清军依据地势，居高临下，射榴弹有如暴雨一般倾泻到日军阵地，而日军只能"藏身山谷"，"由低处仰射"，相持多时，日军力不能支，再次败北，狼狈退走。面对坚如磐石的清军阵地，乃木希典无可奈何，只得传令扎营，士兵当夜即于清军阵地外露营，准备次日再战。

11月6日晨4时，日军发起总攻，步兵在炮兵密集炮火掩护下，向清军阵地涨潮般涌来。清军官兵待日军逼近，突然枪炮齐发，日军狼狈逃走。不久，第二次冲锋又接踵而至，清军跳出堡垒，与扑上来的日军展开白刃格斗，战场上杀声震天，血流成河，敌我士兵混战成一团，战况殊为惨烈。战斗多时，日军倚仗人多，蜂拥而来，刚毙伤一批，又上来一群。而清军将士死伤严重，又无援兵，拼至仅百余人，终于，阵地被突破。恰在此时，绕至金州背后的日军偷袭得手，徐邦道部腹背受敌，不得已，率部撤入金州城内。

6日上午8时，日军第一师团及第一旅团，同时从不同方向对金州发起攻击，并于城外高地架炮，向城内排炮轰击，炮弹如雨点般向金州城内倾泻。守城清军不畏强敌，"殊死防战"，发炮还击。日军志在必得，清军毫不退让，战场上"如万雷齐鸣，山河为之震动，硝烟弥漫天空"。日军见久攻不下，便使用工兵炸开北门，步兵随即蜂拥而入。很快，东门亦告失守。守城清军与敌展开激烈巷战，连旗民、地方官也纷纷投入战斗，保卫金州城。终因寡不敌众，大批清军士兵战死。值此万分危急之际，大连湾守将在屡屡紧急求援下带队而至，一见城门失守，竟率队不战逃走。徐邦道、连顺苦战多时，见援兵不至，只得率残部退往大连、旅顺。日军进城后，兽性毕现，大肆烧杀掠抢。金州古城，蒙受历史上最黑暗的一天。

攻陷金州当晚，日军即制订了进攻大连湾、夺取旅顺港的作战计划。11月7日凌晨，日军第一师团兵分三路，乘胜前进，向大连湾发动进攻。

大连湾为北洋重地，修筑有最新式的炮台，极为坚固，且装备有最精良的大炮，火力强大，远非金州可比，预计一场恶战在所难免。然而，驻守大连湾的守军将领赵怀业不知从哪里继承的信条："宁失湾而断不失旅。"当他知道金州失陷的消息后，惊慌失措，率部连夜退守旅顺，将大连湾防御工事，还有无数枪炮弹药、马匹等，拱手遗弃给了日军。

旅顺喋血

日军占领金州和大连湾后，目标直指旅顺口。旅顺素有"东洋第一坚垒"的称号，与威海卫隔海遥遥相望，恰似两把利剑，共扼渤海之门户，旅顺口位于辽东半岛的顶端，港口位于老铁山东北麓与黄金山西麓之间，东西狭长，南北窄小，中间有一虎尾状沙丘，将港湾分为东、西两澳。港口最窄处达九丈，可通过铁甲巨舰。旅顺口北面从西北至东南一带，群山环绕，呈半月形拱卫港口，自然地理条件极为优越，实属天然军港之最佳地点。清政府从1880年起，苦心经营10余年，耗费无数白银，修建船坞。在东西两岸，修筑炮台、堡垒，设置360°旋转大炮。东炮台群计有松树山、二龙山、鸡冠山炮台，并在松树山以东、二龙山以西，鸡冠山以西设立临时炮台；西炮台群由椅子山、案子山、望台北炮台等组成。在这些炮台中，以黄金山炮台最为坚固，配置了360°旋转大炮，如从海上攻击极为困难。各路炮台均建于群山之上，"联络不断"。黄遵宪曾以诗描述旅顺口要塞险要坚固：

> 海水一泓烟九点，壮哉此地实天险！
> 炮台屹立如虎阚，红衣大将威望俨。

鉴于旅顺口的重要性，特别是连失金州、大连之后，朝野各界对旅顺口的安危格外重视，清廷不仅在那里部署了1.5万人防守，而且调集了7名统领，大有一决高低的味道。

清廷为旅顺口防守配置了7位统领，或许是一番好意，李鸿章也希望这些将领能够鉴于前面几次战斗的教训，齐心协力，共挽时艰。他致电驻扎在那里的前敌营务处道员兼船坞工程总办龚照屿说，此次迎敌，"系背水阵，除同心合力战守外，别无他法"。显然希望各统领和衷共济。

然而，这7位统领，互不统属，各自为战，而各位统领所采取的战法，依然是防守待敌，被动防御。所以，面对日军的强势进攻，清军稍战即溃。即便是龚照屿，尽管也是七统领之一，且被赋予代北洋大臣节度各军的权力，但在事实上，当他获悉金州失守的消息后，不是与诸将商量怎样防守，怎样激励官兵的勇气，而是畏敌如虎，屡思逃跑。11 月 6 日晚，也就是金州失守的当天晚上，龚照屿竟然置诸军于不顾，以"商运粮米"为借口，突然乘鱼雷快艇赴烟台。

龚照屿临阵逃跑，在旅顺口守军中造成极坏影响，人心浮动，军心动摇。稍后，赵怀业、黄仕林等统领也未战先逃。船坞局及水旱雷学生、军械局自委员以下纷纷逃走。

面临日军进攻的危急时刻，旅顺口又一次出现了类似"平壤战役"清军"有将无帅"的局面。在商议防守事务时，面对诸将消极避战，徐邦道极为义愤，虽以金州新败之军，仍慨然请战，力主在旅顺北之要地土城子设埋伏，以逸待劳，截杀日军。徐邦道慷慨动容，言辞激烈高昂，历数主动击敌之必要，恳切希望众将一同前往杀敌。而各位统领却装聋作哑，默不作声，不愿前往助战杀敌。徐邦道激于义愤，竟然独自率所部进抵土城子。卫汝成被徐邦道的爱国杀敌精神感动，率部前往助战。

11 月 15 日，日军第二军进逼旅顺。连日大胜，使日军官兵骄横跋扈，不可一世。18 日上午 10 时，秋山好古少佐率日军前锋第一骑兵大队耀武扬威，蜂拥而来，进抵土城子，突然发现数百名清军出现在前方阵地。根据以往经验，日军认为只要稍作攻击，清军就会败逃狂奔，所以，没有把眼前的清军放在眼里，对进攻也并未做精心准备。10 时 30 分左右，清军阵地突然响起冲锋军号，清军步兵向正在准备进攻的日军抢先发起冲锋，漫山遍野，潮水般扑向日军，清军骑兵也从两翼同时杀出，包抄日军后路。冲锋的清军士兵士气旺盛，动作神勇，转瞬之间，即杀到阵前与日军展开肉搏战。战场上刀枪并举，枪弹横飞。清军由于在数量上占有优势，加上士兵系徐邦道旧部，骁勇善战，团团围住日军，猛攻不已。日军遭此突然袭击，措手不及，伤亡惨重，左冲右突不得脱逃。秋山少佐急忙派人冲出重围，向后续日军第三联队第一大队的丸井正亚少佐求援，丸井急忙率部赶来营救。殊不料，援军又被清军包围在长岭子地区，不得前进。中午，清军在长岭子以南约 2 公里的东北沟东南高地上架炮猛轰日军，步、骑兵在炮火的掩护下，联合发起冲锋。士兵人人奋勇，个个争先，军旗手高擎红白、红蓝旗帜，冲锋在最前面。战场上，炮声如雷、枪弹如雨，硝烟弥漫，杀声震天。日军自入侵中国以来在战场上历经十数仗，未见过如此阵势，纷纷抛弃伤员、死尸，大败而逃。伤兵逃不走的，有的拔刀自刎，"自割喉咙而死"。秋山好古在卫兵的保护下侥幸逃脱。土城子之战是甲午战争期间清军在陆战中的一次较大胜利，毙、伤敌近60名，沉重打击了侵略军的嚣张气焰，粉碎了日军不可战胜的神话。战后，日军也不得不承认：今后在与清军交战中，要"慎重戒备"，"决不能妄加蔑视"。清军此役获胜，证明只要指挥得当，配合有力，战胜日军绝非幻想。激战中，尤以徐邦道部出力最大，伤亡也最大。徐部自金州撤回后，来不及休整，此次又鏖战约6个小时，士兵饥饿疲惫，水米未沾。如不撤回旅顺，竟连一顿饱饭都不能吃上。可憎的是后路诸将消极避战，拒不接应，致土城子战役的胜果无法巩固。徐邦道被迫无奈，遂放弃土城子，班师回旅顺休整。后日军卷土重来，旅顺直接暴露在进攻日军的眼皮底下。

11月21日凌晨6时50分，日军第二军分左、右两翼及骑兵搜索队三路向旅顺发起总攻。以第一师团及混成第十二旅团组成的右翼部队，主攻旅顺西北的椅子山、案子山炮台。日军集中山炮、野炮、攻城炮40余门，狂轰滥炸。清军也集中炮火，全力组织还击，黄金山、馒头山等海岸炮台也发炮助战，炮战相持约一个钟点，"似有天柱为之崩塌、地维为之碎裂之势"。日军利用炮火掩护，步兵逐渐逼近椅子山炮台。清军士兵也猛烈射杀进犯日军，并用机关炮平射日军步兵。但日军倚仗人多，击垮一批，又拥上一股，有的士兵甚至已冲到炮台近前。清军士卒冒着日军射来的密集弹雨，跃出炮台，与日军展开浴血搏战，战场上刀来枪往，喊杀声震动四野。激战多时，日军后续部队源源不断，蜂拥上来，清军寡不敌众，大部分士兵壮烈牺牲。8时15分，椅子山、案子山炮台失守。日军乘势进攻，连占松树山、二龙山、鸡冠山等炮台。自土城子退守此地的徐邦道，率部拼力死战，殊死搏杀，虽"仅剩十余人，犹战不已"。最后只得退入城区。此时，另外几位清军统领早已先后逃走，龚照屿则乘船逃往烟台。战至中午，后路炮台全部失陷。

自中午开始，日军向海岸炮台及旅顺城区推进，在其海上联合舰队强大炮火支援下，很快占领东岸炮台。战至夜间，西岸炮台清军撤走。徐邦道孤力难支，率部乘夜色掩护退走。至此，旅顺口全部陷落。日军夺取各炮台各式火炮 140 余门，弹药、粮饷等军用物资无数。

此役，清军无论在火炮数量、威力和士兵数量上都占有优势，更有多年经营的坚固炮台堡垒为掩护，却一日而丢旅顺。此种虽然有缺乏协调统一指挥，大部分将领畏敌如虎、消极防御，士兵有相当部分属新募之旅，不熟悉战阵，缺乏训练等原因，但更主要的则是李鸿章的"消极防御"、"保船制敌"的错误方针造成的。早在日军占领金州、大连湾，旅顺告急之时，北洋舰队提督丁汝昌亲赴天津向李鸿章面陈，愿率舰队支援旅顺，与来犯日军决战于海上。李鸿章却对丁汝昌的请求断然拒绝，并斥责丁"汝善在威海守汝数只船勿失，余非汝事也"。再次断送了陆海军配合击敌的大好时机。而当前敌情危急之际，把持朝政的那拉氏却正在紫禁城内升殿接受群臣祝贺，并连续赏戏 3 天，诸事不问。如此昏庸腐朽的朝廷，前方军队焉有不败之理！战后，为推卸失败责任，以掩世人耳目，清廷将姜桂题、程允和、张光前革职留用，龚照屿和黄仕林定斩监候，因没有抓到卫汝成及赵怀业，就查抄了二人的家产。当然，这仅仅是清廷自中日战争以来多次诿过于臣僚的故技重演罢了。

日军占领旅顺后，一连四天，血洗全城。惨无人道的日军士兵一闯进城中，凡遇居民，无论男、女、老、幼，见人就杀，见东西就抢。兽兵们把大群逃难百姓赶进一池塘，枪刺刀砍，放枪打活靶，百姓死伤无数，鲜血染红了池水。据当时在旅顺的一位名叫艾伦的英国人记述：破城之日，城中到处是狂奔的难民，日本士兵用枪杆和刺刀对付所有的人，对跌倒的人更是凶狠地乱刺，用排枪向胡同里的难民扫射，到处是枪声、呼喊声、尖厉的叫声和呻吟声，地上浸透着血水，遍地躺卧着肢残体缺的尸体，有些胡同竟被尸体完全堵塞了。美国《纽约世界报》记者克里曼从旅顺发回国内的一篇通讯，描述了当时旅顺的情景："我亲眼看见旅顺难民并未抵抗日军，一老人被反绑于街头，日军士兵开枪击中其胸部，鲜血从老人的胸中涌出，日军不但没有丝毫的怜悯，反而再次向他开枪，并且唾其面，且嘲笑之。一次，见到 2 名日军士兵俯身于一死尸旁，我深感诧异，只见其中 1 名士兵手执一把长刀，正在将死尸剖腹，刳出其心脏，一见我等，即欲四处躲藏。"

旅顺大屠杀，是甲午战争中最残忍的情节，一个往昔繁华的城市，经过此次惨剧，仅剩下 36 人。而这 30 多人得以存活，据说又是因为需要他们去掩埋那些死难者的尸体。①

决战直隶

为进一步逼迫清政府投降，实现日本大本营在直隶平原与清军决战的作战方案，1895 年 2 月底，以野津道贯为司令官的日军第一军制订了一个以占领鞍山、牛庄、营口进而囊括辽东广大地区的"辽河平原扫荡作战计划"，并得到日本大本营的"嘉纳"。根据作战部署，第五师团进攻辽阳东南的吉洞峪、隆昌洲，3 月 1 日进抵鞍山南之八盘岭，第三师团由海城北上，占领鞍山南的甘泉堡，两军定于 3 月 2 日合攻鞍山站，并在进攻前，发动对辽阳的佯攻，以迷惑清军。

3 月 1 日，日军进抵八盘岭，遭清军射击。双方交战不久，清军即先行撤走。当晚，日军第三师团本部宿营于甘泉堡。2 日，日军合攻鞍山站，却发觉清军弃守，不战而得。本来，鞍山站南距海城，北接辽阳，西连牛庄，实为交通要道。驻防此地的清军守将依克唐阿、长顺中了日军佯攻辽阳的诡计，移守辽阳，才使日军得以轻易占据鞍山。3 月 3 日，日军第五、三师团分成左、右纵队，向牛庄疾进。

牛庄系辽河下游平原上的一个街镇，没有什么防御工事，清军布防大多以民房等建筑的墙壁作为防御掩体。光绪皇帝鉴于淮军屡败，不堪再用，遂于 1895 年 1 月起用湘军，出动 6 万人，驻扎在山海关内外。任命两江总督刘坤一为钦差大臣，督办东征军务；任命湖南巡抚吴大澂、淮军统领宋庆为副帅，以期重振威风。这是清政府自开战以来最大规模的陆上出兵，也是光绪皇帝对日作战的最后一试。刘坤一是湘军"名将"，素以主战闻名。吴大澂是清流"名士"，也曾多次上奏，坚决主张对日作战。光绪皇帝决定起用他们，是想依靠这些主战名将，一举荡平入侵日军。刘、吴虽为名士，又都以主战著称，但实际上多是纸上谈兵，毫无实际战斗经验，对具体战守并无多少筹划，也没有什么切实可行的作战布置。朝廷在任命统

---

① 关于旅顺大屠杀的细节，参见戚其章《旅顺大屠杀真相考》(《东岳论丛》1985年第6期)、《旅顺大屠杀真相再考》(《东岳论丛》2001年第1期)。

帅后，又相继任命左宗棠部藩司魏光焘、湘军悍将李续宾之子李光久等率兵北援。当日军进攻牛庄时，驻守此地的魏光焘之武威军 6 营首先投入战斗，随后，李光久率 5 营老湘军赶到，也投入战斗。这样，在牛庄，11 个营的清军抵抗着 2 个师团日军的进攻，双方力量悬殊。3 月 4 日上午 9 时，日军第三师团发起进攻。魏光焘指挥清军隐蔽在街口临时构筑的一尺厚土墙后面，等敌临近，突然发起攻击，枪炮齐发。日军猝不及防，加之地处平坦地区，无任何隐蔽遮拦，伤亡惨重。日军指挥官大岛义昌见前队受挫，恼羞成怒，下令投入 2 个预备大队，拼命进攻，并集中所有大炮，倾力猛轰。战场上"枪炮声如百雷齐鸣，万狮齐吼，震耳欲聋"。日军发射的榴霰弹在牛庄上空爆炸，整个街镇完全被炮火的硝烟所笼罩。日军倚仗人多势众，两面夹攻，如潮水般扑来。清军本来人少，加之鏖战多时，伤亡惨重，又无后援，难以抵挡，终于不支。中午，退入街区，开始巷战。

日军分别从西、西北、东、东北四路攻入牛庄。清军士兵则挨门挨户死守，逐街逐户与日军激烈争夺。市街西南一当铺内设有清军火药库，围墙高大，日军屡攻不下，便纵火焚烧当铺西侧民房，以期烧毁当铺，引爆炸药。清军则拼力死守，毫不退却。日军久攻不下，最后运来两门大炮轰击，弹药库爆炸，清军士兵大部牺牲。战至午夜，清军伤亡过重，所剩无几，再也无力支撑，魏光焘、李光久被迫率余部突围而走。杀红了眼的日军见清军脱围而走，随后紧追不舍。李光久见追兵迫近，便指挥百余名负伤士兵，隐蔽在一个村落的断壁残垣之内，设下埋伏。日军毫无察觉，以为清军已成惊弓之鸟，放心追赶，陷入埋伏圈。遭清军猛烈射击，瞬间毙命数十人。日军被打得晕头转向，又不知清军伏兵底细，仓皇逃走。李光久方率部安然撤走。零星抵抗直至次日凌晨，牛庄失陷。牛庄之战，激烈残酷，历时一昼夜，清军以弱敌强，以 5000 之众抗击 1.2 万名如狼似虎的日军士兵，结果阵亡官兵 1800 多人，被俘近 700 人，损失大炮 24 门、步枪1800 支、子弹近 40 万发及大量军需物资。日军也死伤士兵近 400 人。牛庄一失，营口陷于孤立境地，辽南战场，清军防御已现瓦解之态。

就在日军第三、五师团进攻牛庄之际，其第一师团也开始准备进攻营口。营口位于辽河南岸，距牛庄 45 公里，是中国东北地区通商活动的重要口岸。营口北临辽河，西区为商业区，东区有大量外国人居住。炮台则位于市街的西南方，配置有新式克虏伯大炮 12 门，旧式大炮数十门，并在市街西面和西南面埋设了大量地雷。战前，驻有宋庆指挥下的毅军、铭军、崇武军等 50 余营，约 2 万多人。3 月 5 日，因田庄台告急，宋庆留蒋希夷部 5 个营、乔干臣海防军 1 个营、计 3000 余人分守营口市及炮台，其余增援田庄台，使得营口防卫力量陡显单薄。6 日，日军分左、右翼直扑营口。蒋希夷率 5 营清军与日军稍一接触，即全数退往田庄台，其余驻军也纷纷撤走，日军轻而易举地占领了营口城区。中午，日军开始进攻炮台，前锋接近炮台时，踏响地雷，两名士兵随着轰然巨响飞向天空。驻守炮台的清军守将乔干臣指挥部下将士，奋勇发炮轰击日军。日军急切不能得手，又见炮台附近遍布地雷，难以再攻，且天近傍晚，遂就地宿营。7 日凌晨，日军派工兵切断炮台附近的地雷引线，并于天亮后开始攻击。出乎日军意料的是，驻守炮台的清军已乘黑夜撤走，日军立即占领炮台，营口陷落。45门大炮、150 支步枪及大批弹药全部落入日军之手，而日军仅因踏响地雷而死掉 2 人。

　　田庄台位于营口北面，是辽河下游的重要水陆码头，为连接山海关、营口、奉天的水陆交通枢纽。田庄台四周为一望无际的茫茫原野，平坦开阔，易守难攻。驻守此地的有宋庆指挥下的马玉昆、宋德胜之毅字军 14 个营，龙殿扬、李家昌、程允和、刘凤清之新毅军 25 营，张光前之亲庆军 5 个营，刘世俊之嵩武军 8 个营 3 哨、姜桂题之铭军 11 个营 3 哨，梁永福之凤字军 5 营等，合计约 68 个营、2 万余人。其中以战斗力最强的马玉昆率部驻防田庄台东北的曹家湾子，姜桂题率部驻守曹家湾子东北一线。清军驻防人数虽然不少，但根本不是日军的对手。日军在接连攻占牛庄、营口后，已对田庄台构成钳形包围态势，日军第一军之第三、五师团和第二军之第一师团，除步兵外还配有骑兵、炮兵、工兵，人数已达 2 万人，计有 3 个师团，野津道贯、山地元治、桂太郎、奥保巩等 4 名中将，以及大岛义昌、大迫尚敏等 6 名少将参加了田庄台作战。日军配备各式大炮100 多门，是清军大炮数量的 4 倍。日本军方承认"动员军以上的大兵，实际上只有田庄台一战而已"。可见日军对清政府倚重的湘军也给予了足够的重视，投入大量兵力，希冀一举击垮清军，彻底打消清政府的反抗念头。从中日双方投入战斗的兵力数量来看，田庄台之役可称得上自甲午战争开战以来双方最大的一次陆上交锋。

3月7日，日军第三师团前锋顶着猛烈的西北风，冒着漫天的大雪，向清军阵地发起进攻。在马玉昆、宋得胜及程允和的顽强阻击下，日军付出伤亡多人的代价，狼狈逃回。次日，日军一改以往先以猛烈炮火轰击，继而步兵轮番冲锋的惯用进攻套路，而是异常小心谨慎，先派出部分兵力，大造进攻声势，发动佯攻。日军此举的目的，意在摸清田庄台清军的兵力分配和火力配置情况。果然，清军错误地认为日军仍沿用老一套进攻路数，故而面对日军冲锋，倾全力还击，不期中了圈套，过早地暴露了自己的火力、兵力配备。在完全摸清清军情况后，日军制订了第一师团为左翼、第五师团为右翼、第三师团担任正面主攻的计划，并调整了炮群的配置。3月9日凌晨，日军对田庄台发起总攻，在大炮猛烈轰击下，战争拉开了序幕。清军也集中全部大炮，拼力还击。田庄台战场，霎时间炮声惊天动地，"仿佛天柱将裂，地轴已倾"，"万余闪电从辽河两岸腾起，千百声霹雳在硝烟下轰鸣，乾坤一时为之震动"。炮战持续了约1个小时，清军有限的20多门大炮难以抵挡100多门日军大炮的狂轰滥炸，加之过早地暴露了大炮的位置，许多大炮被日军炮弹击中而毁坏，火力逐渐减弱。此时，担任正面主攻的日军第三师团，冲上冰冻坚硬的辽河河面，向清军阵地凶猛扑来。由于河面结冰，冰冷异常，毫无遮挡，且冰面坚滑，难以站立，清军士兵奋力开枪抗击，子弹如狂风骤雨一般，泼向进攻日军，日军冲锋士兵处境极为艰难，伤亡惨重。经过反复冲锋，战至上午10时，才勉强冲上河岸，突破正面河岸防线，冲入城内。第一师团日军在炮火掩护下，绕过辽河，从田庄台西南方向展开进攻。上午9时许，攻入城区，清军退入城中，展开激烈巷战。此时，田庄台中清军士兵，受到日军从南面、西南面的夹攻，双方逐条街道、挨门挨户开始白刃格斗。清军死伤惨重，死尸堆满街道，流血将白雪染红，到处是遗弃的兵器、弹药、被服，并逐渐退向城区东北。日军第五师团此时从东北突入。清军两面受敌，"大溃而奔"。宋庆无力回天，只得指挥马玉昆、宋得胜率残部冲出重围，但仍有大批清军将士未能及时脱离。日军吸取在牛庄巷战中损失惨重的教训，不与清军继续进行巷战，而是与清军脱离接触，纵火烧城。千余间民房，300多条民船，数千户居民及大批清军将士，被烈火吞没，大火一直延续到次日午后方熄。昔日繁华市镇，今朝变成一片焦土。日军以伤亡168人的代价占领田庄台，而清军仅此一战，即伤亡2000多人。

清政府倚重的湘军，拥有数万之众，且号称战斗力颇强，但面对穷凶极恶的日军，6天之内，竟然接连丢失山海关外牛庄、营口、田庄台三座重镇。辽东屏障尽失，清军防线全面崩溃。遭此连败，人心瓦解，士气沮丧，已不可言战。主战派完全丧失了抵抗信心，清政府再也无力调动部队抵抗日军，形势发展至此，已别无选择，向日本乞求议和就成了首选之策。

第六章

和比战难

几十万清军无法阻止日本军队的进攻，一连串失败粉碎了清政府的信心、勇气。日军在一连串胜利激励下，长驱直入，势如破竹，直取中国腹地。中国陷入进退两难境地：与日方继续拼杀，或许能有个鱼死网破，留下一股正气；后退，像近代以来历次冲突一样，屈辱求和，虽有失尊严，但也是明智，保存实力，卧薪尝胆，十年生聚。

德璀琳东渡

其实，战争爆发不久，清政府内部就有一股反战力量滋长着。平壤失陷、黄海海战大败后，清政府确实有了警觉。在这之前，清廷当权者对这场战争真的有点漫不经心。战争在紧张进行，北京城里最忙乎的不是备战，而是准备慈禧太后六十华诞庆典，战争似乎只是李鸿章等少数人的事，与官场上的大部分无关。就像总税务司赫德所观察的那样，朝廷表面上当作没有战争这回事，仍然过着寻常生活。现在情形不同了，原本自以为强大的清军不堪一击，一溃千里；原本自以为亚洲第一的北洋海军不仅没有对日的威慑力，而且毫无招架之力。30年举国之力豢养的北洋海军竟成了自娱自乐的工具。在这种情形下，慈禧太后9月25日发布懿旨，以日本人肇衅，干戈未戢，果断下令停止生日庆典各项工程。

9月27日，鉴于前敌指挥系统混乱，翁同龢、李鸿藻等建议起用赋闲10年的恭亲王奕䜣。这个建议或许太过突然，使光绪帝不明所以，因而没有批准。紧接着，翰林院50余人合疏请恭亲王秉政。这迫使朝廷认真思考改组政府的必要性。

恭亲王奕䜣是出名的主和人物，1860年负责第二次鸦片战争善后处理，主持《北京条约》谈判，化解外交危机，因而有"鬼子六"雅号。十几年前，因与慈禧太后权力冲突暂时退出政治舞台，现在有人吁请他重出江湖，显然是看重他的外交经验。换言之，这也意味着清廷内部已有相当一部分人开始转变，不再与日本人死磕硬碰，在寻找和解的可能性。按照恭亲王重出江湖时的说法，他之所以官复原职，不过负有将现任枢臣们粉碎了的杯子修补完整的责任而已。[1]

---

[1] 马士：《中华帝国对外关系史》（3），上海书店出版社2006年版，第38页。

在恭亲王出山的同时，清廷也开始推动和平运动发展，为将来转圜留有余地。此后差不多两个月，清军在战场上奋力拼杀，外交官通过各种渠道寻找机会，试图利用列强与日方和解。

期待列强出面阻止日本继续用兵，其实是一厢情愿的梦幻。从日本政府的既定方略看，他们无论如何都不会在这个时候展开谈判，日本一定要制服清政府，一定要清政府真正屈服，所以他们需要战场上的绝对优势，不容许清政府有谈判的筹码。所以，不是清政府不想谈判、不想求和那么简单，而是日本人根本不答应停战和解。

和比战难，这就是1894年底清政府当权者面临的最大困境。

日本人不会轻易接受列强的调停，是因为他们还没有准备好，还没有获得绝对优势和不容谈判的筹码。日本政府的目标始终很清楚，他们第一步就是要获得对朝鲜的全部控制权，而要想获得这个完整的控制权，就必须使清政府付出更多的代价，甚至要使清政府在谈判时觉得朝鲜的控制权并不是问题的全部，而只是问题的一部分，而且还不一定是最重要最关键的部分。这就是国与国之间交往的智慧较量。

对于日本的企图，清政府当然很清楚。清政府之所以要将列强拉进来，尽量避免与日本单独媾和，就是担心日方漫天要价。11月12日，朝廷命侍郎张荫桓赴津晤李鸿章，商邀各国调停，寻找外交办法。恭亲王有密函托张荫桓转交李鸿章，建议李鸿章想尽一切办法打开僵局，寻求突破。

恭亲王的密函坚定了李鸿章的信念，他在第二天回复恭亲王的信中建议先派洋员德璀琳径赴日本，探探日本的口风，成则有助于僵局早日化解，败亦比较容易推托，不致使政府陷入尴尬。

李鸿章的建议应该说把握了问题的关键，委派德璀琳前往日本，既可使清政府免除直接乞降求和的尴尬，实际上也到达了乞降乞和的目的。而且，根据李鸿章判断，日本也会认为德璀琳既然是清廷的洋员，那么在一定程度上也可以代表清廷进行一定限度的交涉。另外一个重要的原因还在于，假如德璀琳交涉失败，有损于中国形象，牺牲一个洋员，一般说来比较容易。于是，李鸿章的这个建议很快获得朝廷的批准。11月18日，朝廷密令李鸿章将应行筹办事宜详细明白告知德璀琳，令其迅速前往东洋妥办。

就像朝廷御旨所说，德璀琳在中国当差有年，忠实可靠。德璀琳1842

年生于德国，时年 52 岁。德璀琳 1864 年进入中国海关任职，至今也有 30 年，是李鸿章外交事务助理，深得李鸿章信任。

在得到批准后，李鸿章与德璀琳进行密商。德璀琳得知这个使命后感激万分，只是担心自己人微言轻，不足见重于日本，因而请求朝廷能赏给他一个头品顶戴，以示光荣，也可加大他的分量。德璀琳的这个要求合情合理，于是李鸿章权宜面允，同意他以头品顶戴身份进行活动。

稍经准备，德璀琳便于 11 月 22 日踏上前往日本的征途，同行的还有他的私人秘书、英国人泰勒，以及《泰晤士报》记者，也是李鸿章特别顾问的英国人立嘉。

德璀琳随身带有清政府外交照会，这个照会强调德璀琳此行就是寻找化解中日冲突的方法，因此希望日本政府有什么话可以直接对德璀琳说。

日本政府内阁总理大臣伊藤博文算是李鸿章的老朋友了，他们多年前有过直接接触，惺惺相惜。李鸿章托德璀琳带去一封私人函件，恳切表达自己对中日和平相处的期待，表示自己日夜苦思，总是希望能找到一条通往和平的大道，因此期待伊藤博文看在老朋友的份上，尽快提出日方停止战争重订和约的基本条件。

11 月 26 日，德璀琳一行抵达日本神户。当晚，德璀琳登岸拜访兵库县知事周布公平，介绍此行只是为中日和解而来，希望尽早见到伊藤博文，当面递交李鸿章手书。

日本外相陆奥宗光第二天获悉德璀琳的消息后，迅即致电伊藤博文，以为德璀琳携带李鸿章信件来访，不过是在重复清政府最近公开发表的声明，不可能对中日和解提出有价值的意见。

陆奥的反应当然是对的，清政府现在确实不可能接受日本政府内定的战略目标，但是清政府既然已经派人前来，不谈似乎也不是办法。陆奥经过反复思索，终于找到了一个拒绝的理由，即德璀琳的国籍、身份。陆奥认为，在目前情况下，除非中国政府预先发出通知，并派出合适的有资格的全权代表，否则是不能与中方官员进行接触的。如果德璀琳带着任何受我们鼓励的迹象回到中国，则要导致德璀琳本人或赫德被任命为将来谈判的全权代表，无论如何这都是日本政府必须拒绝的。因为这样做不仅不合适，而且可能给列强一个间接干涉的机会。因此，陆奥建议伊藤不要接见德璀琳，也不要接受李鸿章的信件，而应决绝地签署命令，让德璀琳在限定时间内离开日本。

德璀琳在神户被晾着，他心中其实已猜到了七八分。他知道日本的办事效率，可他在第二天不仅没有收到日本的答复，反而收到了兵库县知事的一个询问函，询问李鸿章信件性质、德璀琳身份，以及同行者国籍等。

敏感的德璀琳已预感前景不妙，他在第二天夜里起草了一封给伊藤博文的信，详细说明此行目的，强调只是负责听取日本政府讲和条件，以便促成目前这种不幸战争尽早结束。第三天，也就是11月28日晨，无望的德璀琳将这封信，连同所带照会等文件一并寄给伊藤博文，并明确告诉伊藤，他们已决定今晚离开神户，尽管依然希望得到日本政府的答复。

德璀琳的诚恳，李鸿章的友谊，再加上德国驻日公使也在为这件事做工作，建议日本政府应适当礼遇接待德璀琳。然而日方不仅不给李鸿章面子，也不给德国人面子。陆奥认为，德国公使的电话表明，列强对中日冲突有着浓厚兴趣，如果日本政府接见德璀琳，那就是外国干涉的开始。

陆奥的分析说服了伊藤博文。伊藤当天（28日）让兵库县知事通知德璀琳：

第一，阁下并非经过正当手续任命的使节，因此我无法与阁下会面；

第二，中日两国正在交战，中国政府如果有什么事情需要与日本政府商议，也必须通过正当手续，派遣具有相当资格并能发挥实际作用的人前来；

第三，即便阁下带有李鸿章的亲笔书信，如果想以这样的书信作为派遣正式代表的准备工作，那么亦必须是中国的官吏，而且有权力有资格能完全代表中国政府的人。[1]

11月29日晨，德璀琳一行从神户返回。此行虽没有什么实际效果，但

---

①戚其章：《甲午战争史》，上海人民出版社2005年版，第289页。

总算是战争开始以来，中日两国政府一个比较正式的接触。

美国斡旋

清政府在派遣德璀琳的同时，也加紧争取国际援助。恭亲王邀请各国公使进行协商，并指派出使大臣分商各国外部，希望找到解决问题的办法。

各国政府在接到请求后，有的比较积极，特别是美国政府虽然不愿意与他国一起行动，但对中日和解、重建东亚稳定比较热心，一直在进行着活动。总体上，美国政府确实倾向于日本，以为日本发动的这场战争并没有多少错，清政府不该在现在这种历史条件下，延续拥有对朝鲜的宗主权，朝鲜必须独立。这是美国介入调停的前提条件。

清军在战场上屡战屡败，几乎失掉最后防线，除了和解，没有第二条路可走，不得不默认美国的条件。

有了清政府的默许，美国力主单独出面调停，不愿意与他国搅和在一起。11月6日，美国国务卿指令驻日大使询问日本是否愿意接受调处。17日，日本拒绝美国居间调停，但达成谅解，以为中日战争不可能无限期延长下去，媾和谈判时机迟早必会成熟，谈判不可避免。日本同意，如果将来中国愿意开始媾和谈判，日本并不反对。只是为了避免第三国插手，日本不能同意美国以调停者身份参与，但同意以"传信人"的身份介入谈判事宜。

11月21日，美使田贝拜会恭亲王，表示美国愿意出面调处中日争端，只是中国必须同意朝鲜独立、赔偿兵费两个基础条件。

对于这些建议，清政府也曾疑虑。光绪帝在与群臣讨论时表示，现在将要进入冬季，日方怕冷，而正是我兵可进之时。日方现在突然同意停战，会不会是缓兵之计，我们会不会上一个当呢？经讨论，一来觉得美国大约不会拿国家信誉开玩笑；二来尽管进入冬季，也不能保证清军真能战胜日军。于是，中国同意这些条件，请美使田贝转告日方。

22日，田贝将这些意见电告美驻日公使谭恩，强调是中国委托他向日本直接求和，基础条件有两条：一、朝鲜独立；二、赔偿战费。

对于这两条基础条件，日本无法认同。日本认为，这是中国所选择的最便宜条件，但以此作为日本连战连胜的媾和条件，当然无法接受。11月

27 日，日本通过田贝转送一份备忘录给中国，强调中国的媾和条件，日本不能同意。日本认为，由目前情况来看，中国似乎并没有媾和的诚意。中国如真诚希望和平，可任命具备正当资格的全权委员，日本当于两国全权委员会商时，宣布日本停战条件。

对于日本的答复，中国政府失望到了极点。谈判基础已告诉了日本，而日本不愿宣布自己的底牌，这不能不引起清政府的忧虑。11 月 30 日，中国再经美使向日本转一电报，强调日本并没有明确表示以什么作为媾和的充分基础，所以中国无法推测日本的意向所在，因此中国对于任命使节也就感到为难。中国希望日本能就此有个明确说法，以便中国有针对性地进行准备。

其实，日本早已拟就了与中国的谈判条件，但在何时公布，日本另有考虑。政府内一种观点认为，如提前宣布这些价码，可以使欧美诸国预先予以默认，防止误解，或许有利于谈判。反对提前公开的则认为，一旦将这些媾和条件提前曝光，则难免遭受一些国家干涉，毕竟有些国家对日本并不友好。比较后，日本的基本方针是，在中国诚意求和前，日本决不泄露议和条件，将问题严格限定在中日两国间，使第三国在事前绝无插手余地。

12 月 2 日，陆奥向美使谭恩提交了一份备忘录，请其明白告诉中国，此次要求停战出自中国而非日本，所以日本不得不强调，如不经具备正式资格全权委员会会商，日本不能宣布媾和条件。如中国对此不能同意，那么此次商谈可以就此结束。

很显然，日本同意媾和，同意谈判，但肯定不是以中国方案为基础，日本的要求远远大于中国的两条基础。

日本的宣布使中国非常困扰，恭亲王尽管有和洋人打交道的丰富经验，但也不知道怎样应对日方。彷徨中，恭亲王恳请美使田贝出主意，并很直率地要求田贝斡旋中国与日本全部谈判事宜。据田贝描述，中国官员像幼儿依赖保姆那样依赖他，甚至建议田贝担任客卿，出任中国和谈正式代表。

中国政府是否像田贝说的那样，可以存疑。只是在后来的谈判中，田贝确实成为一个重要角色，是幕后重要牵线人，他以中立国公使身份操纵谈判，比清政府要求他出任正式代表还要方便。

日本的强硬态度逼得清政府无路可走，唯一办法就是尽快派遣全权代表与其谈判。12月4日，慈禧太后主持最高层会议进行讨论，恭亲王、翁同龢、李鸿藻、孙毓汶、徐用仪、张荫桓等参加，会议同意接受田贝调处，同意按照美国建议、日本要求，尽快派遣全权大臣。12日，朝廷决定派张荫桓负责此次谈判，并决定谈判地点可以放在上海。至于开谈时间，中国希望日本决定后事先通告。

中国之所以态度进一步软化，主要与此时战局有关。日本在交涉过程中，一刻都没有停止进攻，在战场上不断取得新进展。所以日本对谈判不是那么着急，此时对清政府提出谈判地点、时间等，尽量挑剔，以此拖延开谈时间，从而使日军在战场上获取更多机会。12月18日，陆奥通过美使转告中国，如果中国任命全权代表，那么无论何时，日本都会任命同等资格的全权代表。但在日本任命全权代表前，中国必须先将其全权议和代表姓名、官位等通知日本。而且，议和地点不容商量，必须在日本国内。

日本的强硬姿态深刻影响了清政府，使清政府觉得，既然战场上不如人，那么现在一切问题如不依从日本意见，恐怕日本不会坐下来谈判。于是，清政府12月20日发布御旨，宣布任命尚书衔总理衙门大臣户部左侍郎张荫桓、头品顶戴兵部右侍郎署湖南巡抚邵友濂为全权委员，派往日本全权会商。① 中国提出的两个小小要求是：一、为了中国代表往返便利，请日本选定与上海相近地点为会议场所；二、希望日本也能立即任命全权委员，速定会商日期，并望于日本任命全权委员之日，决定两国开始休战的日期。

对于中国政府这点小小的要求，日本也不愿迁就。这显然是不想顺着中国政府的思路走。按陆奥思考，关于停战，他原本就不准备开始谈判就停战，以为如果中国迫切希望停战，那么要待日本的三个条件得到保证：一、朝鲜独立；二、割让土地；三、赔偿军费。

在这三个条件中，一和三，是中国最先提出的基础条件中就有的，关键是第二，即割地。这是清政府方案中没有的，也是清政府之前没有考虑

---

① 《张荫桓日记》，上海书店出版社2004年版，第497页。

到的。日本很早就想到了这一点，但怎样提出，也使日本很费周章，这大约也是日本处处为难中国的原因之一。

12月26日，陆奥通过美使致电中国，表示日本将任命全权议和大臣，将与中国全权议和委员谈判，地点为广岛。同意在中国全权委员到达广岛后48小时以内，召开两国全权委员会议。至于会商时日及地点，在中国全权委员到达广岛后可尽速通知。中国应将其全权委员出发时间、抵达广岛时间尽快电告。至于休战条件，纵使日本许诺，亦须在两国全权委员进行会商后始能决定。

张荫桓广岛蒙羞

战场上不如人，也就没有什么尊严可谈。清政府在这种情况下，唯一的选择，就是让那两个全权代表尽快上路。[①]1895年1月5日，张荫桓向慈禧太后、光绪帝及恭亲王辞行。他们对张荫桓寄予殷切期待，不厌其烦地交代、嘱咐其到了日本后，注意与国内保持联系，所有应议各节，凡日本所请，都要随时电报朝廷，听从朝廷指示。

第二天（6日），张荫桓离京，经天津转上海，在那里与邵友濂会合。一路走来，所见所闻，张荫桓感到朝廷对和与战似乎还没有下最后决心，对战场上能否侥幸获胜，扭转大局，在内心深处还存在一丝期待；各级官员对外部世界几乎一无所知，只知道中国拥有那么强的海军，怎么可能打不过东邻日本。这些人包括翰林院学士准良、新湘军领袖吴大澂等人，都想方设法劝张荫桓、邵友濂不必太急，还是给前线将士留一个机会，假如扭转了战场上的

张荫桓

①张荫桓1895年1月2日的日记："蒙召询启程日期，复承谕民生涂炭，奉天吃紧，宜速发。当奏言三日内可请训，容与枢中商定即递牌子。上颔之，遂出。至军机处就商恭邸，嘱以初十日。"初十日，即1895年1月5日。见《张荫桓日记》，上海书店出版社2004年版，第499页。

颓势，那么你们在谈判桌上的感觉肯定不一样。所以到了上海，张荫桓并没有急着启程，而是等待观望，希望前线传来好消息。

然而遗憾的是，前线不仅没有好消息，反而尽是坏消息：日军连连得手，清军节节后退，朝廷遂于 1 月 14 日电示张荫桓、邵友濂即赴广岛。

根据指示，张荫桓、邵友濂一行从上海启程。1 月 28 日抵长崎，30 日转神户，31 日至广岛。中国代表团除张荫桓、邵友濂两位全权议和大臣外，还有头等参赞官候选道伍廷芳、二等参赞官刑部郎中顾肇新、内阁侍郎端良、三等参赞官候补道梁诚等大小随员 23 人，另有美国前国务卿科士达任国际公法顾问。[①]

1 月 27 日，天皇任命伊藤博文、陆奥宗光为日本全权办理大臣，并在御前会议上批准日本的谈判原则、策略。

张荫桓、邵友濂一行抵达广岛后，按照日方安排，使团成员分住三处，均有日本弁兵监守。有事出门，须先通知巡捕派兵同往，名为护送，免生意外事端，实则防中国使团人员窥其虚实底蕴。使团住处，坐无轿车马车，包括张荫桓在内的使团成员，出入工具都是东洋车。使团成员书信往来，不分公私，均由日方先拆阅再分送。中国使团完全处在日方的监视中。[②]

当张荫桓一行住定后，日本外相陆奥宗光按先前承诺，向中国发出外交照会，通知日本办理全权大臣姓名、官爵，随后又以全权办理大臣名义通知于 2 月 1 日在广岛县厅内举行谈判。

2 月 1 日上午 11 时，中日两国全权大臣会晤于广岛县厅。按照此种场合惯例，首先查阅彼此携带的全权委任状，然后进行交换手续。尽管张荫桓是中国难得的外交人才，在国外待过很多年，然而没有出乎日方预料，张荫桓、邵友濂没有携带国际公法上普通的全权委任状，而是拿出一张中国人最看重的国书，并请伊藤博文、陆奥宗光定期面递日本天皇。然而，张荫桓、邵友濂的诚意在伊藤、陆奥那里受到了令人难堪的回应。伊藤说，两国交战，未便面呈。紧接着，他们按照原先预谋，对张荫桓、邵友濂两

---

① 中国史学会主编：《务必竭力阻止科士达赴清之训令》，《中国近代史资料丛刊·中日战争》（9），新知识出版社1955年版，第480页。

② 陈旭麓、顾廷龙、汪熙主编：《伍廷芳致盛宣怀函》（1895年2月15日），《甲午中日战争——盛宣怀档案资料选辑之三》，上海人民出版社1980年版，第390页。

人授权证书进行挑剔。

在伊藤、陆奥看来，张、邵两人所谓国书只不过是一种信任状，而不是两国交往所需要的全权委任状。他们认为，中日两国现在处于交战状态，外交关系已断绝，正常状态下一国君主向另一国君主介绍其使臣的信任状，不能继续使用，必须参照国际惯例，使用全权授权委任状。

张荫桓向伊藤表示还有挽救办法，因为他们昨天刚到广岛，原本准备向朝廷发送一份密电，可是贵国不允许。现在还听说，我政府也有一份电报到了这里，可是贵国依然扣住，不给我们。我们还没有离开北京时，美使田贝就向我们承诺，按照国际公法，中国使团有权与国内保持联系，往返密电，都不会受到妨碍。然而现在一切都变了样子，所以贵国只要遵照国际惯例，我们的手续就可以得到完善、修补。

张荫桓说的当然在理，只是伊藤、陆奥就是不想和他们谈。伊藤表示，两国举兵，尚未宣战时，日使在北京欲发密电，而总理衙门不准；既开战后，中国汪公使在东京寄北京密电，日本政府并未阻止，可见要说不遵守国际公法国际惯例的是中国而非日本。至于现在贵大臣要想接收密电，也非常简单，只要将密电码交出来，那么电报立马就可以送给你们。这显然是胡搅蛮缠，正像张荫桓当场所驳斥的那样，既然将密码交给了你们，那么往来电信还有什么秘密可言！

日本人是有备而来，他们确实有心机，确实做好了准备，而且他们事前并不对中国透露一点口风，这实际上就是要羞辱中国人。陆奥宗光提前就想到了这样一种结局，提前准备了这样一份备忘录。当双方全权大臣互相交换全权委任状时，他立即取出一份备忘录向中国议和代表宣读，表示日本政府议和代表拥有日本天皇陛下颁布的敕书，享有全权。至于中国全权大臣所执敕书，经仔细研读，都很难判断代表所拥有的权限，陆奥希望中国大臣拿出有说服力的文字来证明自己享有的充分权力。

正像这几位日本人早已预料的那样，张荫桓等人当然不可能对这些问题给予肯定答复，但他们表示一定争取尽快答复。这样，第一天的会议便告结束。

第二天，中国议和代表团给日本方面送来一份照会，只是这份照会并没有对日本方面的质疑给予肯定答复，而是在某种程度上承认了自己获得的授权不充分，他们只是在前方进行谈判，决定权在朝廷。① 张荫桓等人的设想大概是，他们希望以此说服日本人相信，这次谈判是由我大清皇帝亲自主持的，我们只不过是按照他的意思行事，一旦会谈有结果，我们就可以请光绪帝允准，约期签字，然后再进行交换。

中国的办法当然也是办法，但是这个办法就是不能得到日本人的认同，日本人就是瞧不上张荫桓这几个人，他们就是想将这几个人赶回去。于是当天下午4时许，双方代表又在老地方举行会晤。伊藤博文在谈话时表示，我们日本几位大臣所奉敕书就是参照《万国公法》程式制作的，而中国的敕书则大相悬殊。贵大臣此来商办何事，敕书内并没有写明。即此已见全权之不足，断难与议。贵大臣可早日回国，即备船只护送出境。紧接着，伊藤不容张荫桓、邵友濂说话，就毫不客气地发表了一通言辞激烈的演说，表示日本代表现在采取这种办法与态度，在道义上实在是出于不得已的考虑。伊藤强调，鉴于过去的教训，日本对于不合乎全权定义的中国钦差大臣只能拒绝，决不会与之举行任何谈判。伊藤表示，如果中国诚意求和，对于使臣授予确实全权，并遴选负有众望官爵并足以保证实行缔结条约的人员当此大任，那么日本随时等待重新开始。

张荫桓、邵友濂此次广岛之行以失败而结束。其实，他们此行的目的并不是要与日本谈出个子丑寅卯，确定和平协议，因为中国政府到那时尽管在战场上屡战屡败，但并没有完全服输，中国只是说与日本议和，没有说投降，甚至没有说求和。② 所以，当伊藤、陆奥决然中止中日和谈时，张荫桓、邵友濂只是象征性地据理反驳，然后就准备打道回府。他们在出发前，光绪帝、慈禧太后就有这样的交代，假如议和不成，那么就立即返回，大不了继续打吧。③

---

① 姚锡光：《东方兵事纪略》，《中国近代史资料丛刊·中日战争》（1），新知识出版社1955年版，第81页。

② 李鸿章在1895年1月24日复张荫桓电时表示，日本政府决定派遣伊藤博文为议和大臣，这大概表明日本对这场战争"或有悔祸意"。见《李鸿章全集》（3），上海人民出版社1987年版，第372页。

③ 慈禧太后在1894年12月21日召见张荫桓时说："款议不谐即返，仍备战。"见《张荫桓日记》，上海书店出版社2004年版，第498页。

对于日方做法，张荫桓当天并没有觉得怎样受辱，倒是美国顾问科士达有点看不过去。他建议张荫桓、邵友濂应发一份声明，对伊藤演讲给予驳斥。张荫桓、邵友濂接受了这个建议，但请科士达代为准备。

2月3日上午，张荫桓等人对科士达起草的声明草稿稍加增补，译成英文交随员伍廷芳送去。①伊藤当着伍廷芳的面将这份文件收下并打开，但是到傍晚却又将声明退了回去，理由是谈判既然已结束，日方也就不方便接受。

日本人并没有放弃与中国议和，那些贪婪要求只有通过谈判才能获得，只是他们太清楚中国的政治架构，知道张荫桓、邵友濂这个层级的大臣并没有什么决定权，他们只不过是一个被牵着线的木偶，他们需要木偶后面的牵线人。所以，在会晤间隙，伊藤向伍廷芳做了相当明确的暗示。

伍廷芳曾参与李鸿章、伊藤博文1885年天津谈判，是旧相识。伊藤博文以不经意的口吻告诉伍廷芳，如果贵国诚心诚意向日本求和，就应派遣有资格有全权能切实负责的大臣前来，朝廷必须给予切实全权的字据。②伊藤虽然吞吞吐吐地表达自己的意思，但聪明如伍廷芳者，早已明白伊藤想说而还没有说出来的话。

对于伊藤的谈话，细心的伍廷芳于2月10日在长崎旅舍就做了详细追忆。2月15日抵达上海后，他给李鸿章寄去一份供参考，顺便也给盛宣怀寄了一份，③这对后来中国方面的决策意义重大。

李鸿章成了唯一人选

日本最终拒绝与张荫桓、邵友濂谈判，是在1895年2月3日。伊藤在那一天同伍廷芳谈话时就告诉他，此时日本海军已团团围住了威海卫，两军鏖战，胜负未分，但日军获得全胜指日可待，没有丝毫疑问。

---

①陈旭麓、顾廷龙、汪熙主编：《张荫桓、邵友濂致伊藤博文、陆奥宗光函》（1895年2月3日），《甲午中日战争——盛宣怀档案资料选辑之三》，上海人民出版社1980年版，第394页。
②陈旭麓、顾廷龙、汪熙主编：《伊藤博文与伍廷芳问答节略》，《甲午中日战争——盛宣怀档案资料选辑之三》，上海人民出版社1980年版，第392页。
③陈旭麓、顾廷龙、汪熙主编：《伍廷芳致盛宣怀函》，《甲午中日战争——盛宣怀档案资料选辑之三》，上海人民出版社1980年版，第391页。

　　紧接着，日本一方面通过各种渠道要求清政府派遣有声望的全权大臣前来议和、停战；一方面坚定不移地给中国军队以最严厉打击，目标直指京畿，这就使清廷主政者心慌意乱，手足无措，甚至到处都在盛传朝廷又准备重演咸丰末年故事，逃出北京。满朝文武不知现在是该战还是该和，小皇帝和慈禧太后在这种情形下，也乱了分寸，不知道下一步究竟应该怎样做。①

　　张荫桓、邵友濂在日本肯定谈不下去了，人家日本不愿搭理他们了，只是清政府到了这个时候尚不觉悟，以为日本人真的是以为张荫桓、邵友濂的授权书不充分所致。2月5日，张荫桓、邵友濂一行到长崎候旨，等候朝廷的进一步指示。2月6日，朝廷召集文武大员对日本的要求和目前局势、中国应采方针进行讨论。慈禧太后认为，清军在战场上屡战屡挫，势不如人，现在中国在谈判桌上也说不过人，使臣被逐，这是对我大清的巨大侮辱，势难迁就，为免进一步的挫辱，干脆将张荫桓、邵友濂召回国算了，大不了在战场上继续坚持就是了。

　　听了慈禧太后的指示，恭亲王、孙毓汶、徐用仪等大臣嗫嚅委婉，以为主动撤使回国，中断谈判，可能会带来无穷后患。和解之路是必然选择，无论如何都要留此线路，不可决绝。而且美国公使田贝也认为，中国如果主动决绝，放弃和解，那么可能害得连美国都在列强那里没有面子。

　　光绪帝闻言不禁大怒，你们只顾及美国人的面子，怎么不想想中国人的体面到哪儿去了？诸臣忙劝慰，翁同龢出了一个主意，调和两方。他认为，如果接受日本人的要求，将定约画押添至国书，那么批准的权力在朝廷，这个规定也应在国书中有所体现。这样或许可以维持平衡。几经讨论，最后还是按照日本人的要求对张荫桓、邵友濂所持国书进行了修改，添入定约画押等字样，至于"批准"二字，也就没有再提。朝廷的意思，当然是希望以此让步，换取日本的让步，同意张荫桓、邵友濂继续留在日本谈判，早日达成和议，至少只要开谈，就应该停战，不要将中国逼到死角。

　　朝廷的想法其实是一厢情愿。美使田贝2月7日将朝廷的修改意见通知日本政府，说是中国已接受了日本要求，同意在全权大臣国书中添加定

---

① 《翁同龢日记》（5），中华书局1998年版，第2777页。

翁同龢

约画押的权力。第二天，日本通过美使宣布，如果中国有诚意希求和平，那么就派遣授予适当全权委任状的高官并有名望的全权委员前来，日本任何时期均可允诺再开媾和谈判。好像日本在道义上又胜了一筹，谈判之所以决裂，责任只是中国代表授权不足。这显然是不对的。正如伍廷芳早就猜测的，日本人就是看不上张荫桓、邵友濂的层级，就是想与更高层面的人士进行谈判。

日本要找比张荫桓级别高的人进行谈判，这连张荫桓当时在广岛都是很清楚的事情，待得到伍廷芳的证实后，张荫桓就将这个意见由美国驻日公使电告田贝，并请转报朝廷，甚至明确暗示这位"名位极崇、能肩重担"的人，是指李鸿章。

朝廷收到田贝转来的这个消息后，立即做了积极回应，因为清军在前线实在支持不下去了。2月12日，也就是海军统帅丁汝昌服毒自杀、北洋海军全军覆没那一天，御前会议决定，既然日本人认同李鸿章，那就赶快将张荫桓、邵友濂撤回，重新任命李鸿章为全权大臣，前往日本议和吧。

第七章

梦断春帆楼

日本人拒绝张荫桓和邵友濂，目的是让清政府派李鸿章出场全权与日方谈判。由于日本政府要价过高，使得李鸿章的出使谈判十分艰难。

日本的要价

按照清政府的想法，中日战争日本取胜，不过是将朝鲜从中国的附属国变成日本的殖民地，中国周边原先那些藩属，剩下的也就只有朝鲜国了。清廷之所以还愿意为朝鲜前途不惜一战，主要是因为地缘，因为朝鲜距离中国政治中心太近。至于战争赔款，清廷也有足够准备。只是超出清廷想象的，是日本对中国领土垂涎欲滴，力图瓜分。

对于中国领土的要求，日本海军部的愿望是，与其在战后割取辽东半岛，不如割取台湾全岛更划算。在倾向于割取辽东半岛那部分人中，有人主张假如辽东半岛不能完全由日本占领的话，那么可以先让中国将辽东半岛让予朝鲜，日本再从朝鲜手中租借。至于台湾全岛，日本人中的大多数力主全部划给他们。

与海军部的主张相反，日本陆军部认为辽东半岛是他们用鲜血、生命夺取来的，这和日军足迹并没有踏上的台湾不能相提并论。而且从战略层面说，辽东半岛既控制朝鲜半岛的侧背，又扼住了北京的咽喉。为日本国家前途久远计，日军用生命夺取的辽东半岛决不可归日本所有。

日本管理财政的部门，他们的想法又是一套。他们对割地并不怎么热心，但对于怎样才能获得巨额赔款，他们则有自己的主张、规划、预算。他们中有的主张让中国赔偿 10 亿两，他们认为中国可以任意宰割，任意掠夺。

与海军、陆军、财政部门稍有不同的是日本外交官，他们了解国际大势、世界格局，更了解中国是怎样弱势、怎样无能，因而他们的主张不仅上至极限，而且显得还是那么可行。11 月 26 日，日本驻英公使青木致电政府建议的媾和条件是这样几点：

一、割取奉天省及不与俄国接壤的吉林省大部分以及直隶省的一部分，另外在中朝两国之间划出约 5000 平方日里（每日里合 3.93 公里）的中间地带，为将来日本掌握亚洲霸权的军事基地；

二、赔款英币 1 亿镑，其中一半为生金，另一半为银币，分 10 年偿清；

三、在偿清赔款以前，日本军队应占领东经 120 度以东的山东省一部和威海卫及其炮台武器，驻兵费应由中国负担。

在附言中，青木还说，欧洲舆论认为，只要不影响欧洲的利害或中国的存亡，不论提出任何条件均无异议。

日本驻俄公使也一直关注着俄国人的立场和看法，预见俄国对于日本割取辽东半岛，特别是割取接近朝鲜的部分决不会置之不理。日使建议日本政府，不如开始就向中国要求巨额赔偿，但以占领辽东半岛作为赔款保证，则俄国对此就没有办法干涉。

至于日本民间，对究竟应该怎样惩处中国，也是议论纷纷，莫衷一是。但对从中国割让土地则相当一致。这些人一面陶醉在日军百战百胜的浮夸中，一面各自怀揣将来的经营计划。

日本朝野各界对于究竟怎样惩处中国，究竟应从中国获取哪些好处，始终难以形成统一的意见，这就是日本政府一再找借口拖延谈判的真实原因，至少是其中一个重要原因。

为了迎合各方面意见，日本政府综合各方要求，制定出了几个非常严苛的议和版本。

比较强硬的主张是，在中国政府主动向日本直接乞降前，日军不能停止全面进攻，为永久压制中国的反抗以及作为维护东亚和平的保证，至少应使中国将其东北部比如奉天和台湾等领土割让给日本；至于军费赔偿，无论如何不能少于 3 亿日元。

这一派中还有人主张，中国如在战后不能自保其国家，而陷于自暴自弃，放弃其主权时，日本必须有瓜分中国的决心，届时至少要将山东、江苏、福建、广东 4 省划入日本版图。

还有人主张，应使中国割让吉林、奉天、黑龙江三省及台湾，并缔结中日两国通商条约，其条件应超过中国与欧美各国所签条约。

在这众声喧哗的瓜分中国鼓噪声中，也有比较冷静的政治家从中日关系的未来和大局着想，建议政府不要太贪婪太过分。况且战争从来不是一次就可以结束的，日本不应通过这次胜仗得意忘形，置人于死地。中国地大物博，人口众多，现在只是还没有觉醒，而一旦觉醒，中国的力量不仅是日本甚至是整个世界都无法忽视的，所以日本在战后安排上要想着怎样帮助中国，不要让中国人觉得日本人只是一群贪得无厌以邻为壑的小人，没远见没抱负。

外相陆奥在与总理大臣伊藤仔细讨论后，早在10月初就拟定了一个媾和条约，只是随着时间推移、形势转变，在后来仍不断修正。修正的要点，主要是根据形势变化，尽量容纳各方面特别是那些力主割地者的想法，否则在日本也通不过。但是，如果日本很早就公开割地要求，肯定会使欧美各国舆论哗然，各种各样的压力接踵而来，日本必将面对非常大的外部压力，引起列强干涉。基于这种种考虑，日本政府最后决定议和条件不先透露，甚至包括对中国，届时中日对谈时，一并提出。假如列强中某一国对某一条款存有很大异议，或者真的不合适时，日本政府再拿出来讨论，或者干脆放弃换取妥协。

根据这样的原则，日本外相陆奥对自己早就拟就的议和条件严格保密，直至中国议和大臣即将到达日本，他才将这些方案提交内阁进行讨论，并于1895年1月27日在御前会议上奏报天皇，强调应分清朝鲜战争的原因及朝鲜独立、割让领土与赔款、确定中日两国外交利益和特权为基本内容的三个阶段。

2月16日，日本政府就此发表声明，表示中国除应支付战争中的军事赔偿金，承认朝鲜完全独立外，并由于战争的结果须向日本割让土地。同时，日本政府认为，为了将来中日两国交际有所准绳，两国在议和时应缔结确切的条约。因此，中国政府如果不能派遣具有这些谈判基础的全权大臣，那么就不必耽搁工夫浪费时间。更为狂妄的是，日本政府在这个声明最后还说，日本政府今后无论何时认为有必要时，或有所希望时，在上述各条之外，有权随时提出补充要求。[①]

第二天（2月17日），日本政府通过美国驻华公使田贝，将这些议和条款转致中国政府，概括起来说就是四点，即朝鲜独立、割地、赔款和最惠国待遇。

日本人的要价，当然不是张荫桓、邵友濂这个层级的官僚能够做主的，

①中国史学会主编：《中国近代史资料丛刊·中日战争》（7），新知识出版社1955年版，第114页。

所以日本政府对张荫桓、邵友濂毫不客气，不愿开谈。张荫桓、邵友濂的广岛之行没有取得什么效果，唯一的，也是对后来至关重要的收获，是伊藤博文与随员伍廷芳的闲聊，那就是日本政府比较钟情于与那些"名位极崇、能肩重担"的大臣进行谈判。①

中国的预案

日本人的提示对中国决策者很重要。1895年2月12日早朝时，光绪帝、慈禧太后都明确意识到日本人所说的名位崇高且能担当重任的人肯定是指李鸿章，于是立即同意派遣李鸿章为中国全权代表，前往日本进行议和。

接到朝廷任命后，李鸿章2月19日交卸直隶总督、北洋大臣。21日，由天津前往北京，与朝廷和诸位大臣共商议和事宜。

按照日本人已经提出的条件，此次议和真的不同于往昔，这确实是一个根本无法完成的使命，相信已年逾古稀的李鸿章可能并不乐意前往日本进行这个要背负"卖国"骂名的活动。可是战场上不如人，现在大兵压境，作为一个老臣，怎能不替光绪帝、慈禧太后分忧解难呢？

2月22日早朝时，光绪帝主持御前会议，李鸿章和各位军机大臣参加了这次会议。他们对将要到来的议和谈判、中国应坚持的原则进行了讨论。李鸿章认为，日本人提出的割地要求实在过于重大，不敢担承。至于占地索银，也只能适度，假如要的赔款太多，我们可能也不是那么容易筹措，相信户部也没有那么多的银子。户部尚书翁同龢闻言表示，但能办到不割地，那么真的就是多赔点银子，户部必将想办法去解决。军机大臣孙毓汶、徐用仪对翁同龢的说法似乎很不以为然，因为谁都知道日本人此次条件非常苛刻，中国不答应割地，日本人就不答应议和。这才是问题的焦点。

光绪帝问道，如果议和一时还不能开始，那么我们在直隶的海防是否能够顶得住日本人的攻击？李鸿章坦然答道，实无把握，不敢粉饰。我中国的海防在日本人的冲击下，大概就像已经发生过的那样，不能形成有效防御。

与李鸿章的想法比较接近，恭亲王、孙毓汶、徐用仪等也力主尽早了

---

① 《翁同龢日记》（5），中华书局1998年版，第2778页。

结止损。持反对立场的，或者说比较在意赔款、割地的，主要有光绪帝的老师翁同龢。翁同龢此时兼职户部，负责财政，力主即便多赔一点银子，也尽量不要割地。

针对翁同龢的说法，李鸿章针锋相对，当着恭亲王等诸位大臣的面，邀约翁同龢一起前往日本，参与议和。翁同龢闻言表示自己不曾办过交涉、洋务，否则此次前往日本必不辞。以生手办重事，对朝廷太不尊重了。

对于翁同龢的辩解，李鸿章似乎无法认同。他坚定地表示，你翁师傅还是和我一起去吧，既然你说割地的事情不可行，那么议和不成，大不了咱们一起尽快回来就是了。李鸿章的态度非常坚决，就是要拉着翁同龢这样的"清流"一起往前冲，谁让你们在开战前竭力鼓吹开打，真的以为中国就是世界老大，真的可以对谁都说不。现在，要议和了，你们这帮子人又装好人，又说不要割地，甚至不要赔款，你们有本事就自己去跟日本人说啊，可是你们只会躲在后面唱高调，比清高。

李鸿章大约真的愤怒了，孙毓汶、徐用仪等都觉得有点害怕了。他们两人竭力调和，意在使各位重臣能冷静下来，好好讨论，可是翁同龢独自坚持赔款胜于割地，能不割地，就不割地。于是朝臣的讨论也就不了了之，时间也就这样一天一天度过。

当天，李鸿章还与孙毓汶、徐用仪一起拜访了美国公使田贝，就日本人先前非常挑剔的国书授权等问题交换看法。然后又独自拜访了英国公使，因为在当天朝议时，李鸿章也曾建议请英、俄两国从旁协助，看看能否在日本人那里有点什么作用。

第二天（2月23日），总理衙门将授予李鸿章的敕书底稿正式送交美使田贝，请他转致日本政府，看看还有什么意见或不合适的地方。3月2日，日本政府提出几点修正意见，最重要的指责是拒绝敕书用汉文，要求清政府改用洋文；并要求清政府用洋文写好后再发给他们。

对于日本人的刁难，清政府当然很愤怒，光绪帝为此发了一通脾气，以为这就是日本人借事生波，故意刁难。光绪帝要求大臣一定要向日本表明立场和态度，并要求李鸿章还是尽快上路，早些了结这件事。至于日本人的意见，清政府还是乖乖地参照执行，按照他们的意见将敕书译成洋文，然后通过美国人再次提交给日本政府。

外交手续并不是困难的，更不会构成媾和谈判的障碍。媾和谈判的真正障碍，还是怎样应对日本人的要价，更直截了当地说，就是能够赔多少钱，能不能割地，如果能，那又准备割多少地。而割地问题，对于中国来说，也确实是一个最为棘手的问题。李鸿章没有弄清朝廷的底牌，绝对不敢贸然前往，他需要继续留在北京，与朝廷、各国公使，以及那些中国大臣多商量，厘清思路。

23 日，光绪帝召见李鸿章、恭亲王、翁同龢等。据翁同龢观察，李鸿章在这一次奏对中勇于担当，好像没有什么推卸责任诿过于人的意思。李鸿章这次提出的唯一要求，是希望他的儿子李经方能随他一起出使，其理由是李经方懂日语，且与日本外相陆奥宗光有旧。

李鸿章毕竟也是年过七旬的老人了，他让儿子随行，其实也是贴身照料。所以朝廷并没有怎样犹豫，光绪帝由此也问到李鸿章的身体状况等，以示关怀。

2 月 24 日，李鸿章利用自己的人脉，前往英、俄、德各国公使馆寻求帮助，希望这些公使让本国政府出面劝劝日本人，不要太狠太贪婪，不要把中国逼入绝境。然而一天跑下来，似乎依然未得要领，朝廷和各位大臣也不知道下一步应该怎样做。孙毓汶以为既然在战场打不过，那就要输得有点君子风度，不要让世界瞧不起，日本人既然要割地，那就割吧，大不了先割给他们，待到中国强大的那一天，再要回来就是了。现在如果在割地问题上僵持不下，最后吃大亏的还是中国。孙毓汶坚决主张以割地为了局，不要犹豫，不要彷徨。对于孙毓汶的说法，翁同龢坚决反对，所以议论来议论去，朝廷依然无法敲定谈判方案。

日子在不知不觉中打发，清廷在犹豫中徘徊。2 月 25 日，英、俄、德三国公使分别回拜李鸿章，但是并没有带来什么值得高兴的消息，日本政府似乎铁定要按照自己的原则办事，谁也别想让日本人在开谈之前就让步。清廷大约意识到这一点，所以在当天御前会议上，光绪帝与各位重臣集中讨论的就是割让土地的事情。李鸿章先发言，讲了事情原委及各种可能，在目前情形下，也开始倾向于割地。而恭亲王也是这个意思，并且还讲了各种可能会带给中国什么样的后果。各位大臣对这个问题不敢畅所欲言，唯翁同龢无私无畏，始终表示无法认同割地的主张。当天的朝议依然不了了之。

割地的主张不仅遭到翁同龢的反对，而且在慈禧太后那里也通不过。2月26日，光绪帝在向慈禧太后请安时，顺便报告了昨天的讨论和恭亲王、李鸿章等人的立场，不料却遭到慈禧太后的拒绝。慈禧太后面色凝重地告诉光绪帝，你就按照你的思路进行吧，只要别太烦我就行了。①慈禧太后心里显然是不太高兴，至少是对这个结果表示失望。但是下一步究竟应该怎么办，慈禧太后似乎也没有既定方案或原则，一切都在讨论中。

在随后几天里，各国外交部门与日本交涉的消息陆续传来。除了俄国人表现得比较激愤，愿意在中国不能承受日本人的索要时，届时出面找日本人交涉还价，其他各国其实根本就不愿意这个时候帮中国。中国必须正面直视日本的要求了。3月2日，朝廷命出使各国大臣向英、俄、法、德等国交涉，请求各国政府劝说日本公道议和，不要再节外生枝。清廷下定决心，准备就这样干了。

同一天一大早，光绪帝先是祭祀列祖列宗，并告诉恭亲王，为了中国的安危和未来，只好接受日本人的要求、要挟，同意授予李鸿章"商让土地之权"。

紧接着，光绪帝召集军机大臣详细讨论接下来的议程和问题。李鸿章遵旨报告了对此次日本议和之行的准备，以及各项谈判的底牌和各种可能性。李鸿章指出，朝廷同意授权商让土地，对于这个授权，他个人实在没有这个心理准备。中国的土地，固难轻易予人，至于周边各国觊觎，那是没有办法的事情，自古如此。反观西方近代以来，各国之间的战争争夺互有胜负，即互有割让疆场之事不断发生，这对于中国来说是陌生的不熟悉的，但确实是近代国家关系中一个重要内容。此次日本乘屡胜之机，逞无厌之求，如果坚决拒绝，不予通融，那么中日间的战争或许不容易停止，中日纠纷可能也就越扯越多，中国必将被日本拖垮拖死。现在，日本政府对于战争军费的赔偿和朝鲜独立自主这两个问题，以为已经解决，不必讨论，最多只是赔款数额的多与少，朝鲜独立自主的权限大与小等。日本政府认为最需要讨论的，或者他们认为最有可能引起争执的，就是割

---

① 《翁同龢日记》（5），中华书局1998年版，第2782页。原文是："任汝为之，毋以启予也。"

让土地。

关于赔款一层，李鸿章认为，赔款大约是铁定的，但究竟应赔偿多少，也确实还值得讨论。他表示一定会据理力争，从容商定数目，"但能争回一分，即少一分之害"。

割地大原则算是确定下来了，当然这个原则会遭到各方反对。第二天（3月3日），获悉清政府同意割地的翰林院编修黄绍箕、丁立钧、徐世昌等上了一个折子，以为议和割地，必不可行。但是怎样才可行，他们也没有什么主意。

面对舆论和各方压力，朝廷也通过上谕方式对为什么同意割地进行了解释，以期统一思想，建立共识。朝廷认为，在此次议和中，日本政府最关注的问题就是割地，如果我方始终拒绝这个要求，那么日本就始终不同意和我们开议，我将士可能会因此而有更大牺牲，我臣民可能因此而承受更多损失。时机紧迫，非此不能开议。这是朝廷不如此不行的苦衷。至于议和中的其他问题，不止一端，一定会责成李鸿章权衡利害轻重，情势缓急，统筹全局，议定条约，恢复和平与秩序。

正如朝廷所分析的那样，日本人的着重点在割地，我如果拒不答应，那么日本人就不愿意开谈，日军也就不愿意停止进攻。这样，都城之危，也就在顷刻之间。以现在情势论，宗社为重，边徼为轻，利害相悬，不必说得那么明白。这一点应在朝野间建立共识，不必再进行无谓争论，徒费时间。

基本共识建立了，紧接着，日本人的计划也通过美国公使田贝传来了，日本人决定在马关与李鸿章会谈。清政府在获悉这个消息后，迅即命李鸿章抓紧准备，尽早启程，以免夜长梦多，别生枝节。

3月4日，光绪帝单独召见李鸿章，在简短谈话中寄予殷切期待，一切都在不言中。第二天，李鸿章出京。第三天，朝廷御旨要求李鸿章务必于3月16日前赶到马关。于是，李鸿章稍事准备，遂于3月14日离开天津前往日本。

伊藤与李鸿章的"闲聊"

李鸿章此行，有一个比较庞大的阵容。他的儿子李经方为头等全权大臣的特设参议。这是专门为李经方设置的一个头衔，其地位远高于随团其他参赞。李经方是职业外交官，懂外语，懂交涉，更重要的是在日本有人脉，所以他这次随李鸿章前来，不仅能照顾其老父亲饮食起居，也是李鸿章的助手。

李经方之外，随行参赞还有罗丰禄、马建忠、伍廷芳；随员有陶大均、张柳、廖炳枢等；顾问有美国人科士达、毕德格；还有翻译、文案等随员，共计33人。随行医生除四品衔直隶候补同知林联辉，还有法国驻华使馆医生慈巴茨斯博士。这是李鸿章使团的正式成员。另有厨子、轿班、理发师等百余人，浩浩荡荡。

李鸿章一行出发后，中国政府即通过美国公使通知了日本政府。伊藤博文、陆奥宗光闻讯

李经方

后，立即分别从东京、广岛出发。18日，陆奥宗光率先抵达。19日清晨，伊藤博文和李鸿章差不多同时抵达马关。

当李鸿章一行抵达后，陆奥立即将日本政府全权办理大臣官爵、姓名通告中国使臣。同日，还以全权办理大臣名义通告两国全权大臣将于第二天即3月20日举行第一次见面会，交验各人所携带的全权委任状。

1895年3月20日下午2时，李鸿章在李经方、罗丰禄、伍廷芳、马建忠及翻译卢永铭等陪同下，乘轮登岸，坐轿前往会谈地点春帆楼。

春帆楼位于马关红石山脚下一个小丘上，旁边是安德天皇的祠堂。春帆楼原本是座寺庙，大约在1862年由日本医生藤野玄洋在这座寺庙废墟上重建了一家诊所。藤野去世后，其家人将诊所改造成了旅舍，由于其自然环境幽静开阔，因而生意还算不错。

在春帆楼不远处，李鸿章略事休息，大约也是为了平静一些难耐的心情。

快到 3 点时，李鸿章在随员簇拥下，拾级而上，步入春帆楼二楼会议室。

此次会议，中日双方各有 7 人出席。日方除伊藤、陆奥，还有内阁书记官伊东已待治、外务书记官井上胜之助、外务大臣秘书官中田敬义及外务省翻译官陆奥广吉、楢原陈政。

伊藤和李鸿章是多年老相识，李经方与陆奥也有着非同寻常的友情，所以他们见面后并不是剑拔弩张，而是轻松寒暄后才进入正题。

按照议程，当天的主要事情就是交验文书。由于有张荫桓、邵友濂的教训，李鸿章此次携带的国书，先前曾经美使向日本通报过，日方也提过修改意见。中方尽管对这些意见并不是很满意，但为了息事宁人，早开和谈，还是参照日方意见进行了修改。所以在当天交验国书环节中，一切均如预料，并没有发生什么事故。

文书交验完成后，当天的事情大约就应该结束了，然而这时李鸿章提出一个"自选动作"。他让罗丰禄宣读拟请停战的英文备忘录，请求日本政府从两国大局考虑，能同意于媾和条约谈判开始时，宣布两国陆海军立即一律休战，以为商议和约条款之地步。这个建议曾在数月前通过美使向日方提出，日本政府当时答复说等到两国全权大臣会晤时，可言明如何休战讲和，所以中方现特重申前议，盖所请休战一事，也是两国谈判第一要义，务请日方考虑同意。

李鸿章的这个动作出乎伊藤、陆奥意料。伊藤略微思考后表示，此建议自有道理，但究竟应怎样答复，还请等到明天再说。

当天的会晤除正事，还有叙旧。李鸿章与伊藤原是多年旧识，如果不是在这个场合相见，相信他们一定会是惺惺相惜的好朋友，现在这个场所对他们两人来说都有点尴尬。据陆奥回忆，李鸿章在谈话中根本不像古稀老翁，他身躯魁梧，语言爽朗，使陆奥想起曾国藩对李鸿章的评价，以为李鸿章仪表谈吐足以服人，曾国藩所言绝非虚语，更非夸饰，李鸿章具有这样的人格魅力。只是此次使命使李鸿章完全处于十分不利地位，所以在与伊藤闲聊时，不时总会遇到一些尴尬情形。

李鸿章与伊藤的闲谈，远远超出此次会谈的内容，给人的感觉是闲聊，但又是那么切入正题，关系中日未来发展，关系中国前途。

谈话仍从国书的形式开始。伊藤问，两国全权代表的国书已交验完了，不知能否将两国国书相互交换，彼此留存。

伊藤的提问，对中国人或许是个新问题，因为在此之前中国人并没有遇到过类似问题。不过见多识广的李鸿章坦然以对，表示完全可以遵照日方建议，相互交换，相互留存。

伊藤又问，刚才阅览贵国国书感到确实妥当得体，只是不明白贵国为什么不让大皇帝亲笔签字，而用御宝呢？这个提问既是疑问，也是指责。疑问是不明白这其中的分别；指责是因为这种特殊做法实在无法与国际接轨。

对于伊藤的疑问、指责，李鸿章从容答道，这主要是因为各国风俗不同，看法也就不一样。我中国用御宝，与各国用御笔具有同等价值，只是形式不同而已。既然只是形式不同，为什么不能采纳各国通行惯例呢？这肯定是伊藤的进一步疑问，于是伊藤表示，这一次就不深究了，只是贵国大皇帝既然与外国国君通好来往，那么就应参照外国成例进行办理，不应我行我素。

对于伊藤的指责，李鸿章仍向传统中找理由，以为中国向来没有使用过各国通行办法，因为作为中央帝国，中国从来都是规则制定者，所以也从来没有遇到过这样的尴尬。况且中国皇帝怎样做，做臣子的只有默许支持的份，哪里容臣下去纠正或相强？从中国人的立场看，李鸿章的说法固然有道理，只是这个道理在世界上行不通。

在谈到中日两国关系时，伊藤说，贵国固然愿意中日修好，只是前派张荫桓、邵友濂两位来日，似乎表明贵国对中日两国关系重视不够，诚意不足。中堂位尊责重，此次奉派为头等全权大臣，表明贵国对中日关系的重视和诚意，但愿此次和谈结束后，中日两国关系能在原有基础上有所发展。

对于伊藤的谈话，李鸿章表示认同，但他同时强调，中国对日修好是诚心诚意的，若非诚心修好，必不派我；我无诚心讲和，亦不来此。

伊藤对李鸿章的说法表示认同。他指出，此次谈判不仅是结束过去，更重要的是为两国未来奠定基础。两国停争，重修睦邻友好，关系重大。将来日中签订永久性和平条约，必定有助两国发展，有助亚洲和平。

对于伊藤的话头，李鸿章也有话要说。他表示，在亚洲，中日最为近邻，且系同文，两国怎能长时期坚持敌视政策呢？中日此次暂时相争，只能是暂时的，中日长期友好，应成为两国共同追求的目标。如寻仇不已，则有害于中国者未必有益于日本。放眼世界，像欧洲各国，练兵虽强，但不轻启衅。中日既同在亚洲，就应当仿效欧洲。如两国使臣彼此深知此意，就应从亚洲大局出发，永结和好。这样，亚洲才能团结起来，形成力量。

李鸿章说的无疑是对的，但按照中国外交准则、内政原则，伊藤觉得这中间还是有些问题。他指出，中堂之论无疑是对的，只是早在10年前，我们在天津时就曾讨论过这类问题，那么为什么10年过去了，贵国至今一无变更，依然墨守成规？

伊藤的疑问，也是李鸿章的心结。他表示，当年在天津的谈话，一直未敢忘记，不胜钦佩。且深深佩服阁下不仅想到，而且做到，10多年来不懈努力，变革俗尚，终于使贵国走上发展坦途，逐渐强大。而中国始终囿于习俗，不能如愿以偿。当时贵大臣相劝，以为中国地广人众，变革诸政应由渐而来。现在转眼10年过去了，中国却依然如故。这是无论如何都不能不引以为憾的。真的是自惭不已，真的感到是心有余而力不足。贵国在过去十几年，按照西方模式建立了强大的现代军队，训练精良，装备精良，国内的各项政治也日新日盛，呈现出朝气活力与希望。中国的情形十足相反，只是经过了此次中日冲突，中国士大夫开始有所警醒、觉悟，至少获得两个良好结果：第一，日本利用欧洲方式重组军队，取得了成功，足以证明黄色人种并不比白种人逊色；第二，由于此次战争，中国得以从长夜迷梦中觉醒。现在，许多中国人开始明白必须像日本一样，必须改变方能自立。

李鸿章与伊藤博文的闲聊，一点儿都不轻松。对于李鸿章来说，这样的话题犹如万箭穿心，懊悔、懊恼、懊恨，再加上懊丧，那真是五味杂陈，不是味道。所以这次闲聊给李鸿章留下了不灭印象，他在当天发送朝廷的电报中仍然痛切反省此事："伊藤言，别来十年，中国毫未改变成法，以至于此，同为抱歉。"① 这沉痛的反省留下余味无穷。

由此反省，又谈到两国政治架构。李鸿章说："阁下现在只有 55 岁，而陆奥外相仅 52 岁，而我却是 73 岁的老人，这就是两国政治的差别。看到贵大臣年富力强，办事从容，颇有消闲自在之乐。"

李鸿章的感慨在伊藤那里没有得到正面回应，这就是两国政治的异同。伊藤说，日本之民不像中国人那样容易管理，而且日本政治上的事也不像中国那样容易，掌权人自己说了算，因为有一个强大的议院居间，政府要想办什么事，总是感到非常棘手。

伊藤的说法是东西洋民主国家政治家的真实想法，但来自中国的李鸿章就是弄不明白这一点。他说，其实中国与你们日本也是一样的，你们有议院居间约束，而中国有个都察院整天在找碴，其实大家都是一样很麻烦。

很显然，李鸿章不明白议院和都察院的本质区别，他以为都察院那些言官就是民主国家的议员。所以对于李鸿章的话，伊藤立即回应道：十年前曾劝你们裁撤都察院。而中堂却说都察院之制起自汉代，由来已久，未易裁去。都察院多是一些不明时务的人，他们自命清高，务使在位者难于办事。这并不是对政府的监督、制衡，而是添乱、找碴。贵国必须要大力提拔那些明西学，懂大势，且年富力强的政治新人，对于那些拘于成法，不思进取的，必须下决心裁撤。很显然，他们二人所说已不是同一个内涵了。

在谈到中国改革之难，李鸿章抱怨，现在中国上下也有一些明白时务和国际大势的，只是中国省份太多，各分畛域，有点类似于贵国封建时代，上下左右互相掣肘，事权不一，中央政府没有权威，无法统一调动利用资源。

对于李鸿章的抱怨，伊藤有点困惑。他问道，外省虽互相掣肘，难道都中总理衙门还不是像日本外务省一样，由陆奥大臣一人说了算？

李鸿章虽说对国际大势有很深理解，但他还是不太明白中日政治体制根本区别之所在，弄不明白为什么日本进行了政治体制变革后，能够促使

---

①顾廷龙、叶亚廉主编：《寄译署》（光绪二十一年二月二十四日申刻），《李鸿章全集》（3），上海人民出版社1987年版，第466页。

政治生活、经济体制、社会体制等方面发生那样大的变化。李鸿章之困，反映了近代中国所能达到的发展高度。这也是一种没有办法的事情。

李鸿章的坦诚谈话应该说是有效的，伊藤应该相信李鸿章说的都是真的，特别是中国必须向日本学习，进行变革、变法，日后也都成为事实。所以不应将李鸿章这次谈话看作是无所谓的，无关痛痒的。

但陆奥却认为，李鸿章第一次会谈就这样侃侃而谈是一种阴谋，虽然显得可爱，但实际表现狡猾。因为不管怎么说，李鸿章此行完全处于一种不利地位，他在谈话中暗中抬高自己的身份，其实只是想博取日方信任。至于李鸿章对中日两国未来战略、持久和平相处的分析，对日本近年来政治改革的颂扬，对于伊藤能力、胆略的赞美等，在陆奥看来，其目的就是想借此引起日方同情。

陆奥的分析或许有对的一面，因为李鸿章既然前来谈判，当然就要竭尽全力说服对手相信他的判断，这样才能使后来的谈判顺利进行，才能使中国在后来的协议中尽量减少损失。然而，由于陆奥在一开始就对李鸿章的用心有着诸多怀疑，这也在实际上为李鸿章的谈判增加了不小的阻力。

日方苛刻报价

3月21日午后两点半，李鸿章与伊藤博文各自率领自己的团体如约在春帆楼举行第二次会谈。

在简单寒暄后，迅即进入正题。日方首先提交昨天中方所交停战备忘录的英文回复，其大要是日本全权办理大臣认为在远离战地的此地约定休战，虽不能看作妥议和谈所必需的要义，但若附有足以担保两国均等便利条件时，即可允诺休战。根据现在的军事形势，并考虑到因停止彼此交战所发生的后果，日本全权大臣声明应附这样的条件，即允许日军占领大沽、天津、山海关及在该处的城堡；在上述各处中国军队，须将一切武器、军备等一律移交给日军。天津、山海关间的铁路，由日本军务官支配管理。中方承担休战期间日军全部费用。中国全权大臣如对这些条件没有不同看法，那么日方就可提出实行休战的日期、期限、两军实际控制线等详细内容。

日本翻译官将这份文件宣读后，另备有中文一份交给李经方，李经方浏览一遍转呈李鸿章。这时，陆奥表示，英文字句较为明晰。于是罗丰禄又将英文译诵一遍。

在这个过程中，李鸿章也将中文文本翻看默读一遍，不免大吃一惊，这些内容显然远远超出他的预先估计和预案。据陆奥观察，李鸿章此时似甚惊惶，面为改色，口中连呼："过苛！过苛！"

日本之所以提出如此苛刻的休战条件，按陆奥解释，是因为在日方预案中根本就没有停战这个环节，而从战场态势看，日军气势如虹，更没有停战的需要，日本原想要的是让中国在日本武力面前屈服，主动媾和谈判，但中国却提出了停战要求。这个要求从常理上说，是合理的，日方如果拒绝，显然也就违背了国际交往惯例，势必引起其他不必要的麻烦。因而日方在昨天停战备忘录后，认为必须提出非常严厉的休战条件，要使中国无法接受，方才有可能迫使中国自动撤回休战要求，重回媾和谈判。李鸿章认为，休战条件过于苛酷，中国实在无法接受，他希望日方能重新考虑，再提出稍为宽大的休战方案。

李鸿章的苦苦哀求，原本就在日方预料中，甚至在某种程度上说，这就是日方所要的效果，日方当然不会接受李鸿章的哀求再提另外的方案。伊藤表示，中国使臣如对日本这个方案另提修正案，日方对于该修正案当不拒绝进行商议，但不能考虑再由日方自行提出另外的方案。也就是说，李鸿章可以不满意这个方案，那你就在这个方案基础上提出修正吧。谈判的主动权完全在日方掌控中，李鸿章处于全面防守状态。

当天的讨论只是围绕着休战这一主题，李鸿章一再请求日方再加考虑，日方则一再拒绝表示不会再考虑。李鸿章的理由也非常简单，那就是日军现在并没有占领大沽、天津和山海关等处，那么为什么要在停战条款中规定加以占领呢？而日方理由也很简单，那就是，日军此时还没有打到这些地方，但是如果不休战，日军不是很快就能打到这几个地方吗？因此，在讨论停战问题上，必须考虑双方的利益，中国军队以停战为有益，那么日军就应占领这几个地方作为停战抵押。因为这毕竟只是停战、只是休战而不是终局，一旦和议不成，重新开打，日军没有险要可守，而中国军队经过休战、休整，那这不是明显让日军吃亏吗？

日方的条件很过分，但却说得振振有词。只是日方在战场上还没有得到的东西，希望通过谈判去获取；在中方，特别对李鸿章来说，实在有点太难堪。李鸿章在当天的讨论中从大局从小我各个方面进行解释，希望日方理解他的难处。

从"小我"方面，李鸿章说得非常痛心。他强调，你们日本人请我到此议和，我一个70多岁的老人之所以同意前来，实在是出于诚心诚意，现在刚说到停战，你们竟然这样不给面子，反而先要占据这三处险要之地。我李某身为直隶总督，这三个地方都归直隶管辖。如此，于我脸面有关。试问伊藤大人设身处地，将何以为情？

对于李鸿章的提问，伊藤并不含糊。他表示，中堂来此，两国尚未息兵。中堂为贵国计，所以提议停战；我为本国计，停战就只有这样一个办法。

从大局层面，李鸿章说得也非常痛心。他表示，我们两人都是各为其主，忠心为国，但也更应从远东从世界大局进行考虑。中国素来无意与外国交争，所以在此次战争不幸爆发后，中国军队基本上都是新招来的，没有经过很好训练，所以在战场上不如人。现在既然到了如此地步，中日两国是如此近邻，今后无论如何也不可能一直这样争下去，两国必须和好，必须相处。但是要想让两国人民友好相处，日本不能因为战场上的胜利而太不给中国人面子。假如中国上下都因为此次议和而伤心，那么即便我们在这里谈成了和平，这种和平也断难持久。如天津、山海关，从来就是北京的门户，务请不要下令日军攻这几处。否则，京师震动，后果不堪设想。假如日本这样做，那么不谈休战，直接开谈媾和也可以。

直接开谈媾和条件，原本是日方要求，然而当李鸿章这样表示时，日方执意要让李鸿章先撤回停战提案，否则日本不能提出媾和条件。至此，李鸿章似乎明白了日本的媾和条件不会那么简单，这或许是中国不能承受之重。于是李鸿章稍转词锋，表示中日本来就是天然同盟国，日本如果诚心期待永久和平，那么就应给中国留面子。在目前，日本虽具有对中国提出任何要求的资本，但要求应适可而止。

李鸿章的哀求始终无法打动伊藤，伊藤始终不愿在休战条件上让步。在这种情形下，李鸿章对于日方提出的撤回停战要求无法回答，请求日方能宽限几天，让中方好好考虑。日方同意这项要求，但规定必须在3天内给予明确答复。第二次谈判就此结束。

中国在军事上一败再败，中国的防线已形同虚设，再打下去只是损失、羞辱，所以无论如何，中国都必须尽快与日本达成妥协。而要想达成妥协，就必须让步，必须让日本有所得，否则日方迟迟不愿进入媾和阶段，且在战场上一直处于进攻态势，那么要不了多久，京城也就在危难之中了，到时再签订城下之盟，中国的损失肯定更多。

当天会后，李鸿章将会谈情形特别是日本的要价向北京做了报告，李鸿章的判断是"要挟过甚，碍难允行"。①

朝廷接到李鸿章的报告后，非常愤怒。光绪帝为之动容，不知所措，欲至宁寿宫求见慈禧太后讨个主意。不料慈禧太后那几天身体不好，光绪帝在宁寿宫门前徘徊许久，最后还是决定回去自己想办法。

光绪帝在与各位大臣商量后，委派恭亲王、孙毓汶、徐用仪等人前往各国公使馆，通报李鸿章与日方所谈情况，期望各国能在如此困难的情形下出面劝说日本不要太为难中国。各位公使对中国处境深表同情但爱莫能助，他们的大致意见是中国应先搁置停战请求，转而集中精力于媾和谈判，先索要议和条款才是正路。

根据各国公使建议，朝廷于3月23日向李鸿章发出指示，以为日方停战条件万难允许；必不得已，或姑允停战期内认给军费。但恐只此一事仍难就范。经与各国公使相商，还是回到此行主题，先索要和议条款为要。可告以中方既然允许议和，无不推诚相与，可允必允，无须抵押。

根据朝廷的指示，中日马关会谈3月24日恢复。这天下午3时，第三次会谈在春帆楼继续举行。会晤开始，李鸿章就上次日方停战要款节略作答复，将中文正本交给伊藤博文，将英文译本交给罗丰禄，令其宣读。

中方复文表示，日方停战节略内要款情形，万难照办，并表示他们尽心议和之始愿，从未稍减，以期两国和局早日达成。

李鸿章的决绝答复出乎日方预料，伊藤、陆奥边听边看边议论，他们似乎一时间没有了主意，不知如何应对。伊藤吸烟良久，遂问李鸿章是否

---

①顾廷龙、叶亚廉主编：《寄译署》（光绪二十一年二月二十五日酉刻），《李鸿章全集》（3），上海人民出版社1987年版，第466页。

真的要将停战请求撤回，或者将停战之议搁置起来。

对于伊藤的疑问，李鸿章做了肯定答复，强调此行专为议和而来。强调自己年事已高，从未外出，今次朝廷目睹时艰，且知李某与贵大臣有旧，特派前来，由此足证中国诚心讲和。

伊藤接着这个话题说，所议之事，一经议定，必须实力践行。查中国与外国交涉以来，所允者或未照行。日本以此事所关重大，派我们来办；凡已应允者，必能见诸施行。唯望中国能做到这点。

针对伊藤的指责或暗讽，李鸿章直接挑明，表示贵大臣所言，大概就是指道光末年我国与外国初交时。咸同以后，所订一切约章皆经批准施行；即十数年前与俄国所办伊犁交涉稍有龃龉，随后即派使妥善了结。

李鸿章的解释起不到多少作用，伊藤进而强调，过去与别国的事，现在无心讨论，现在要强调的是此次议和，可是中日两国委派头等大臣进行的谈判，中国政府如果在议定后不能执行，不仅有伤国体，而且战端必然重开，战火必然复燃。且中日议和不仅要结束战争，而且是面向未来，重缔旧好。我们都是各自国家的重要人物，如果议而不能执行，那可就将笑话闹大了。至于中方今天提出的答复，伊藤表示，容日方再加考虑，明天答复。

会谈结束时，李鸿章郑重叮嘱一句说，此次议和，希望日方可别节外生枝，所提交的议和条款，最好不要触及第三国利益，不要妨碍中国与其他国家已有协议。换言之，李鸿章希望日本在媾和条约中不致有刺激其他国家感情的条款，希望媾和问题限定在中日两国之间，以避免他国之干涉。

李鸿章的这个提醒究竟有多少深意，确实很难说。但由于中日两国的心结尚未解开，李鸿章这一说法立即引起日方怀疑。他们认为，李鸿章这个说法是掩耳盗铃的外交辞令，因为自危机爆发后，中国政府特别是李鸿章一直要求列强介入，倒是日本政府几乎始终如一地拒绝第三国干预。即便是双方都能接受的美国，也只是将他们定位在传信人的层面，不让他们介入任何实质性讨论。李鸿章的这个提醒，引起日方深切忧虑，他们弄不清李鸿章葫芦里到底装的什么药。于是伊藤只是这样回答李鸿章，这个问题完全为中日两国间的问题，非他国所应干涉者，所以日本也不相信有什么细节会引起外国干涉的可能性。

伊藤博文虽然觉得李鸿章坦诚、果断，但他对李鸿章的许多说法并不完全认同，相反总是以怀疑的态度琢磨李鸿章的话语。有时，伊藤博文、陆奥宗光也故意制造一点悬念刺激李鸿章，以此判断李鸿章的真实用意。在接下来的闲聊中，伊藤突然说到台湾，表示日军正向台湾进攻。他问李鸿章，台湾百姓与朝鲜人相比，是比较好统治，还是比较难统治？

李鸿章遇刺与谈判转机

对于伊藤的闲话，李鸿章自然很敏感。他立即表示，贵大臣突然提及台湾，想遂有往踞之心？日本不愿立即停战的原因，难道也是因为台湾？李鸿章明白地告诉他们，日本如果有意占领台湾，必将引起英国不满，刚才说担心他国干涉，其实就是指的这件事。

李鸿章的威胁并没有吓住伊藤博文。伊藤表示，日军攻取台湾，只是中日两国之间的事，与他国无关。中日现在处于战争状态，他国无权干涉。日本军队所向无敌，中国版图中的任何地方，只要日军准备占领，就没有做不到的，任何国家都无权出面拒绝。

伊藤的气势汹汹只是表面的，他内心深处或许如李鸿章所预料的那样，至少不希望与英国发生冲突。所以他接着又有这样的表示：台湾是中国的，但是中国如果决定将台湾奉送给别国，相信别国必将笑纳。伊藤的真实意思，显然是准备在媾和谈判中索要台湾，这一点李鸿章看出来了。台湾究竟能否保住，端的要看李鸿章的本事了。

闲话后，李鸿章在随员的簇拥下退出会场，乘轿返回住处，时间大约在下午4时15分。15分钟后，李鸿章一行途经外滨町电信局前，距住处仅50米的地方，突然从拥挤围观的人群中冲出一个人，直至轿前，用手摁住轿夫肩膀，趁轿夫惊讶停止前进之际，举枪朝李鸿章开了一枪，击中李鸿章的左眼下颊骨，血流不止。李鸿章顿时感到眩晕，既弄不清究竟是怎么回事，也不知道自己的伤情有多重。眩晕时许，李鸿章恢复平静，知道子弹只是击中了左颊，似乎并没有生命危险，所以他稍事整理，缓慢走出轿子，神态自若，徒步登上台阶，走回旅馆，表现了一个成熟政治家的风范和气度。

事后查明，凶手小山丰太郎是26岁无业青年，他之所以向李鸿章行刺，是因为他觉得中日发生如此大冲突，都是因为李鸿章所鼓动。在小山丰太郎看来，日本之所以不能遂愿吞并朝鲜，踏上大陆，都是因为有了李鸿章。现在，李鸿章又来日本议和，更是凭其三寸不烂之舌阻止日本的进攻。所以，为日本前途，为激励日军，小山丰太郎坚决反对议和，决心向李鸿章行刺，就是要鼓动日本人扩大战争，割让更多中国土地。

小山丰太郎的行动并没有达到目的，甚至相反，他的行动帮了中国一个大忙。李鸿章以一人之身为大清帝国挽回了莫大损失，正如陆奥当时就指出的那样，这真是大清举国之大幸。

李鸿章遇刺时，陆奥正与李经方就明天的谈判留在春帆楼进行商谈。他们两人对坐刚要开始谈话时，忽然有人匆忙推门进来报告，说是李鸿章在归途中被一暴徒用手枪狙击，身负重伤。对于这个消息，陆奥、李经方都深感震惊。陆奥立即对李经方说，对此令人痛恨的事情，日本政府当尽力之所及，采取善后措施。

陆奥与李经方分手后，一刻也不敢停留，就赶往伊藤住处，然后两人一起赶往李鸿章的行馆进行慰问。当李鸿章被刺的急电到达广岛行宫时，日本天皇深为震惊，立即派遣宫廷御医前来马关为李鸿章疗伤。皇后也亲制绷带下赐，并加派护士照料，给予李鸿章最郑重的待遇和礼遇。25日，天皇发布御旨，表示中日兵争尚未结束，两国委派重臣进行协商，按照万国通例，日本有责任保护中国使臣不受伤害，方与国家体制相符。现在竟然发生这样的事情，下贱已极，竟敢出手伤害中国头等全权大臣，因而务必按照法律处以严刑，庶不致再有此等狂悖不法之情事，以保护日本国家荣誉声名。

天皇的御旨，对李鸿章固然是很好的安慰。但更重要的是，刺杀事件在日本国民中产生极了其重要的影响。一般国民极端痛苦，甚为惋惜，稍现狼狈之色，因为在自以为文明的国度里，竟然发生这样的野蛮事件，这确实也够丢人的。为弥补缺憾于万一，日本国内公私团体代表及个人，在那些天纷纷前来马关李鸿章行馆进行慰问、探视，或赠送种种礼品，日夜络绎不绝。其在远地者，也以电报、书信表示慰问。李鸿章行馆门前，车水马龙，麇集如市。日方这种集体无意识的举动，无非是向世界证明，一个丧心病狂的凶徒不能代表日本国民，日本国民是讲道理有礼貌的。

对于日本国民的这些表现，日本政府并不满意，他们认为国民太矫情，有失中庸之道，显得虚假、做作，只注意到了门面和表面功夫，而没有想到此事后果。陆奥说，当中日开战以后，日本国内各种报纸，以及公私集会上，对中国官民的弱点，莫不夸大其词，极尽谩骂诽谤之能事；甚至对于李鸿章的身份，也痛加诋毁，发出一些不堪入耳之词。但还是这些人，现在对李鸿章遇刺表示惋惜时，却一变过去的态度，往往说出类似阿谀、恭维的言辞。甚至有人列举李鸿章以往的功业，说东方将来的安危，系于李鸿章的生死。日本全国到处与其说是惋惜李鸿章遇刺，毋宁说是畏惧因此而产生的外来责难。直至昨天，尚沉醉于因战胜而极端狂欢的日本社会，竟然在一夜之间恰似陷于居丧的悲境。人情反复如波澜，固无是非可言，陆奥感到遗憾、惊叹。陆奥知道此事后果，最终一定要在议和协议上反映出来，日本或许不仅在道义上失分，可能更重要的，在实际利益上将有非常大的不利，中国政府特别是李鸿章一定会利用这个事件做文章，化被动为主动。

不能说李鸿章没有利用这件意外事件的念头，他在当天晚间与顾问科士达的谈话，多少也表明了他对日本政府的抱怨，[1]进而也会考虑到这件事情会给此次议和带来怎样的后果。他在稍后发给朝廷的电报中对日本官民的心态进行了分析，以为日本国民纷纷前来对他进行慰问，不过是粉饰门面而已，对议和谈判不会构成非常大的压力，并不会帮助中国减少损失。所以，中国要在这次事件后争取主动，还只能依靠智慧、能力，李鸿章决定按照自己的思路与日本周旋到底，他的决定出乎日本的预料，他打出的是一副绝妙的悲情牌。

而在日本政府的判断中，以为日本如不趁此时机善后，即有发生不测的危险，因国内外形势，已不容日军继续进攻。更可怕的是，他们担心李鸿章以负伤为借口归国，一走了之，并对日本国民的行为痛加指责、非难，巧诱欧美，要求各国再度出面斡旋。而欧美各国在舆论压力下，难保没有

---

① 中国史学会主编：《科士达外交回忆录》，《中国近代史资料丛刊·中日战争》（7），新知识出版社1955年版，第475页。

几个同情中国、同情李鸿章。假如出现这种状况，日本肯定要陷入空前被动，也就不得不在对中国的要求上大幅度让步。

基于这种顾虑，伊藤、陆奥第一时间前往李鸿章行馆探视、慰问，并请求天皇布置最高规格礼遇，目的就是期待将李鸿章留在日本继续谈判。

优厚的礼遇换取李鸿章部分理解，但正如陆奥所担心的，以李鸿章的聪明、智慧，日本政府仅仅在礼遇上下功夫，肯定是不行的。日本人的这一枪一定要付出代价，这是笃定无疑的，否则李鸿章不会轻易答应。

那么，什么才是李鸿章所期待的呢？伊藤、陆奥当晚筹思良久，决定为了表示日本的诚意，为了承担日本警察疏虞所引发的责任，应该无条件答应先前不愿答应的休战要求。

陆奥、伊藤无条件休战动议遭到军方将领的反对，他们认为目前休战对于日军不利。为了说服这些将领，伊藤费尽口舌，认为由于此次刺杀事件，已使日本不得不立于非常困难的境地。反之，中国却因此获得了最好的口实，头等全权大臣可以借用这个事件立即回国。而当中国向世界哭诉时，相信会获得各国同情、支持，这些国家势必会联合起来向日本施压。假如到了这个地步，日本的威严必将大为丧失。因此，今日善后之策，只有诱导李鸿章继续留在日本，继续商谈，以避免列强联合干涉。而要做到这一点，就必须付出代价，这个代价就是李鸿章先前想要而没有要到的。

伊藤终于说服了同僚中的大多数，天皇也对这个方案表示认可。其实，他们的这个估计并不准确，李鸿章或许有短暂的中断谈判返回国内，甚至向国际社会控诉的想法，但他思前想后，还是认为应留下来谈判，应利用这个事件所营造的气氛和悲情去化解中日冲突，最大限度地减少中国损失，为中日未来持久和平奠定一个基础。

李鸿章不立即回国的想法很快被日方获知，但伊藤、陆奥依然认为应由日方主动提出无条件休战，否则被西方国家联合或单独提出，日本政府的面子不好看，中国人也会觉得不舒服，谈判也不会顺利。所以，他们还是决定一切按照与天皇商定的计划进行，不必迟疑，不必心存侥幸。

根据这个原则，陆奥3月28日再至李鸿章行馆，在李鸿章病床前，郑重其事地告知日本政府决定无条件休战。陆奥说："天皇陛下闻悉本月24日下午不幸事件后，深感烦恼，对于前此未能同意的无条件休战建议，已委托全权办理大臣可规定期限，在某些区域内予以允诺。"

陆奥的宣布出乎李鸿章的期待，他想不到自己费尽力气去争取的内容竟然在一颗子弹的帮助下轻易实现，他个人的皮肉吃了苦头，好在老命还在。李鸿章用绷带包裹着的半边脸，仅仅露出一只右眼，这个右眼在陆奥宣布时不自觉地流露出十分高兴的神情。这微妙瞬间并没有逃过陆奥机敏的眼睛。

对于陆奥的宣布，李鸿章深表感谢，表示自己虽然负伤未愈，不能亲赴春帆楼继续会谈，但如日方同意在他的病榻前举行会谈，李鸿章表示随时都可以。

李鸿章的态度赢得了陆奥宗光的好感，陆奥随即将休战草案交给李鸿章。他还口头解释说，除了已派往台湾、澎湖两处的日军，其余部分均行停战。他的这个表示，显然是想讨李鸿章的高兴。

然而，李鸿章闻言却认为，既然为休战，就应是一律停战，不能是此处停战而彼处不停战。陆奥回答说，道理应该如此，只是日本兵船早已出发，电报不通，势难禁止。故令奉天、直隶、山东地方日军停战，暂为保护京师、沈阳计。[①] 这显然是陆奥的强词。

当天的讨论只能如此，陆奥告辞后，李鸿章仔细审读日方提交的休战约稿，并立即电告朝廷，等待进一步指示。

第二天（3月29日），陆奥再次来到李鸿章行馆，一是探视，二是讨论停战协议。对于日方提交的停战协议文本，李鸿章提出三四条修正意见，除了请将休战范围扩大到南征军即台湾诸岛的要求遭到陆奥拒绝外，其他一些无关大局不甚重要的修改意见，均被陆奥欣然接受。

30日，伊藤博文自广岛回到马关。当天，两国全权大臣就在那里郑重签署了《中日停战协定》。

这份停战协定共有六款，其具体细目为：

第一款　大清帝国、大日本帝国政府，现允中日两国所有在奉

---

①顾廷龙、叶亚廉主编：《寄译署》（光绪二十一年三月初四日亥刻），《李鸿章全集》（3），上海人民出版社1987年版，第473页。

天、直隶、山东地方水陆各军，均确照以下所定停战条款一律办理。

第二款 两国军队应遵该约暂行停战者，各自须驻守现在屯扎地方，停战期内不得互为前进。

第三款 中日两国现约，在停战期间，所有两国前敌兵队，无论或攻或守，各不加增前进，并不添派援兵及加一切战斗之力，惟两国如有分派布置新兵，非遣往前敌助战者，不在此款之内。

第四款 海上转运兵勇军需，所有战时禁物，仍按战时公例，随时由敌船查捕。

第五款 两国政府于此约签订之后，限二十一日期内，确照此项停战条约办理，惟两国军队驻扎处所有电线不通之处，各自设法从速知照，两国前敌各将领于得信后，亦可彼此互相知照，立即停战。

第六款 此项停战条款，约明于光绪二十一年三月二十六日，即明治二十八年四月二十日，中午十二点钟届满，彼此无须知会。如期内和议决裂，此项停战之约亦即中止。①

怎样评价这份停战协定，中日双方100多年来各有各的看法。或以为这是日本政府鉴于各方压力的重大让步，或以为是李鸿章巧妙地利用了刺杀事件而为中国谋取的重大利益，为中国政府缓解战争特别是前线压力提供了一个难得的机会；或以为这个协议是日本政府巧妙利用刺杀事件，以退为进获取了先前用强硬手段无法获得的东西。日本不停止对台湾的进攻，表明这个停战协定是假的；规定海上运输可以搜查，这只对日本有利，因为日本海军依然完整，而中国海军已支离破碎；规定这个协议的有效期为3个星期，也就是警告中国政府，如果不能在这三个星期之内答应日本的要求，那么就要重新开战，停战协定实际上是更大规模战争的宣言书。②

这些分析当然都有道理，但不管怎么说，能够暂时停战，舒缓中国军队在战场上的压力，确实是中国先前一直期待的。假如不发生李鸿章被刺

①王芸生：《六十年中国与日本》（2），生活·读书·新知三联书店1979年版，第247页。
②戚其章：《甲午战争史》，上海人民出版社2005年版，第406页。

事件，日本政府不可能这样爽快答应，这也是事实。

《马关条约》对中国的伤害

停战协定签字后，李鸿章向日方提交了一份照会，表示停战协定既已画押，可开议议和事宜，以便停战期限未满之先，中日双方能够达成和局，并表示"本大臣现因受伤静养，中外名医均以轻出为戒，如蒙各位同事体谅，拟请即将贵方所拟和局要款开具节略，送到敝处，以便核查。如果这个办法贵大臣认为有所不便，那么本大臣可以在行馆另辟会议处所，仍可在这里与贵大臣相商"。

李鸿章的这些想法在先前与陆奥谈判停战协定时就有所表示，但对于议和谈判程序、方法，陆奥有自己的想法。他原本准备与李经方进行仔细研究，探讨究竟是将该条约草案全部一次性提出，还是逐条分别提出，依次议定。

因此，尽管李鸿章不断催促，陆奥还是在 4 月 1 日上午邀请李经方商量议和程序、方法。陆奥主张逐条提出逐条议定，这样容易取得共识，便于集中精力讨论那些有分歧的内容。但李经方认为还是将条约草案全部一次性提出更合适，因为朝廷和李鸿章都需要尽快知道日本的总要价，然后才能根据这个要价考虑怎样讨价还价。当然，李经方没有把这些话告诉陆奥，他只是在心里这样想。

如果参照李经方一揽子谈判计划，陆奥担心中方会以种种理由迁延时日，致使谈判遥遥无期。针对陆奥的忧虑，李经方经向李鸿章请示，答应在收到完整议和草案后，一定争取在 4 天内答复。于是，日方 4 月 1 日下午将媾和条约草案送至李鸿章行馆。

日方提出的和约草案共 11 款，大要不外乎朝鲜独立、割地、赔款、最惠国待遇 4 大项。

关于朝鲜独立。草案规定中国承认朝鲜为完全无缺之独立国家，所以凡有损独立自主体制，即如该国过去向中国所修贡献典礼等，此后一律废绝。甲午开战因此而来，当年日本提出这个要求时，中国死活不答应，现在战场上不如人，那么也就没有什么好说的了。所以关于这个议题，并没有引起怎样争论，中国政府默认了日本的方案。

关于割地。作为一个岛国，作为一个刚刚兴起的近代国家，日本对领土有着不可理喻的占领欲望。它的胃口非常大，日本政府在草案中要求中国割让的土地范围超出任何想象，大致分为三大块：一是辽东半岛；二是台湾全岛；三是澎湖列岛。与割地相关的是当地人民，草案规定这些被割让土地上的人民在中日双方交接前，可以自愿迁出，可以任意变卖所有田地，但是移交完成后，未迁者将被视为日本臣民。

关于赔款。日本要求赔偿3万万两库平银，分5次交清。未交清部分，按年加抽百分之五的利息。

关于最惠国待遇。日本政府在草案中要求尽快协商签订两国通商行船章程及陆路通商章程。在新约没有签订前，日本臣民在中国享受西方各国所享有的同等待遇。这包括：一、另开直隶省顺天府、湖北省荆州府沙市、湖南省长沙府湘潭县、四川省重庆府、广西省梧州府、江苏省苏州府、浙江省杭州府等为通商口岸，日本有权在这些口岸派驻领事官。二、日本轮船可以在下列航道自由行使，搭客运货。这些航线是：从湖北省宜昌溯长江以至四川省重庆府，从长江驶进洞庭湖溯入湘江以至湘潭县，从广东省溯西江以至梧州府，从上海驶进吴淞江及运河以至苏州府、杭州府。三、日本臣民运进中国各口的一切货物，享受关税优惠。四、日本臣民在中国内地购物时，也享有优惠。

在李鸿章的预想中，日本一定会利用这个难得机会向中国索要大量赔款，也可能会向中国索要土地，但他无论如何没有想到日本这样贪得无厌、寡廉鲜耻，没有想到日本的议和条件是这样苛酷。在与幕僚随从相商过程中，美国顾问科士达建议李鸿章不妨将这些条件由总理衙门悄悄密告英、俄、法三国，让这三个国家能在关键时候从外交上帮忙。

原本因为刺杀事件而扭转被动的李鸿章再度陷入困境，他将日方提案全文报送朝廷，也表明了自己的立场。李鸿章提出两点意见供朝廷参考：一、日本索要兵费显然过多，无论如何中国都不会答应，纵使一时勉强答应了，剩下的问题可能更大，必然会弄得公私交困，所有拟办善后事宜，势必无力筹办；二、奉天为满洲腹地，中国亦万不能让。李鸿章强调，日本如不将拟索兵费大加删减，并将拟索奉天南边各地一律删去，和局必不能成，两国只有苦战到底。

至于日本所拟通商新约详细节目，李鸿章建议朝廷注意保密，不要让各国知道，因为这些条款，特别是增加通商口岸等，都是各国多年想要而没有要到的。[①]

朝廷的方针是希望尽早议和，尽早撤兵，所以朝廷一再叮嘱李鸿章在尽力磋磨讨价还价时，该让步就让步，总期必成而后已，不可为难避谤，废于半途，致误大局。根据这种指导思想，当朝廷收到李鸿章报告后，君臣立即分为两派：一派主张吃点亏及时止损，"战"字不可再提；一派认为日本要价过高，实在难以同意。

在割让土地问题上，各位重臣似乎都承认这一次肯定要割让一些土地给日本，但是割让哪里，究竟是台湾，还是奉天以南辽东半岛，还是两个地方都割让，也分成至少两派。特别是台湾对于中国来说很重要，不可弃；奉天为大清王朝龙兴之地，那里仍有列祖列宗坟墓，因而满大臣如恭亲王、庆亲王似乎倾向于如果两个地方能保住一个，还是应保住奉天南边这块地方。而汉大臣翁同龢却主张相反，以为台湾具有重要战略价值，不可弃。

日本过高要价使谈判无法进行，朝廷一方面指示李鸿章尽心联络，竭力磋磨，甚至指示他用中国方式，利用与伊藤、陆奥个人情谊，看看能否适当让步；另一方面告知前敌将领，日方索价过奢，和谈很难顺利结束，一旦停战期满，势必再战，指示他们务必做好准备。

朝廷的指示太过原则，并没有什么可操作性，没有就具体条款提出更正、商量的意见。眼看着双方约定的时间就要到了，李鸿章只能根据自己的理解，于4月5日提出一个修正案说帖，全面回应日方要求。

这个说帖根据日本原案顺序，共分朝鲜自主、让地、兵费、通商权利4项。

关于朝鲜。这个说帖表示已没有什么好谈的了，战争为此而起，中国因此而败，中国只好承认朝鲜为完全无缺独立自主局外之国。

关于让地。李鸿章指出，日本如果勒令中国照办，这当然也是没有办

---

①顾廷龙、叶亚廉主编：《寄译署》（光绪二十一年三月初七日酉刻自马关发），《李鸿章全集》（3），上海人民出版社1987年版，第478页。

法的事情，但其后果必须充分考虑。这样做不但不能杜绝争端，且必令日后两国争端纷纷而起，两国子孙永成仇敌，传之无穷。我辈既为两国全权大臣，不能不为彼此臣民深谋远虑，自应立一永远和好相互援助之约，以保东方大局。中日两国是近邻，史册文字，艺事商务，一一相同，何必结此仇衅？国家所有土地，都是列代相传数千年数百年无价之基业，一旦令其割弃，其臣民势必饮恨含冤，日思报复。何况奉天为我朝发祥之地，其南边各处，如被日本控制，以为训练水陆各军基地，随时可直捣京师。这样，中国人必然生发这样的认识，那就是日本取我祖宗之地作为其军事基地，作为对我京师的巨大威胁，随时可以向我进攻，这不就是要和中国人世代为仇吗？李鸿章强调，日本在此次开战之初曾明白宣示，日本此次与中国打仗，所争者为朝鲜自主自立，非贪中国土地。日本如果不负初心，自可与中国将此约稿好好修改，使之成为一个永远和好彼此援助的和约，使中日两国屹然为亚洲东方筑一长城。日本如果不这样做，徒恃一时兵力，任情索取，则中国势必尝胆卧薪，力筹报复。

关于兵费。李鸿章指出，此次战事，中国并非首先开衅之人，战端已开后，中国亦并未侵占日本土地，论理似不当责令中国赔偿兵费，这是必须说明的。当然，当战争进行时，美国公使愿意出面调停，中国政府确曾答应适度赔偿一些兵费，这完全是为了息事宁人。现在，中国政府仍然愿意遵守这个承诺，只是所定数目必须公道，不能漫天要价。

根据李鸿章的说法，中国既然在去年11月22日通过美使声明承认朝鲜自主，那么即便中国赔偿日本兵费，也只能计算到这一天为止。因为此后日军继续进攻，甚至打到中国本土，那也只是日本自身的事情。

李鸿章的意思是，既然两国为朝鲜而战，中国宣布同意日本的主张，让朝鲜独立，那就意味着中国承认打败了，而你日本还乘胜追击，继续用兵，这些费用凭什么让对手出呢？还有一层意思是，李鸿章强调，估定兵费数目，亦应酌量中国的财力能否胜任。如中国财力实在无法承担，即便勒令立约画押，将来不能如数赔偿，那么日本必定以此指责中国，两国势必还要为此开仗。查日本此次索要兵费，远远超过中国支付能力。中国如果为此增加赋税，必然激起百姓愤怒，中国必将大乱。中国乱了，你还找谁要钱去？

关于通商权利。李鸿章表示，日方提出的这些权利，中国既有可以照准之处，也有必加更改之处，方能照准。中国愿意与日本重新讨论通商问题，参照与西方各国现行条约章程，重新签订新条约。只是所有优惠应该是双向的，不能只顾及日本臣民，而不顾及中国百姓。比如中国如果按照日方要求准许洋商在华制造土货，那么必定尽夺小民生计，中国工业必然尽毁，所以中国政府不能不想办法保护这些工厂。而且，中国如完全答应日方这些要求，那么西方各国皆援"一体均沾"原则，中国企业必定立即全部被挤垮。所以，外国资本进入中国应遵循一个渐进原则，不能要求中国政府不计后果，完全开放。至于具体修正条款，李鸿章一一列举。①他当然知道，通商条约谈判也不会那么容易，但这个事情毕竟没有那么迫切，肯定要在和约签订后另行谈判。

李鸿章这个说帖长达数千言，笔意精到，仔细周详，将其所欲言者都尽情表达出来了，不失为一篇好文章。陆奥阅读后也不能不佩服李鸿章的聪明和老到，但他并不认为李鸿章讲的都有道理、日本政府要按照李鸿章的要求让步。

陆奥认为，李鸿章的这个说帖存在很多问题，其立论往往不免有谬误之处，而且李鸿章尽量躲开实际问题，一味概述东方大局危机，论及中日两国形势，赞扬日本国运，同时罗列中国内政困难，一方面激动人心取悦于人，一方面似乎向人乞怜。陆奥强调，这从李鸿章的立场看，的确也是不得已。陆奥对李鸿章给予了相当理解和同情。

然而伊藤不这样认为。伊藤意识到，如果不对李鸿章这个说帖给予严厉驳斥，那么李鸿章就始终不能明白中日两国现在不同的位置，必将继续痴言哀诉，徒使谈判延长，什么问题也解决不了。而且，从国际大局看，假如日本不指出李鸿章的论点谬误，可能使局外第三者发生日本虽胜于力而屈于理的怀疑。这对于日本显然是很不利的。

陆奥虽然知道伊藤的想法有道理，但他仍认为，当初既然已与李经方约定媾和条约程序时，约定不论接受或拒绝日方方案，或各条修正，其论

①王芸生：《六十年中国与日本》（2），生活·读书·新知三联书店1979年版，第263页。

153

点皆须以事实问题为限，目的就是为了防止如这份说帖样做一般的泛论而已。如果日方对此泛论开论驳之端，那么中方也必有再三反驳的余地，如此往复论辩，必然成为"跟着狂人乱跑"的局面。

与中国有着上千年交往经验的日本人，似乎始终不能信任中国的外交手段，以为中国外交手段中最厉害的就是使用一种特殊手段或理论，使对手彷徨歧途，不入本题，然后中方再浑水摸鱼得利。基于这些经验，陆奥主张不必与李鸿章讨论这份说帖中涉及的理论问题和宏大主题，只需回到日本原提案，逼着李鸿章逐条讨论，迫使他们在事实面前乖乖就范。

陆奥的主张具有很大杀伤力，伊藤同意陆奥的意见。第二天（4月6日）日本政府向李鸿章递交了一份外交照会，要求李鸿章直面事实，不必在理论上纠缠，回到4月1日双方的约定，不论对约案是否全部接受，或对各条酌量回答，均应做明确答复。不要像这个说帖那样，始终仅屡陈中国内情，要求日本再加斟酌。中国内情如何，不是当今和议谈判所应讨论的问题，中国是否有能力赔偿，也不是现在需要讨论的。中方应清楚，战争结果所要求的条款，自不能与通常情况下的谈判相提并论。"丛林法则"，赢者通吃，中国人应该比谁都明白。所以，日方照会要求中国只需按照原案顺序逐条回答是或不是；如不是，应怎么修改。

李鸿章被逼进了一个死胡同，他对日本提案只有两种选择，即是否全部允诺或逐条允诺或修正，或某款不能应允，如实说明，勿再延缓。这就迫使李鸿章必须正面表达自己的看法。

根据李鸿章对日方4月6日照会的判断，日方注意点仍在让地、赔款两个问题上，这两个问题当然也是中方瞩目的焦点，是谈判中必须面对的问题。李鸿章估计，赔款恐须过1万万，让地恐不只台湾和澎湖各岛。果如此，这就是非常重大的问题，他李鸿章无论如何不敢擅自答应。他请求朝廷给予指示，并强调时间只剩下10多天了。

朝廷在过去若干天中，对日本议和草案进行了详细讨论，吵得一塌糊涂。慈禧太后先是坚持辽东半岛和台湾皆不可弃，即便谈判决裂再战，也在所不惜。根据这个精神，朝廷于4月8日通过电报指示李鸿章，强调奉天乃陪都重地，密迩京师，根本所关，岂宜轻让？台湾则兵争所未及之地，人心所系，又何忍辙弃资敌？至于赔款，万万以上，中国肯定付不出来，日本如果不肯多减，中国也没有办法。至于通商一条，朝廷已与赫德密商，寻求解决办法。增加通商口岸 7 处，重庆、沙市、梧州可以答应，京师、湘潭不太方便，苏州、杭州均系内河，亦多不便。

稍后，朝廷又指示李鸿章说，南北两地，朝廷视为并重，不到万不得已，都应竭尽全力驳斥。万一实在顶不住，那么底线就是让地以一处为断，赔款以万万为断。[①] 这就是朝廷的底牌。

在此之前，由于李鸿章意外负伤，中方亦担心因此而耽搁正常会谈。经秘密协商，由中国政府补充任命李经方为钦差全权大臣，随同李鸿章与日本派出全权大臣商议和约，并于 4 月 6 日照会日本政府。于是，比较正规的谈判，也就没有因李鸿章无法赴会而中断。

4 月 8 日，伊藤派人邀请李经方至寓所，提出质问，强调日方媾和条件在一个星期前就已提交，而中国何以到现在都不给予答复。中国大臣 5 日送来的函件，日方不能视为是对媾和条件的答复。现在休战时间只剩下 11 天了，如果因此浪费时日，以致再动干戈，恐非双方所愿见到。因此，伊藤要求中方明天即 9 日为期，对日方条件给予明确答复。

对于伊藤的要求，李经方解释说，现在中国大臣地位极为困难，尚乞谅察。日方提案中过半数问题可以明确答复，现已草就携来。但赔款、割地两项关系重大，在以正式书面答复之前，中方希望能与日方当面商议一次，说说中国的理由和难处，然后彼此斟酌。

李经方的解释无法说服伊藤，伊藤断然拒绝，强调关于媾和谈判程序问题，必须按照日前陆奥的约定，中国使臣对于日方提案，只能答复能否全部接受，或逐条表示意见。对于李经方现在提出的一部分做明确答复，一部分尚需面议的回答，伊藤表示根本无法接受。他强调，中国使臣对日方提案提出怎样的修改是其自由，如按照中国使臣只根据报纸上的臆测，主张削减赔款；割地是在奉天、台湾两者之间保留其一，日方无论如何不能同意。为了避免他日误解，伊藤声明，日本已使用的军费非常巨大，所索 3 万万并不算多，即便日方同意适度减少，能减下来的数量，肯定有限，

---

①顾廷龙、叶亚廉主编：《译署来电》（光绪二十一年三月十四日巳刻到），《李鸿章全集》（3），上海人民出版社1987年版，第485页。

不可能大量削减；割地则奉天、台湾皆须割让，没有讨价还价的空间。伊藤还故作知己地告诉李经方，这些条件是日本上下文武臣僚仔细研究后提出的，真的没有讨价还价的余地。他希望中国使臣能够深切考虑中日两国目前所处形势，即日本为战胜国，中国为战败国这一基本事实。在这之前，由于中国请求议和，日本应允，始有今日的谈判。如果中国嫌日本这次开价太大，不想议和了，那就请直言，相信日本自有办法，相信只要一声令下，立马有六七十艘运输船搭载增援大军，不能说立马踏平北京，但绝对能对北京构成极大威胁。如再进一步言，谈判一旦破裂，中国全权大臣离开此地，能否再安然出入北京城门，恐亦不能保证。现在哪儿还有时间容许我们在这里悠悠迁延会商时日？因此，在中国使臣不先对日方提案提出大体是否承诺明确答复之前，即使面议几次，亦属无益。

伊藤的威胁起到了一定作用，李经方经这次谈判，觉察出用赔款、割地两个问题尚需面议去拖延时日并不是一个好办法。但李经方没有独断独行的权力，他虽然有了这样的认识，也只好表示回去与李鸿章商量，再提出答案。但答案万一不能使日本满意时，李经方希望伊藤、陆奥看在老朋友的交情上，不要愤怒，不要使谈判破裂，好事多磨，相信有话好好说，相信办法总比困难多，一定能找到大家都能接受的方案。

李经方回到行馆，向李鸿章报告了详情。他们筹思良久，苦无对策，因为朝廷先前指示要他们顶住不让步，现在日方如此态度，他们实在有点顶不住了。但是，李鸿章心中也非常清楚，朝廷不让他们让步，而他如果坚持让步，这个政治责任将来只有他个人承担了，这不是他能否承担得起的事情，而是事关重大，必须由朝廷做主。于是李鸿章在当天（4月8日）给朝廷发了一个电报，详细报告这些谈判要点和细节，以为时迫事紧，如果不能适当满足日方要求，谈判势必破裂，战火必将重燃。为此，他建议朝廷适度让步，可考虑将奉天之凤凰厅、安东、宽甸、岫岩4处边境割让，海城等地等到将来再说，这样较之日本所划经纬线界已减少大半。至于澎湖列岛，既然已被日军占领，只能暂时同意允让，因为即便我们不同意，日军也不会退出。关于赔款，李鸿章答应按照朝廷先前指示，以1万万这个标准进行谈判，他只是请示，假如日方实在不答应，始终坚执，那么他李鸿章是否能答应适度增加？李鸿章最后还不忘提醒朝廷，谈判前景不容乐观，还是及早命令前敌各将帅做好重新开战的准备。[①]

李鸿章给朝廷的电报只是备案性质，因为当时的形势根本不容许静候朝廷进一步指示，更不要说朝廷是否能给他一个明确无误的指示了。4月9日，李鸿章在日方不断催促下，担心如果继续拖延，可能会导致谈判破裂，为弥缝一时之计，向日方提交了一个修正案。如果说日方媾和条件是漫天要价，那么这个修正案，就是就地还钱。这个修正案的要点，就是李鸿章告诉朝廷的那两点：一是同意割让辽南的安东县、宽甸县、凤凰厅、岫岩州及澎湖列岛；二是同意赔款1万万两。[②]

对于这个修正案，李鸿章心中清楚日方不会轻易答应，但他没有办法。他如不按照日方要求提出一个修正案，谈判就要破裂，而他又没有接到朝廷训令，所以他只能提出这样一个日方不可能接受的方案，以便为后续谈判预留空间。这样至少可将日本大臣逼上谈判桌。

正如李鸿章预料，日方对这个修正案极不满意。日方认为，他们最初的提案，本来是作为会谈基础而提出来的，并不是毫无修改余地。但中方修正案与日方要求相距太大，因此日本又向中国提出一个反修正案，对李鸿章修正案予以驳斥，重申日本要求，声称中方对这个修正案只有允或不允两个选择。

日方这个修正案的提出为4月10日下午，地点就是春帆楼。这是中日双方第四次正式会谈，李鸿章深知事关重大，因而力疾赴会。下午4时，伊藤与李鸿章稍事寒暄，直接进入正题。伊藤表示：现在已停战多日，留给我们谈判的时间已经很有限了，和约必须从速定夺，否则难免战火重燃。日方现在准备了一个改定条款节略，以免彼此辩论，空耗时光。这个节略将前次所求于中国者略为减少，这在中方看来，或许减去的有限，但在我方看来，已非常不容易了。

日本此次提出的和约草案仍为11款，内容上更加集中在割地、赔款和通商条约修改三个方面。

---

① 顾廷龙、叶亚廉主编：《寄译署》（光绪二十一年三月十五日辰刻自马关发），《李鸿章全集》（3），上海人民出版社1987年版，第488页。

② 中国史学会主编：《中国近代资料丛刊·中日战争》（7），新知识出版社1955年版，第396页。

关于割地。日方在这个新草案中坚持台湾及澎湖列岛仍依原案；关于奉天省南部之地，减为从鸭绿江口起，溯该江以抵安平河口，又从该河口起，至凤凰城、海城及营口，划成折线以南地方，所有各城邑，皆包括在界线内。此外，凡在辽东湾东岸及黄海北岸属于奉天省诸岛屿亦在割让之列。

关于赔款。减为1万万两。

关于通商条约修改。日本不容变更其原案，新调整：一、新开商港可减为沙市、重庆、苏州、杭州4处；二、日本轮船航线可修正为：甲、由长江上游湖北省宜昌至四川省重庆；乙、由上海入吴淞江及运河，以至苏州、杭州。

伊藤强调，这个方案为日方最后让步，希望中国使臣对此只要给予接受或不接受的答复，其他就不必啰唆了，留给我们的时间不多了。

李鸿章闻言追问道，在未做出接受或不接受之前，难道就不许再行辩论了吗？伊藤说，这是日方最后提案，即使对此再行辩论，亦决不能推翻日方定见，故辩论也就没有什么意义了。双方就此反复讨论了好大一会儿，李鸿章的理由是：

第一，日本所索要的数额仍然过大，绝非中国财力所能支付，希望再行削减；

第二，希望从奉天省内割地区域中削除营口一处，因营口为中国财源之一，现在日本既强求巨额赔款，同时又夺其财源，恰如养儿夺其哺乳，其儿非死不可；

第三，台湾尚未为日军所侵及，日本要求割让，颇为非理，故台湾不应割让。

对于李鸿章的三点辩护，伊藤表示无法接受，遂在发言中给予全面驳斥。

第一，关于赔款，伊藤指出，这是日方最后方案，已减至无可再减最低限度了，所以日本不会再减分毫了。况且谈判决裂，战端再起，其结果必将要求更加巨额的赔款。

第二，关于营口。伊藤指出，日方已深入查考中国内情，对于割让奉天省部分土地，已较日本最初原案有很大缩减，所以日方也不存在什么再退让的问题。此外，关于营口为中国财源之一，而作婴儿哺乳这样的比喻，伊藤也非常恼怒。他用冷嘲热讽的口吻询问李鸿章：李大人认为中国是婴儿吗？

第三，关于台湾。伊藤强调，割地的要求并不一定限于已攻取的地方，只看对战胜者的利益如何而定。例如山东省虽为日军一度略取之地，但日本并没有要求割让山东。且中国不久前将吉林、黑龙江地方割让给俄国，那也不是俄国人用武力攻取的地方。

对于伊藤的逻辑，李鸿章当然不会同意，继续辩解。然而伊藤根本不听，并断然表示，休战期限只剩下 10 天了，日本政府没有时间和你们在这儿继续瞎耽误工夫了，希望中方 3 天内对提案提出接受或者不接受的明确答复。

李鸿章答道，既然双方意见未趋一致，就必须再行磋商，以期取得妥善协议。且如此重大问题，必须向朝廷报告请示，所以还是恳请不必这样严格限定时日。

伊藤缓和一下口气说，既然如此，那么等北京一有消息，就请作决定性答复。但是，等北京回电，不得超过 4 天。

至此，李鸿章受伤后的第一次会谈也是全部会谈的第四次，就这样结束了，李鸿章除了受到伊藤一番羞辱外，并没有争取到多少。但是，由这次会谈也可以看到，李鸿章先前提出的一些问题也被日方所吸收、采纳，诸如赔款总额下调，辽东半岛割让面积的压缩等。

当晚，李鸿章将谈判情况向朝廷做了详细汇报，表示他个人在谈判中已竭尽全力，反复辩说，但日方似乎一定要乘胜贪横，悍然不顾，这不是一般情理所能理解的。日本表示如果中国政府 3 天内不能给予准确答复，那么他们就将增兵中国，重燃战火。广岛这里停泊 60 多艘运兵船，可装载数万人，军方将领已整装待发，专候谈判结果。李鸿章在日本软硬兼施的打击下，已不知所措，所以他恳请朝廷尽快决定。

李鸿章的慌乱已被日方觉察，为了使谈判尽早结束，使日本利益早日兑现，伊藤、陆奥决定再给李鸿章一个打击，让其充分理解日本的意图，真切知道日本的厉害。第二天（4 月 11 日），伊藤派人送来一份外交照会，重申日方立场，强调日方最后提案已充分酌量中国意见，关于割地赔款及其他条件，也减至无可再减，说明日本之所以这样做，不外乎是为了减少谈判中的困难，是日本方面的诚意。照会强调，战争之为物，无论在战斗

措施或在战争所生结果上，均有进而无止，所以日方请中国使臣不要认为
今天可侥幸得到日本允诺的媾和条件，至日后亦仍可以得到，机会不会重
复出现。日方想尽一切办法就是要让李鸿章、中国君臣都处于恐惧之中，
威胁李鸿章今日不决，必将后悔。

这份被李鸿章视为"最后通牒"的外交照会，确实吓唬住了李鸿章。
李鸿章在收到的当天迅即致电朝廷，请求指示，但在表面上依然没有向日
本人屈服。他迅速复函日方，指责日方要求苛酷不当，强调关于媾和条件
迄今并没有进行充分口头讨论，中国政府的意见并没有充分阐释，日方就
提出什么最后提案，这显然是不妥当的。他希望日方对赔款数额再加削减，
对索要割让的地区，也必须略有减少。日方所索奉天省疆界几乎已包括日
军目前所占领全部地区，如果日本再要求割让日军足迹并没有到的台湾，
实在难以理解日本对于解决媾和谈判是否具有诚意。

李鸿章表示并不刻意要求重开会商，但他的目的很明白，就是要日本
在已有报价上再往下压，能压多少是多少。这大概是李鸿章的真实心迹，
符合他所说的"争得一分是一分"原则。对于李鸿章这个心迹，日方当然
也是非常清楚，现在双方玩的就是意志、坚持。所以伊藤不会被李鸿章的
软硬兼施所迷惑，他在收到李鸿章的照会后，毫不客气地再发一个非正式
函件，断然驳斥李鸿章的说法。宣布对于李鸿章来函的唯一回答，就一句
话，即本月10日日本政府所提出的要求为最后条件，无可再行商让。

李鸿章早就知道日本10日提出的条件应是最后条件，所以他才请示朝
廷做最后决定。他之所以继续与伊藤打笔墨官司，只是心存侥幸而已，他
在等候朝廷的最后指示。4月12日，朝廷的指示终于来了，指示李鸿章再
与日方继续辩论，其要点是：一、赔款。日本既然已同意减三分之一，如
能再与磋磨，减少若干，当能稍纾财力。二、让地。日本竟然想将台湾、
澎湖列岛全部割让，而在奉天省的割让所退无几，这不免显得日本过贪。
但为今日计，朝廷考虑可将台湾一半割让给日本，以近澎湖的台南之地
与之，台北与厦门相对，仍归中国；奉天以辽河为三省贸易出海之路，牛
庄、营口在所必争。朝廷要求李鸿章就这两个问题继续与伊藤辩论，能争
多少争多少。朝廷也知道伊藤最近一段时间词气极迫，因此向李鸿章透底
表示，倘若事情真到了无可再商程度，那么就由李鸿章一面电闻朝廷，一

面即与日本定约。朝廷相信李鸿章接到这个指示后，更可放心地去与伊藤辩论争论，不要再担心谈判决裂，战火重燃了。[①]朝廷已给了李鸿章最大限度的授权。

获得朝廷充分授权后，李鸿章并没有急于与日本达成协议，因为他知道朝廷同意将台湾的一半割给日本，这个方案肯定不会得到日本同意，况且一岛两国分治，口舌既多，后患亦大。如果因此再决裂，中国可能还要吃大亏，因为日本现在确实在向中国调兵遣将，目标直指大连湾。鉴于此次状况，李鸿章在4月13日连续给朝廷发了3份电报，请求朝廷再做指示。李鸿章的话已说得很明白了，我既然在战场上失败了，既然类似于投降乞和了，我们就不要再硬挺了，否则因小失大，战火重燃，更吃亏。

处在夹层的李鸿章两头受压，朝廷给了充分授权，但又留下一点尾巴，而伊藤仗着战场上的胜利目中无人，毫不客气。他在4月14日继续施压，派人到李鸿章行馆催要中国答复，称4天期限已到，立等复信。李鸿章不得已派李经方前往伊藤寓所，先以台湾矿产资源中日联合开采，或者由日方独立开采作为诱惑，希望伊藤再做让步。然而，伊藤对这种建议不以为然，根本不为所动。不得已，李经方又说了朝廷的方案，同意将台湾的一半割给日本，希望伊藤通融接受。伊藤对此依然不答应，半个台湾绝对不行。至于商让营口税关，磋磨再四，伊藤还是坚拒，并且很不耐烦地表示，日方的最后方案已在前两次的函件中说定，无可更改，你们还这样浪费言辞，究竟有什么益处？日本十万大军已整装待发，直扑大连湾、旅顺。现在，军方将领就等一句话。

眼见伊藤如此决绝，李经方无计可施，他恳请伊藤看在他们父子面上，再宽限那么一点时间。伊藤大约看着李经方真的很可怜，于是表示日方不能更改了，只是看在李大人份上，那么就等到明天下午4点钟晤面定议，过期即作罢论。

日方的忍耐大约已到了极限，中国政府如果不答应日方条件，日方真的要重燃战火，进攻北京。李鸿章当天将李经方、伊藤谈话电报朝廷，请

---

① 顾廷龙、叶亚廉主编：《译署来电》（光绪二十一年三月十九日巳刻到），《李鸿章全集》（3），上海人民出版社1987年版，第494页。

求朝廷尽早决定，若照允，则京师可保，否则，不堪设想。现在日方只给
这么短的时间，明天下午4点钟前如收不到朝廷指示，真不知怎么办才好。

收到李鸿章的电报，朝廷也慌了神，先是指示李鸿章向日方说明，台
湾为兵争所未及，无理强索，大拂民心。现在既然无可挽回，将来交割，
肯定会有许多麻烦，假如台湾民众不服，因而生变，那与中国政府毫无关
系，这一点一定要让日方知道。朝廷的本意大约是在最后时刻，仍期待日
本人回心转意。

然而，日本决心已定，什么也不会害怕。中国政府终于做了最后妥协
或屈服。4月15日晨，李鸿章收到朝廷最后指示：先前指示，原本希望能
争一分是一分，不料日方竟这样不可理喻、不通人情，那就参照先前指示
与日方定约吧。

有了朝廷明确指示，李鸿章于4月15日下午两点半至春帆楼与伊藤举
行第五次会谈。这个时间较伊藤的约定早了一个半小时。

尽管有朝廷充分授权，李鸿章在这次谈判中仍做最后奋斗。他表示，
"我现在确实拿到了朝廷的御旨，有权酌量办理。只是这个事情实在棘手，
我也不知道怎样酌量，还请贵大臣替我酌量"。

伊藤对李鸿章的请求不为所动，他强调，"李大人的处境不妙，我伊藤
的处境也与中堂相似，各为其主，大家都很难。中堂在中国位高望重，无
人可以动摇；而本国议院权重，我伊藤做事一有错失，即可被议"。

李鸿章说："我去年在国内被满朝言官弹劾，大家都说我与日本首相伊
藤交好。想想也是，他们的说法也是对的，今天我与伊藤首相议和立约，
这不就是交好的明证吗？"李鸿章想尽办法希望伊藤再做让步。

伊藤说："那些言官根本不知道国际大势和中日关系真相，所以他们
一味攻击你。现在的光景他们大约已明白，相信他们一定后悔当年那样弹
劾你。"

李鸿章说："过去他们的弹劾或许错了，但这一次我将和你签署这样凶
狠的条款，那我不是真的要挨骂了吗？你说我应该怎么办呢？"

伊藤说："你就任他们骂吧。这么大的事情，相信他们也没有人担当得
起，堂堂中国，大约也只有中堂一人能担此重任。说便宜话的人到处都有，
我在日本的处境与中堂相似。"

　　李鸿章至此回归主题，坦言自己并不是怕舆论批评："只是朝廷让我来议和，授权我酌定，如能将原约酌改数处，方可担此重任，也算是我酌改了，请贵大臣替我想想，何处可以酌让。比如赔款、割地两端，总要少许让些，让我有个面子，即可定议。"

　　对于李鸿章的请求，伊藤毫不退让。他劝李鸿章别像在菜市场买菜那样讨价还价，日方如有可让之处，早就让了，何必等到现在？

　　对于伊藤的坚持，李鸿章也不为所动，他说："前此会议结束时，我曾请你再让我 5000 万。当时贵大臣似有同意的意思。现在，如果贵大臣兑现这个承诺，那么我们二人立马定约。"

　　伊藤说，如能少让，我肯定让了，何必等到这个时候？

　　李鸿章再说，5000 万不能，那就让 2000 万吧。现有贵国一份报纸说日本此战总兵费只用了 8000 万。这个说法或许不足为凭，然非无因。李鸿章说着将这份报纸递给了伊藤博文。

　　伊藤细看报纸后表示，这种报纸全是道听途说，专与政府作对，万不可信。

　　李鸿章说，我也没有说就依这个报纸的说法为依据，我只是希望贵大臣再减去若干。

　　伊藤说，日本此次兵费远多于 8000 万。

　　李鸿章说，究竟是多少数字我不管，我只希望你能再让少许，即可定议。现在只等你一句话。李鸿章甚至以古稀之人哀求，以此少许让步，做赠他回国的旅费。此种举动，如果从李鸿章地位来说，不无失态，但可能是出于"争得一分有一分之益"的意思，也算是他尽心尽责的表示。

　　他们二人你一句我一句，唇枪舌剑，毫不相让，说了用兵费用，又说割让土地将给日本增加多少财政收入，又说台湾矿产资源，但说来说去，李鸿章就是要让伊藤再让步，而伊藤则坚守不让。

　　眼见赔款数额不让，李鸿章又说到利息，希望伊藤能免除利息。他们在这方面也有很多讨论。此外，他们还讨论了辽东割让的边界、割让境内居民的安排、换约手续、日本继续驻军的费用等非常琐碎的细节。此次会谈时间最长，结束时已到上灯时分，而其后果并无任何改变，李鸿章完全接受了日方要求。双方定于后天（4 月 17 日）上午 10 点钟签字。这个条约因在日本马关签署，史称《马关条约》，或称《中日讲和条约》。

这个条约完全肯定了日本的战争行径，承认朝鲜脱离与中国的宗藩关系；日本获得中国台湾及其附属岛屿、澎湖列岛和辽东半岛；中国赔偿日本库平银2万万两；两国间此前所定所有约章均自作废，俟《马关条约》批准互换后，重新谈判新的通商行船条约及陆路通商章程；日本臣民得在中国通商口岸城邑，任便从事各项工艺制造，又得将各项机器任便装运进口，只需缴纳所定进口税；中国开放沙市、重庆、苏州、杭州为商埠，日本派领事官于各口。

第八章

三国干涉还辽

1895 年 4 月 17 日，李鸿章、伊藤博文在《中日讲和条约》上签字。第二天，李鸿章一行就在马关登轮回国。就在李鸿章离开日本不久，俄、法、德、三国强硬要求日本将条约中约定的辽东半岛还给中国。于是，很快有人怀疑李鸿章在谈判中并不力争辽东半岛，可能蕴含着一个巨大的计谋。

三国各有算盘

对李鸿章的怀疑，主要来自日本。日本舆论在三国干涉还辽事件发生后，突然醒悟，怀疑李鸿章预先与德国人商妥，在来日前就与列强订下密约。他应允割让辽东，因为他知道这些地方还会回到中国。

日本人的说法当然只是猜测，李鸿章究竟是怎样想的，他人并不知道。参与议和全程的陆奥宗光对这个传说不屑一顾。据他观察，李鸿章在割让辽东问题上非常痛苦，从来没有无所谓的情绪。李鸿章在谈判中一直强调，辽东半岛具有重要的战略价值，为京师门户，是大清发祥地。日本如果一定要拿走辽东，其实就是要与中国永久为敌。

陆奥的分析也是一家之言，他不可能知道李鸿章的内心活动，不知道李鸿章前往马关时确实做了大量外交准备。在北京停留那些天，李鸿章除与朝廷、军机大臣交换意见，准备预案外，也与各国公使密切接触。但要说李鸿章在谈判中答应日本要求，先是同意割让辽东，然后再凭借列强干预将之赎回，这显然是一种想象，具有"阴谋论"的味道。

事实上，甲午战争并不是中日两国一对一的战争，这是远东政治格局的重新洗牌，既涉及中、日、朝三国，也涉及俄、德、英、法、美，以及其他一些国家在远东的利益。列强对中日间的战争密切关注，所谓局外中立，只是看着你们两家打，而且是在知道中国根本打不过日本的情形下。

列强以所谓局外中立立场看着日本打中国，其实就是要日本用武力打开中国半掩着的大门。中国虽然在半个多世纪前的鸦片战争中被迫打开了国门，开放了 5 个通商口岸。后来又在英法联军打击下，被迫融入国际社会。但清政府一直不是对外开放的主导者，始终不愿将整个中国彻底融入国际社会。那时的世界潮流，是资本主义在经历了早期发展后向帝国主义转变，他们过剩的生产能力要向外转移，过剩的资本需要寻找投资机会。中国拥有庞大市场，但清政府并不欢迎外国资本的到来，并不愿意将市场向外国资本开放。

实事求是地说，中国在经历了 30 年洋务发展后，并没有向现代社会转轨。对此，外国资本是不能容忍的。日本引诱中国在朝鲜问题上犯错，其实就是代表列强寻找彻底打开中国大门的办法。这场战争是使清政府受到了空前羞辱——割地赔款，这是大清王朝 200 多年历史上从来没有发生过的事情。但是，这并不是这场战争的全部内容，那只是一个政府的直接损失。《马关条约》对中国来说，有割地，有赔款，但对后来影响最大的，还是市场开放、准入。中国从此踏上了"世界一体化"的不归路。

从这个观点反观甲午战争，就明白列强所谓中立，只是不愿帮助中国的借口，他们对这个事件的关注，超过许多中国人。他们琢磨着何时干预、用力，他们希望日本教训中国，但也不希望日本获取绝对优势，破坏远东格局。所以，当日本漫天要价传出后，列强就开始考虑怎样干涉了。

日本拒绝张荫桓、邵友濂，意味着要价很高，是张、邵二人无力答应的，这就迅即引起列强高度关切。英、法、俄等开始串联，表示一旦日本人说出具体价码，他们就会介入干涉。1895 年 2 月 14 日，俄驻东京公使往晤陆奥，劝告日本不要向大陆扩张领土，显然有对日本遏制的意思，担心日本通过朝鲜踏上大陆后，势必损害俄国利益。

俄、德、法、英的立场，清政府也很清楚，知道这几个国家迟早会出来遏制日本。不管他们主观意图是否帮助中国，但在客观效果上一定会帮中国，所以在中日开战不久，清政府就派王之春等出访这几个国家，沟通、串联，并协调立场。

2 月 17 日，美使田贝将日本的要价转给中国，归纳起来就是朝鲜独立、割地、赔款和最惠国待遇。朝鲜独立已不需要讨论，中国只能接受；最惠国待遇，也不会引起列强干预，这是日本替各国要价；需要讨论的问题就是割地、赔款。赔款不能太多，因为列强不希望一个即将开放市场的政府赤贫；割地不能太多，而且还要看位置，不能因日本的获得而损害列强的利益。20 日，俄国政府向中国使臣表示，日本如果索要太多，那么俄国一定会约英、法等国联合干涉。

21 日，李鸿章奉命来到北京。在此后几天，他除与朝廷、军机处同僚讨论谈判预案，主要精力就是与各国公使交涉，寻求帮助。24 日，李鸿章前往各国使馆拜访，其实就是探讨各国究竟会在什么时候出手相助，各国能在多大程度上出手相助。各国公使在当天的面谈中并没有给予肯定答复，因为他们也要和各自政府商量。当天，李鸿章致电出使英、俄大臣，让他们务必动用一切资源，请求两国设法出手救助中国。

李鸿章的请求，合乎各国利益。英、法、俄三国密切磋商，至少在2月25日就达成共识，表示一旦日本公布索要价码，他们就会联手相助，劝告日本。

各国公使的表态，增强了中国的信心。3月2日，朝廷命出使大臣向英、俄、法、德递交国书，请求列强劝说日本公道议和，不要欺人太甚。

清政府的请求很快有了回应。3月8日，德国劝说日本不要谋划割让亚洲大陆土地。这个劝说与俄国先前劝说大致相同，尽管两国目的南辕北辙。13日，英国也对中国的请求给予回复，答应将相机劝助中日议和。英国的态度稍显消极，不似德、俄。

3月19日，李鸿章一行抵达马关。3月30日，中日就停战条款达成协议。4月1日，日本政府提出媾和条件4大项，即朝鲜独立，割让辽东、台湾及澎湖，赔款3万万两，减低关税等。

割让辽东问题提出后，理所当然遭到清政府、李鸿章的反对，但日方丝毫不让步。

虽然中国没有力量在谈判桌上说服日本，但列强决不希望日本在中国抢占那么多地方。4月8日，俄国邀请英、德等共同干预日本对辽东的要求。德国欣然答应，而英国婉拒。俄国再找法国商量，法国同意与俄、德一致行动。

在获得德、法支持后，俄国底气更足，4月11日决定不会允许日本占有南满，也就是日本索要的辽东半岛。16日，沙皇与德皇达成一致，训令两国在远东的海军做好战争准备。

三国愿意出面劝阻日本对辽东半岛的割让当然不是无代价支援中国，而是各有各的目的。法国公使施阿兰4月13日向总理衙门要求将云南猛乌、乌得划归越南，实际上就是划给法国；德皇4月16日致信沙皇明确表示希望在中国得到一个港口。

至于俄国，要求更加明白：第一，俄国与日本原本就有地缘冲突，日本在亚洲每进一步，都以侵害俄国影响力为代价；第二，俄国对中国也有自己的诉求，不仅有港口，还有土地。

三国劝阻日本是一致的，但他们的那些想法也令中国头痛。只是这个头痛并不会立刻发作，所以中国乐于接受三国干涉。

三国干涉

当三国联盟形成时，中日谈判已结束。4月17日，《马关条约》签字。就在这一天，德璀琳给李鸿章发来一份电报，说俄国不以日本割据奉天为然；他还告诉李鸿章，德使巴兰德也正在为此事奔走。[①] 这大约是李鸿章第二天离开马关时"哄然一笑，吐舌而去"的逻辑依据。

除德璀琳的电报，还有一个细节值得注意，李鸿章在获悉媾和条件后，第一反应就是接受顾问科士达的建议，请总理衙门迅速秘密通知英、俄、法公使。[②] 由此不难判断，李鸿章深信三国会出面劝阻日本。

《马关条约》签字当天，俄、德、法三国迅即反应。俄国外交大臣罗拔诺夫在圣彼得堡约见德、法公使，宣布俄国将以"友谊方式"要求日本不要占领中国本土。俄国刻意强调"中国本土"，显然指辽东半岛。

罗拔诺夫代表俄国邀请德、法参加共同对日干涉。俄国的计划是，如果日本不接受此项"友谊的忠告"，俄国建议以三国联合力量对日本采取军事行动。行动目标，就是要切断日本远征军与其国内一切联系。[③]

对于俄国的邀请，德、法两国欣然接受。威廉二世当天下令往远东调兵。德国外交大臣马沙尔指示驻日公使向日本提出抗议，认为日本严重损害了欧洲和德国的利益，日本必须就此让步。

三国联合力量当然会使日本恐惧，但三国间并不是完全一致，他们各有各的想法，因此他们在统一行动时，也各自加入了一些自选动作。4月

---

① 顾廷龙、叶亚廉主编：《德税司来电》（光绪二十一年三月二十三日午刻到），《李鸿章全集》（3），上海人民出版社1987年版，第501页。

② 顾廷龙、叶亚廉主编：《寄译署》（光绪二十一年三月初七日酉刻自马关发），《李鸿章全集》（3），上海人民出版社1987年版，第477页。

③ 中国史学会主编：《中国近代史资料丛刊·中日战争》（7），新知识出版社1955年版，第351页。

20 日，德使哥特斯米德悄然单独
来到外务省求见，外务省次官林
董出面接见。哥特斯米德告诉林
董，他今天接到政府训令，准备
与其他国家公使一起，将重要事
件通知外务大臣。至于是哪个或
哪几个国家，现在还不能告诉，
但明天即 21 日肯定会与他们一起
来访，希望面晤外务大臣或内阁
大臣。

德使故作神秘，引起了林董
的警觉。林董表示，伊藤、陆奥
都不在东京，有什么事情尽管说。
德使不为所动，依然很神秘地表
示不能说。很显然，德使提前透风，其实就是讨好卖乖。

林　董

不过，德使的时间估算有问题，法国直到 19 日方才最后决定参与干涉。
三国联盟当即决定 21 日向日本发难，不料此时又发生了意外，而德使无法
估计到这点，三国使节并没在那一天约见日本外相。

这个意外就是英国人的变化。英国原本拒绝了俄国的邀请，但到后来
发现俄、德、法三国真干时，感到自己孤立，英国外交大臣金伯利很生气。

英国的消息被三国获悉，三国外交当局相信英国开始后悔。为了等英
国的决定，三国推迟了行动，但最后英国还是让三国失望，没有构成四国
干涉同盟。

英国政府仔细研判《马关条约》，相信这个条约对英国利大于弊。英
国人认为，这个条约最有意义的东西不是中国向日本赔了多少钱、割了多
少地，最重要的是日本打开了中国先前半遮半掩的大门，那些新开的通商
口岸和允许外国人到中国投资、经营的规定，将为世界贸易提供巨大方便，
这符合英国根本利益。而且，英国人还认为，日本的胜利还将有效阻止或
制约俄国在朝鲜、满洲的野心。

英国不愿加入对日干涉联盟，还有一个非常自私的考虑，那就是英国

期望趁日本此次外交困难，逼迫日本答应将来帮助英国在中国北部沿海获得一个海军基地。英国向日本暗示，日本如同意这个要求，那么英国不做日本之敌。

俄、法、德三国获悉英国真实态度后表示失望，他们决定按原计划执行。4月23日下午，三国公使相继来到日本外务省面见林董，均称接本国政府训令，就中日媾和条约中关于割取辽东半岛一条提出异议。三国政府分别提交的备忘录大同小异，意思大致都说对辽东半岛的割让，不但对中国首都构成极大威胁，而且会使朝鲜独立有名无实。这两个危险将对远东持久和平构成威胁，因此他们劝告日本必须放弃。

俄使还表示，日本对辽东半岛永久占领，必将招致各方冲突，希望日本善体此意，保全名誉。德使的态度更强硬，指责日本没有接受德国先前的忠告，强调日本必须将辽东半岛还给中国。

三国公使的强硬态度确实使日方一度恐慌。林董问道，假如日本占据辽东只是为了促使中国赔款，也就是说，假如日本只是拿辽东作为赔款抵押品，难道三国也要为此动武？三国公使都没有想到日方会这样思考问题，所以对林董的反问不置可否。①

结束与三国公使的谈话，林董立即电告陆奥、伊藤，请示办法。陆奥在收到林董电报前，已根据驻俄、德公使的报告，觉察到列强可能会对中日议和中的某些条款进行干预。陆奥认为，欧洲列强出于自身利益进行干涉是不可避免的，因为在列强看来，日本向大陆渗透就是侵害他们的既得利益。但从日本立场看，当然是不能接受的。日本当初如与这些国家商量善后条款，他们也会反对，所以现在这些反对，不过是将先前应反对的意见押后而已。中日条约已签订，日本已成骑虎之势，在这种情势下，日本只能义无反顾向前走，任何后退都是不利的。

稍后，林董又发给陆奥一份电报，强调形势可能比预想的还要严峻。据报，俄国已陆续将其军舰集中于东洋附近，现在不但在日本、中国沿海有强大的海军力量，且观近日形势，俄国有意识散布各种流言，给人的感

---

①中国史学会主编：《中国近代史资料丛刊·中日战争》（7），新知识出版社1955年版，第356页。

觉是俄海军可随时向日本发动攻击。

林董的报告引起陆奥的重视。陆奥认为，面对三国挑衅，日本不能轻举妄动、激怒三国，但日本也不能在三国威胁面前露出胆怯。这是日军经过流血牺牲，积百战百胜之军功而获得的果实，不能因为这几句威胁就自动放弃。即便日本为大局暂时放弃这些成果，那么日本军人、国民一定非常失望。政府或许因此减轻了外部压力，但内部威胁恐怕更加严重。焦虑的陆奥尽量做了两全其美的安排，决定一方面暂时拒绝三国劝告，维持日本既定立场，寸步不让，以观察三国未来行动；另一方面观察日本军民心理倾向，然后再作决定。

陆奥的意见并没有成为政府主流。伊藤在 24 日御前会议上，提出三个方案备选：第一，即使不幸增加新的敌国，仍断然拒绝三国劝告；第二，召开国际会议，将辽东半岛问题国际化；第三，完全接受三国劝告，以恩惠方式将辽东半岛交还中国。

会议经过反复盘算，认为第一个方案当然最佳，只是困难最大，可能性会最小。日本最精锐部队现在差不多都在辽东半岛和台湾、澎湖，日本国内海陆军备不仅几成空虚，而且经过长达差不多 1 年的战斗，军事人员非常疲惫，军需亦非常匮乏。据相关情报，俄国为应付万一事变，正向远东派遣 3 万军队，停泊在日本港口的俄国军舰已准备随时起锚，海参崴已被宣布为临战区，黑龙江北岸一带也正在进行战争准备，战争气氛越来越浓烈。

更重要的是，日本海军毕竟刚刚与中国海军发生了激烈厮杀，虽然没有受到致命伤害，但至少是兵困马乏，需要休整。而俄海军则相反，不仅兵力强大，而且在精神上占绝对优势，毫发未损。俄海军不需要与日本海军大规模对峙或开战，只要截断日本海军的通道，就可以置日本于死地。

德、法两国的海军在远东没有俄国力量大，但在俄国鼓动引诱下，德、法海军最近也在远东非常活跃，在黄海一带频繁活动。日本海军如果与俄国一家硬碰死磕，虽然也无胜算，但毕竟能坚持若干时日。现在要用日本海军面对三国联合舰队，那结果是一点悬念都没有。所以，日本目前决不可与第三国失和，在目前必须广结善缘，不能增加新的敌国。

其次是第三个方案。大臣普遍认为，这个方案确实足以表现气度宽宏，但未免过于示弱。因此会议决定暂时采纳第二个方案，即召开国际会议去应对三国干涉。

陆奥因为生病没有出席这次会议，他在获悉决定后表示反对。他认为，此时召开国际会议，除日本及三国外，肯定还要加上两三个大国。这五六个大国能否参加所谓国际会议，本身就成问题。即使答应参加，到实际召开这个会议必然需要很多时间，而中日媾和条约交换批准书的日期已迫在眉睫，如果长久彷徨于和战之间，只能增加时局的困难。而且，陆奥还认为，如果这种问题提交到一个国际会议进行讨论，那么各国必然会主张各自的切身利益。于是，会议能否真正限于辽东半岛，也就成了新的问题。各国在讨论中节外生枝，提出各种互相冲突的要求，那么可能会使日本辛辛苦苦谈下来的条约化为泡影。这和招引欧洲大国进行干涉有什么区别？

伊藤能够接受陆奥的分析，然而这个问题毕竟在御前会议上已有结论。会议认定在目前形势下增加新的敌国绝非上策，并认为三国干涉是必然趋势。那么，日本不得不允诺三国劝告的全部或一部，也是必然结果。而且，日本现在除了面对三国干涉外，还存在着与中国的战与和，日本如不能很好地处理与三国的关系，或旷日持久地僵持，说不定中国就会利用这个机会拒绝批准条约。这样，后果可能更严重。

根据这些分析，伊藤、陆奥等制定了这样的行动方针：即便日本最后不得不对俄、德、法三国让步，但也绝对不能对中国让步。

日本的让步与不让步

日本政府确立对中国寸步不让的原则，其外交重心转向怎样说服三国，至少要用外交手段拖住三国，不让他们在媾和条约批准书交换前发作。在伊藤、陆奥看来，日本只要平安度过这十几天，就有足够资本、时间与三国周旋到底。

伊藤、陆奥很清楚，三国主谋是俄国。而俄国之所以干涉，确如其照会所说，是由于自身利益的关系，所以日本要想化解三国联盟的压力，就必须直面俄国的要求，给俄国一颗定心丸，这或许可以分化这个并不坚固的联盟。

4月25日，陆奥向驻俄公使西德二郎发了一份指示，大意是说媾和条约已获天皇批准，接受俄国要求放弃辽东实难做到。指示要求好言劝说俄国政府重新考虑三国劝告，不要损害日俄一向存在的亲密关系；可以向俄国承诺，尽管日本将永久占领辽东，但决不会损害俄国利益。至于朝鲜独立，日本一定会满足俄国要求。

在设法稳住俄国的同时，陆奥又向驻英公使发去指示，命其将三国干涉的全部事实秘密透露给英国，强调由于俄国干涉，已完全可以推测俄对满洲东北部、朝鲜北部包藏野心。日本认为，俄国的企图必将影响英国等欧洲国家的利益，影响中国批准媾和条约。假如这样，就不可避免大战再起。在目前形势极为紧张之际，日本希望英国能给予一定帮助。

陆奥还对驻美公使发布命令，要求他秘密告知美国，表明日本绝非无视友邦正当劝告，然由于辽东是由中国割让给日本的，其条约日方已批准，时至今日，万难放弃。美国如能向俄国提出劝告，或可使这个问题获得圆满解决。日本担心，由于三国干涉或引诱，中国产生错觉，或许会拒绝媾和条约。假如这样，那么战火重燃是非常可能的。为防止悲剧再次发生，日本期望美国出面与三国协商，寻找解决途径。

日本驻各国公使接到指示后进行了积极的外交活动。4月26日，驻俄公使与俄外交大臣进行会谈，耐心劝说。俄外交大臣稍有触动，答应请示俄皇后再给答复。然到第二天，请示结果并不理想。俄国认为，日本的请求不足以让三国撤销干涉。

驻伦敦公使加藤接到指示后，立即求见英国外交大臣，备述日本的希望。英外交大臣对日本虽颇怀好意，但对三国干涉却没有反干涉的兴趣。他说，英国早已做出概不干涉的决定，如果现在英国协助日本，就等于是一种干涉。形势已发展成为一个新的局面，在英国政府没有充分讨论前，无法对日本的请求给予任何答复。英外交大臣顺便提醒日本，虽然现在并不知道三国干涉到了什么程度，但形势似乎很严峻，日本还是应对此有着十分清醒的认识，不要心存侥幸。英国希望和平，所以不愿日本与欧洲各国发生战争，也不希望中日再有战争，如果有解决目前纠纷的机会，日本一定要尽力而为。英国是日本的朋友，但英与俄、德、法三国也是友邦而不是敌人，因此英国无法偏袒日本，与三国过不去。英国不愿意帮助日本，主要是基于自身利益，但英国也不愿得罪日本，所以一再暗示俄国这次似乎下了决心，日本应给予正视。

与英国态度稍微不同，美国就像一个老大哥。国务卿格莱星姆在接见日本公使栗野慎一郎时表示，美国依然坚守局外中立的立场，不会介入日本与三国的冲突，但也会根据实际情况，只要与美国局外中立立场不相抵触，也会适度协助日本。

西方各国真正愿意两肋插刀鼎力相助的只有原先谁也没有想到的意大利。意大利在获悉三国干涉消息后，自告奋勇地向日本表示，愿意与英、美两国合纵，站在反对俄、德、法三国连横的地位。意大利的态度当然也是出于其自身利益的考量，并不是为了日本，只是这个态度的实际后果对日本有利而已。

各大国的态度对日本来说，确实不容乐观。日本虽然从这几个国家博取了一些同情默许，但根本无法使三国转变干涉立场。

不过，日本与各国沟通也有不小收获。通过这些零星情报，日本大致能拼凑出三国干涉及国际阵营分布图，大致知道三国干涉成立的原因，并知道三国准备干涉的程度，知道英、美等国的大致意向，知道日本虽然不能获得这些国家的有力支持，但依然获得了他们某种程度的理解。换一种说法，英、美、意三国到了关键时刻，一定会对俄、德、法三国有所牵制。

日本的活动也为俄国所知，但俄国并不愿俄、德、法之外的任何一国介入，而且俄国的干预立场坚定不移，始终以武力向日本炫耀，不愿意让日本感觉到他们会有什么退让。

俄国的态度深刻影响了日本，日本在中日交战中处于上风，在媾和谈判中也为所欲为，现在却在不经意间陷入外交困境。如果日本一味坚持既定方针，那究竟会出现什么后果？究竟会对日本有多大伤害呢？在这种情形下，日本开始感到先前一味拒绝三国劝告可能并不明智，于是开始寻找台阶和机会。

4月28日，日本驻俄公使向陆奥建议，假如日本根本不足以抵抗三国甚至俄国一家时，那么就应接受三国劝告，放弃割让辽东半岛，以此化解外交困境。当然，日本也不能因此吃亏，日本可以放弃永久占有辽东，但作为赔偿的担保，日本可以暂时占领辽东，并大幅增加赔款额度，使中国永远无法偿清。中国既然永远无法偿清，那么日本也就可以永远"暂时占领"。按照这个建议，日本得到占领辽东半岛的实际，还通过这场交易从中国赢得更多赔款。

这个建议深刻启发了伊藤、陆奥，4月30日，日本政府向驻俄、德、法三国公使发出指示，让他们通知三国政府，日本对三国的友好劝告进行了缜密思考，决定在交换条约批准书后，同意以另外方式做两点修改：第一，日本对于辽东半岛永久占领权，除金州厅外，完全放弃。但日本与中国商议后，当以相当款项作为放弃领土的报酬。第二，日本在中国完全履行条约义务前，有占领辽东作为担保的权利。

驻三国公使接到指示后，立即与三国外部交涉。至5月3日，俄国答复说，俄国对于日本的建议不能满意，认为日本占有旅顺口颇有障碍，所以俄国维持最初劝告，不可动摇。根据日本公使观察，俄国认为日本一旦在辽东占有优良军港，那么其势力就不会局限于辽东，终必吞并朝鲜、满洲，危及俄国。

参照这些观察，日本必须做出自己的决断。日本既然无法在军事上战胜俄国，那么就必须接受俄国的忠告，不能硬顶，仅凭外交折冲、劝说、请求是没有用的。而且，中国此时已以三国干涉为由向日本提出延迟批准换文的期限，这更促使日本必须尽快决断，否则中国悔约，再与三国冲突，结局不堪设想。鉴于这样的判断，陆奥认为，日本外交到了一个重要关头。一方面，必须对俄、德、法三国完全让步，先割断外交纠葛；另一方面，毫不犹豫地执行交换批准书的手续。

5月4日，日本内阁接受陆奥的建议，决定接受三国劝告，放弃辽东半岛。俄、德、法三国获悉后，表示满意。

日本摆脱三国纠缠，有条件集中精力对付中国了。

受损的还是中国

在日本与三国交涉过程中，中国也一直与三国沟通，争取帮助，到头来方才知道各国都在忙着自己的事，只是顺便帮了一下中国的忙。

《马关条约》签订后，中国加强了与欧洲国家的联系。俄、德、法三国干涉联盟大致形成后，中国对他们充满了期待，感激之情溢于言表。4月21日，朝廷电询出使钦差大臣许景澄仔细了解俄国的立场、态度、条件。第二天，总理衙门大臣徐用仪奉命前往俄公使馆打探消息，了解三国干涉具体进展。三国干涉使中国产生了希望、幻觉，相当一部分大臣开始考虑延缓条约批准，而且想着在辽东半岛回归后，再接再厉将台湾一并要回来。中国人在做着天真的梦，一时间将俄、德、法三国奉为救星、恩人。4月23日，朝廷获悉三国干涉开始，派遣恭亲王、孙毓汶、荣禄等，以最高规格前往俄使馆致谢，顺便打听三国干预的具体条件，期待三国利用强势，通知日本暂缓条约互换日期。

　　然而，让这些大臣无论如何想不到的是，日本在三国强势压力下让步了，但只是对三国让步，把条约规定割给日本的辽东半岛还给中国。这是日本对三国的让步，但对中国却是一步不让。更为吊诡、更令中国不解的是，三国获得满意答复后，不是帮中国尽快无条件将辽东半岛收回，而是不断催促中国尽快与日本换约。因为辽东半岛问题，三国认为是他们与日本间的问题，与中国无关。德国公使绅珂非常严肃地告诉徐用仪，中国如不尽快与日本换约，德国什么事情都不能帮。俄国虽然没有像德国那样催促中国与日本换约，但其意思也是一个样的。

　　按照中国的想法，日本既然宣布接受三国要求，放弃对辽东半岛的永久占领，那么中日间已谈妥的条约势必就面临修改。所以中国在日本宣布归还辽东第三天（5月7日），心存侥幸地急电已在烟台等候换约的伍廷芳、联芳，让他们耐心等候进一步通知，不要急于与日本换约，以免生米做成熟饭。

　　日本的方针是对三国让步，并不意味着对中国让步，而是一步不让，所以中日间不存在换约展期问题，更不存在延长停战时间问题。这是日本已商定的政策底线，只是中国不明白不知道而已。

　　5月8日中午，是中日两国原先商定的换约时间。然而到了此时，伍廷芳、联芳不愿换约，因为他们还没有接到进一步通知。日本换约大臣伊东已代治派员通知伍廷芳、联芳，强调如果今天不换约，那么日本代表当即回国。伍廷芳、联芳闻讯有点着急，立即赶往伊东已代治住处，劝其稍候。伊东已代治表示，今天停战期满，必须期内换约。伍廷芳答称，他们在等待朝廷最后指示。伊东说，那就再宽容一点时间，下午 4 时为最后期限，如你们届时还不愿换约，那我们就真的要走了，咱们还是战场上见吧。

眼见和平终结，战火重开，伍廷芳、联芳心急如焚，急电李鸿章请教。李鸿章接电后急电朝廷，劝说朝廷不要犹豫，心存侥幸。朝廷当即回复，通知伍廷芳、联芳换约。[①] 当夜 10 时，中日双方办妥相关手续，一场虚惊成为过去。

换约手续还没有办完时，伊藤博文给李鸿章发来一份电报，表示日本现已遵照三国相劝，同意放弃辽东半岛，三国自必心满意足。至于日本弃让辽东半岛究竟应该怎样善后，这是中日必须从容协商的事情。[②] 日本第一次直接暗示，放弃辽东不是没有条件的，至于条件如何，日本并没有说。

李鸿章将伊藤来电向朝廷报告，朝廷一片惊恐，因为条约规定的战争赔款还没有着落，现在又突然出来一笔赎辽款，尽管现在不知道具体数额，但可预料不会是笔小数。朝廷能想到的又是俄、德、法三国，于是委派要员向三国疏通，一方面感谢他们在还辽谈判中鼎力相助，另一方面恳请三国帮忙帮到底，鉴于中国实际困难，务必让日本不要或少要赎辽费用。在许多中国人看来，辽东原本就是中国的，现在日本慑于三国威胁而放弃，凭什么要向中国要钱呢？张之洞建议朝廷，在辽东问题上必须坚定立场，不能与日本开议，而是继续委托俄国与日本谈判。日本不能占有辽东，主要是因为俄国的威胁、恐吓，并非日本主动让与，所以也就不存在中国去感谢日本的事情，也就不必考虑增加什么费用。若为日本所愚，开口轻许，又要耗费巨款，中国更不支，祸患也就不知何时才能到头了。[③]

---

①顾廷龙、叶亚廉主编：《寄译署》（光绪二十一年四月十四日酉刻），《李鸿章全集》（3），上海人民出版社1987年版，第533页。

②顾廷龙、叶亚廉主编：《寄译署》（光绪二十一年四月十五日辰刻），《李鸿章全集》（3），上海人民出版社1987年版，第535页。

③范书义、孙华峰主编：《致总署》（光绪二十一年四月十九日丑刻发），《张之洞全集》（3），河北人民出版社1998年版，第2068页。

张之洞的分析自有道理，只是日本人根本不会这样想。日本不认为这件事与中国有关，三国干涉让日本放弃，日本答应放弃，但条件必须与三国协商，而不是与中国协商，当然埋单的一定是中国。至于三国，他们在中国一再请求下，也答应帮忙，承诺在与日本谈及辽东问题时，会临时酌助，但究竟有多大把握，三国心中都没有数。

日本发现吃到嘴的肥肉还要吐出来，心理上自是不平衡，所以日本就想方设法在赎金上狠狠宰一刀以解心头之恨。6月4日，日本内阁就辽东归还做出决定，强调作为永久放弃辽东的补偿，中国必须支付库平银1亿两作为赎金。这个要价显然出乎三国预料，三国中没有一个认为这个要价合理，或有根据。

其实，日本自己也意识到这个要价太过情绪化，并不现实。7月19日，日本临时代理外务大臣西园寺约见三国驻日公使，主动将要价降低至5000万两，理由是日本注意到了中国的困难，也注意到了与各国的友谊。西园寺同时提出一个条件，即日本驻半岛的军队只能逐步撤离，其节奏与中国赔款速度成正比。中国偿清赎金5000万两及媾和条约规定的第一次应付数目后，日军撤至金州；待中国交清第二次应付数目，及交换修订通商行船条约后，日军从辽东半岛全部退出。

为了换取三国同情，日本同时宣布台湾海峡为国际公共航路，并不归日本管辖，亦非日本独自利用。[①]

日本即使将赎金降为5000万两，俄国也认为开价太高，以为最多开价一半，即2500万两。而德、法两国同情日本，以为日本要价比较合理，并不过分。法国略感不太合适的只是日本不该以辽东驻兵为他项条件的担保，更不应在中国支付赎金后继续占领，以作为其他赔款的保障。法国认为，日本应在收到第一次赔款后立即交还辽东半岛全部。而且必须明白的一条是，日本放弃辽东，并不是对中国让步，而是对三国让步，所以日本不能因此而对中国再有要求。

德、法两国既然都同情日本索款要求，日本对于俄国"最多为2500万

---

①王芸生：《六十年中国与日本》（3），生活·读书·新知三联书店1979年版，第69页。

两"的主张也就不以为意。日本抱着能要多少是多少的方针，继续与三国争辩不已，反复述说日本报价并不高。

对于日本的扯皮、拖延，三国有点不耐烦。经协商，他们决定迁就日本，在2500万两基础上上浮500万，凑成一个整数为3000万两。9月11日，三国将这个数字通知日本，并要求日本在接受的同时，确定一个尽早撤兵的日期，并在3000万两赎金交付后立即撤兵，一切都不必再啰唆。

日本在三国压力下只好让步。10月7日，西园寺宣布：一、将交还辽东半岛的赔款减至3000万两；二、不以缔结中日通商行船条约为半岛撤兵条件；三、日本收到3000万两赔款后3个月内撤兵。至此，还辽问题全部解决，剩下的只是中日直接谈判，商量交接细节。

10月14日，中国仍以李鸿章为全权大臣，与日本驻华公使林董在北京谈判还辽事宜。20日下午开谈，但有关还辽的实质性谈判还在日本与俄、德、法三国间进行，李鸿章与林董的谈判并不具有实质性内容。李鸿章要求林董在3000万两基础上向下减少，理由是这个数额是日本与三国间的谈判，中国没有参与。现在中日直接谈判了，所以日本应该有所让步。

对李鸿章的要求，林董表示为难，因为这是三国与日本达成的数字，现在日本擅自减少，肯定在三国那里通不过。如果因此而节外生枝，恐怕对中国也不好。

其实，中国也从其他渠道获悉，还辽事宜既经三国与日本商定，不可能再因中国提议而重新讨论，更不可能由三国出面再让日本减价。三国已在日本要求下给予外交回复，中国如果现在不愿承认三国与日本达成的协议，肯定会得罪三国，将来许多事情更难办。一旦中国没有三国作为凭借，那么和日本的直接交涉肯定更加困难。

鉴于此种困境，中国只好接受三国与日本达成的原则。11月8日下午4时，李鸿章与林董签署《辽东半岛收还条约》，约定原《马关条约》第二款规定的中国让与日本管理的奉天省南边地方，即从鸭绿江口抵安平河口至凤凰城、海城及营口而止以南各城邑，以及辽东湾东岸、黄海北岸奉天所属诸岛屿，在中国支付赎金后，日军一律撤回，该地所有堡垒、军器工厂及一切属公物件，永远交还中国；约定中国为此向日本支付赎金为库平银3000万两；自交款之日起3个月内，日军从辽东全部撤出。

11月29日，中日双方完成换约手续；30日，日军退出牛庄、营口；12月2日，退出盖州；10日，退出复州；21日，退出金州、旅顺；25日，退出大连湾。至此，三国干涉还辽以中国增加3000万两赎金而结束。

第九章

台湾的悲伤与骄傲

《马关条约》带给中国的最大的伤害是台湾及澎湖列岛的割让。这件事情虽然已经过去 130 年了，但依然是中国人心中最大的痛。

日本对台湾的觊觎

台湾北临东海，东向太平洋，东北与琉球群岛隔水为邻，南边与菲律宾群岛隔水相望，西北是台湾海峡，一湾浅浅的海峡将大陆与台湾分开，"台湾在这头，大陆在那头"。①

广义的台湾由三组岛屿组成：一是台湾本岛及红头屿、火烧岛、龟山岛、彭佳屿、棉花屿等 14 个附岛；二是澎湖群岛，共有 64 个岛屿；三是钓鱼岛群岛，有 8 个岛屿，再加上其他一些岛屿。广义的台湾大小岛屿有 100 多个，陆地总面积有 3.6 万平方公里，其中台湾本岛有 3.5 万多平方公里，比海南岛略大；澎湖群岛面积 126 平方公里；钓鱼岛群岛面积约 6 平方公里。

台湾具有非常重要的战略地位，是中国大陆一道天然屏障，是一座海上长城。反过来说，台湾一旦落入敌手，就成了一个桥头堡，一艘永不沉没的航空母舰，对大陆具有严重威胁。

在中国历史典籍中，对台湾的记载非常早，无须引证。到了 17 世纪中期，郑成功赶走了荷兰人，清政府开始对台湾实行管理，并逐渐像管理内地一样，建立一整套行政体制。

鉴于台湾的战略位置，也鉴于日本与台湾在地理上的关联，日本很早就对台湾垂涎三尺。16 世纪中晚期所谓"倭寇"，其实就是以台湾、澎湖、琉球等为基地对中国大陆骚扰抢掠的海盗，或武装走私团伙。台湾、琉球和澎湖就成了他们踏上大陆的三块跳板。

明治维新开始，日本国力迅速发展，其称霸亚洲进而称霸世界的野心逐渐膨胀。1871 年底，50 多名遭遇台风的琉球人漂流到台湾，被台湾当地人所杀害。这个意外被日本所利用，成为向台湾进攻的一个理由。

1874 年 4 月，日本陆军中将西乡从道率所谓"生番探险队"数千人在

①余光中《乡愁》："而现在，乡愁是一湾浅浅的海峡，我在这头，大陆在那头。"

台湾登陆。

清政府获悉日军犯台消息后，一方面进行外交交涉，另一方面命福建船政大臣沈葆桢率军驰援，武力抗争。清政府的威慑及台湾的抗争，迫使日本通过外交谋取利益。年底，两国达成协议，清政府息事宁人，赔款了事。

日本对台湾的野心促使清政府警觉。1885 年，清政府决定建立台湾行省，加强对台湾的实际管制，但并没有从根本上消除日本对台湾的觊觎。日本后来发动甲午战争，一个最重要的目的，就是通过战争获取台湾。所以，在日本提出的媾和条件中，一个重要内容，就是割让台湾。[①]

1894 年 11 月，伊藤博文就向大本营提出占领台湾的方略，认为攻占台湾最符合日本利益。台湾之于日本犹如南门装锁钥，日本如欲向南发展，扩大帝国版图，迟早都必须闯过台湾这一门户。如果此次战争因进攻台湾而失去进攻、占领北京的机会，就日本百年大计设想，实在是得大于失，符合日本战略利益。于是日本进攻战略的重点不是在中国本土作战，不是向北京打，不像北京各位大臣所担心的那样直接威胁京师，而是造成直逼京师，逼迫中国缔结城下之盟的假象，而其进攻的重心，在日军攻进辽东之后，就转向台湾及澎湖列岛。1895 年 3 月 15 日，也就是李鸿章奉命出使日本，离开天津出发的第二天，日本联合舰队驶赴台湾及澎湖列岛，准备用武力占领后再与中国政府交涉。

日本的战略意图并没有明白宣示，清政府不仅不知道日本的战略目标是指向台湾，反而被日本向中国本土用兵，特别是逐步向京师收紧感到恐惧。清政府之所以在这个时间段匆忙派遣李鸿章出使，在很大程度上是担心京师安危。德国公使建议迁都继续坚持，也是基于日军必然会向京师发动进攻这个前提。

当然，日本不会放弃对北京的威胁，但其目的是要造成一种恐惧、压力，然后再用这种恐惧、压力去实现割让台湾的目的。这是日本的战略考量，可惜中国君臣都没有意识到。

---

①中国史学会主编：《中国近代资料丛刊·中日战争》（7），新知识出版社1955年版，第114页。

中国君臣没有意识到日本的这个战略，但朝野均有人意识到了台湾危机。1895 年 2 月 27 日，署两江总督张之洞致电台湾巡抚唐景崧，指出"久闻"日方索要台湾，台湾地近福建、浙江，如被日本占有，中国沿海必将永无宁日，万分可惜。张之洞希望唐景崧能在中日开议的关键时刻，向朝廷详细解释台湾的战略意义，尽量阻止对台湾不利的事情发生。①

唐景崧对张之洞的建议格外认同，他在复电中表示，台湾地理位置非常重要，与大陆隔水相望，对岸就是福建、广东、江苏和浙江，为南洋第一要害。其战略意义是：我控之为要，敌控之为害。中国如欲固南洋，就必先保台。台湾如丢了，南洋也就永远不得安枕了。且稍假便宜，略款文法，不惜资本，广浚利源，台湾就是可富可强之地。唐景崧表示，最近纷纷传言日方必将攻占台湾，中日将开始议和，日本必将索要台湾。这些传言对台湾社会冲击很大，官民莫不惊愤异常，浮议哗然，深恐朝廷顶不住压力，最终放弃台湾。唐景崧表示，不管朝廷怎样处理，作为朝廷的命官，他的职责在守土，日方如攻台，他只有起而抗争、死生以之一条路。②

张之洞、唐景崧都看到了台湾危机，但如何化解这个危机，似乎谁也没有好主意。2 月 28 日，张之洞上了一个奏折，提出两点建议：一、以台湾为抵押向英国借钱购买军舰；二、允许英国在台湾开采矿产资源，借助

唐景崧

①苑书义、孙华峰主编：《致台北唐抚台》（光绪二十一年二月初三日酉刻发），《张之洞全集》（8），河北人民出版社1998年版，第6121页。

②苑书义、孙华峰主编：《唐抚台来电》（光绪二十一年二月初五日戌刻到），《张之洞全集》（8），河北人民出版社1998年版，第6121页。

英国力量保护台湾。让英国在台拥有莫大利益，那么英国就会为台湾前途着想，帮助中国阻止日本索要台湾。

确实，据张之洞分析，台湾拥有丰富的矿产资源，容闳等中外不少人都提出以台湾为抵押向英美借款开采的主意。现在日本如索要台湾，中国就应出手反制。其权宜之法，就是尽快与英国合作，以台湾为抵押向英国借钱。如此，英国必不肯让日本占据台湾，台湾危机或可因此舒缓。

张之洞表示，如照此法英国仍不肯为我保台湾，那么可选取另一种办法，即除借巨款，还可允许英人在台湾开采矿产资源20年。照张之洞的计谋，台湾瘴毒深邃，历年开辟无效。如由英国开山通道，廓清瘴疬，畅开地产，那么英国虽获目前之利，至年限期满，中国可坐享其成。还有一点是，以台湾作抵押获巨款，就可购置战舰，补充兵器，对于目前中日战事应有极大帮助。[①]

这些想法、建议或许可以尝试，但显然太功利了，太不知道英美的精明了。这种"以夷治夷"的办法在传统中国或许有效，但到了近代，其实已基本没有意义。英国不会上当，更不会为了中国与日本为敌。张之洞的建议没有实际上的可操作性。

台湾危机在加剧，但日方在谈判桌上并没有很快出牌索要台湾。日方在前期谈判中，不断加大对北方的压力，甚至在李鸿章提出休战要求后，公开索要大沽、天津和山海关等北方战略要地作为抵押。日方的策略就是要营造巨大压力，使清政府以为日本的目的就是要打到北京，重演1860年英法联军之役的旧戏码。

日本索要天津、大沽和山海关，李鸿章和清廷的焦虑也都集中在这里。李鸿章建议这些地方加紧部署，准备迎敌。甚至建议在日军对这些地方发动进攻时，坚壁清野，拆断铁路、桥梁，以免资敌。

其实，日军故意在北部中国制造紧张情势，其攻击重点却在台湾、澎湖。3月24日，即清廷下令加强津沽—山海关防务时，日联合舰队向澎湖列岛发起总攻，两天后占领。下一个目标无疑就是台湾。

---

①苑书义、孙华峰主编：《致总署》（光绪二十一年二月初四日亥刻发），《张之洞全集》（3），河北人民出版社1998年版，第2041页。

日本的战略意图非常明显，可中国君臣，尤其是李鸿章都浑浑噩噩，无从觉悟，依然相信日本的目标就是直取京师。直至伊藤博文在谈判之余无意提及台湾，方才引起李鸿章的警觉。

3月24日，伊藤、李鸿章举行第三次会谈。谈判结束后，伊藤东拉西扯与李鸿章闲话，似乎无意，又似有意地表示，日军现在金州等地，真切感受到中国人远较朝鲜人听话，勤劳刻苦，更易统治。

伊藤接着说，朝鲜人是比较懒，要将他们招为民工为军队送送东西，他们竟然都不愿意干。日军正在向台湾进攻，不知台湾的老百姓怎样。

李鸿章说，台湾人差不多都来自福建潮州、漳州、泉州，其民风强悍，不是那么好驯服。

伊藤又问，台湾尚有生番？

李鸿章答，台湾生番在总人口中占有很大比例，六成左右，其余都是客家，均来自大陆。

说到这里，李鸿章突然醒悟，迅即反问伊藤：阁下突然提及台湾，难道准备向台湾进攻？你们之所以迟迟不愿议和，难道都是因为台湾？李鸿章感到莫名恐惧。

恐惧当然压不住李鸿章。很快，李鸿章恢复了平静，他冷冷地表示：对于台湾，贵国就不要有什么想法了，谈判之初我就说过中日谈判不能损害第三者权利，指的就是英国。英国对台湾早有安排，不会看着日本占领台湾而不管不顾。

伊藤说，日本占领台湾，对中国是一大损害，但对英国则未必。

李鸿章说，肯定的。因为日本占领了台湾，就将与英国占领的香港为邻，英国不会容忍卧榻之旁还有人酣睡。

伊藤说，日本现与中国打仗，两国相敌，无损于他国，英国比谁都清楚。

李鸿章说，英国早就表示在台湾有其相当利益，不愿他国占领台湾。

对于李鸿章的强调，伊藤博文再将一军：假如中国愿将台湾送给别国，这个国家会不会欣然笑纳？

李鸿章肃然警告：台湾为中国的一个行省，怎么可能送给别国？[①]

100多年后重读这段"闲话"，深切感到日本对台湾的觊觎由来已久。而李鸿章智慧超群，但在台湾问题上并没有超出张之洞的设想，将台湾防务的责任推给了英国，不知道英日关系远较英中关系密切。

台湾为什么不能"赎还"

李鸿章非常敏感，且具有极强的责任心，他从伊藤谈话体会到日本对台湾的用意，深感大事不妙。然而，就在当天会谈结束返回寓所时，李鸿章不幸被刺伤，使他随后几天注意力转到别处，只想着利用突发事件争取日本同意休战，不知道日本正在加紧对台湾的进攻，并制订了索要台湾的方案。

3月28日，陆奥携停战草约来到李鸿章行馆，表示日本鉴于目前事态同意停战，只是因为派往台湾、澎湖的军队一时无法联系上，因此停战范围无法包括台湾、澎湖。

对于陆奥的解释，李鸿章据理力争，以为停战就必须一律停战，不应将台湾、澎湖列在停战协议之外。陆奥用各种理由进行搪塞，终使李鸿章想起受伤那天伊藤的暗示。李鸿章认为，这足以表明日本的战略目标之一就是要夺取台湾、澎湖。而且按照伊藤那天的说法，日本根本不担心英国会干预，日本有意让中国割让台湾，这大概是日本决定了的事情。李鸿章迅即致电北京，建议朝廷进行两手准备：一、抓紧与英国谈判抵押事，看英国能否协防台湾；二、令台湾巡抚竭力固守，不要让日军轻易得手，造成被动。只要台湾不被日本军事占领，在谈判时或许还有转圜机会。如果日军占领了台湾，那么结果就很难说了。[②]

李鸿章的担心很快被证实。4月1日，日方向中方提交了媾和条约草案，其中最骇人听闻的条款，就是日本要求割让台湾全岛及其附属诸岛屿及澎湖列岛，还有奉天省南部一大片土地，即一般所指辽东半岛。

---

①阙名：《马关议和中之伊李问答》，《台湾文献丛刊》第四十三种，第19页。
②顾廷龙、叶亚廉主编：《寄译署》（光绪二十一年三月初四日亥刻），《李鸿章全集》（3），上海人民出版社1987年版，第473页。

日本的要求超出了李鸿章的预想，也超出了清政府的估计。然而，谈判主导权从来都是胜利者操纵的，战场上打不过人，也就没有什么好说的。

当天，李鸿章将媾和条件电报朝廷，顺便将美国顾问科士达的建议一并发出。科士达建议总理衙门将日本媾和条约大致内容密告英、俄、法三公使，看看三国是否愿意帮助中国。①

科士达的建议就是李鸿章的考虑，或者说这个建议已被李鸿章接受。科士达、李鸿章等人在分析了这个草约后认为，朝鲜独立无可挽回，只好如此；赔款不是有无，而是多少；至于割地，把台湾、澎湖交给日本吧，其余的比如辽东，务必要让日方放弃，因为那是中国本土，至关重要。换言之，科士达、李鸿章看到媾和草案的一刹那，大约已有牺牲台湾换取日方在辽东半岛妥协的意思。

李鸿章或许没有如此清醒的认识，但科士达这个主张确实令人怀疑。科士达是李鸿章的顾问，与李鸿章手下一些人有着良好关系，然不容忽视的一个情节是，科士达还是陆奥的老朋友，他们也有着不同寻常的友谊。再结合伊藤先前一些举动，日方明明向台湾发动实质性进攻，却总给中国制造一种假象，以为兵临城下，直捣京师，以此向中国施压。现在议和条款刚提出，科士达就提出这样的还价方案，以牺牲台湾换取对北京的压力。这其中是否有什么阴谋，不得而知，但不能不让人怀疑。

对科士达的建议，李鸿章表示认同，所以他才向北京报告。他知道此事太重大，朝廷必然会争论，所以又明白地强调这是科士达的建议，以便自己进退自如。

确如李鸿章预料，4月3日，朝廷接到报告，立即引起激烈争论。翁同龢对割让台湾、辽东，深为不满，他希望朝廷重新振作，不要被挫折所吓倒，要有持久作战的思想准备，不要答应日方太苛刻的条件。这一天，翁同龢还没就台湾问题发表意见，而是希望朝廷从总体上拒绝这个方案。

然而，朝廷中具有翁同龢这种认识的大臣太少了。更多人认为，日本的条件固然苛刻，但不管怎么说，日本提出了条件，有了条件，就有了希

---

①顾廷龙、叶亚廉主编：《寄译署》（光绪二十一年三月初七日酉刻自马关发），《李鸿章全集》（3），上海人民出版社1987年版，第478页。

望，中国应抓住机会好好谈，能让日本多让些固然好，即便日本不愿意让，那也是人家的权利，也只好接受。总而言之，这些大臣认为，中国应利用这个机会尽快结束战争，即便复仇，也应等待整军经武，卧薪尝胆十年后。

翁同龢没有扭转朝廷的决策方向，但也起到了一定作用。4月4日，朝廷指示李鸿章，以为日本的条件太过分、太苛刻，索费畸重，索地太广，万难迁就允许；指示李鸿章与伊藤好好谈，尽心联络，竭力磋磨，找到两全其美的办法。

朝廷的期待当然只是一种期待，日方人并不会因为伊藤、陆奥与李鸿章曾是朋友而放你一马。所以，李鸿章稍后致电朝廷，表示日本现在体制非常特殊，是武人专政，军方将领拥有绝对权力，说一不二，即便是伊藤也很难与军方较劲、争执。李鸿章暗示，此次议和恐难结局，主要因为这些军方将领野心勃勃，不知让步、不愿让步。

李鸿章的说辞左右了光绪帝对时局的判断。光绪帝在当天早朝时表现出对和平了局的殷切期待，他希望这种了局能速成，能尽快，这样势必不惜代价、不顾后果。光绪帝大致同意李鸿章等人的判断，以为在尽量与日本讨价还价后，如果日方不答应让步，那就只好参照科士达那个方案进行。光绪帝指示：一、尽量减少战争费用赔偿总额；二、尽量不要割让辽东半岛，实在不行，也要大幅度减少规模。

从这些讨论可以看到一个不需讨论的主题，即朝野普遍认定台湾保不住，肯定要割让给日本，所以他们所要力争的只是辽东半岛，而根本不提台湾、澎湖列岛。

科士达、李鸿章建议，以及朝臣的讨论，引起了翁同龢极端不满。4月4日，翁同龢早朝时竭力强调台湾战略地位非常重要，无论如何不可放弃。他的这个看法并没有在同僚中获得认同，满洲大臣恭亲王、庆亲王认为，辽东半岛的重要性远过于台湾，因为那里不仅有大清王朝列祖列宗的坟茔，是龙兴之地，而且那个地方战略上也非常重要，扼住了京师咽喉，如果将辽东半岛让给了日本，那么大清国就成了日本帝国的一部分。

日本执意割取中国大片土地，这些土地对恭亲王、庆亲王乃至光绪帝来说，都是自己的土地、财富。实事求是地说，他们内心肯定不好受，肯定哪儿都不想放弃。问题在于，日本作为战胜国，他们一定要割让辽东半岛、台湾、澎湖等，最策略的考量，当然是丢卒保车，保住一个更重要的地块。这就是现实。

翁同龢在当天会议后又去找恭亲王、礼亲王及庆亲王详谈，他希望这些皇亲国戚能充分考虑他的意见。在他的反复劝说下，恭亲王答应将这个问题提交到御前会议上去讨论，只是翁同龢感到恭亲王对能否保住台湾稍有怀疑，持之不坚。

恭亲王持之不坚的原因是因为他的理性、理智，因为他知道翁同龢的主张太迂腐，不可能实现，还因为朝臣大多数都不认为这件事情还有坚持的可能，清军打不过人，还一定要坚持下去，那不是要将中国彻底毁了吗？所以参加会议的孙毓汶态度最坚决，他明白地表示，"战"之一字不必再提。中国只有一条路可走，那就是不管多大代价，都要对日妥协，停止战争，恢复和平。

孙毓汶被誉为那个时代最"知兵"的军事专家，而且兼任着兵部大臣，他说的不能战，绝不是他畏战惧战，用梁济的话说，孙毓汶不过说出了真相。孙毓汶的说法深得恭亲王信赖，恭亲王点头称是，大加赞赏，执其手曰是。希望中国就此结束战争，结束痛苦，重回和平发展轨道。要和平就会有牺牲，那是因为国力不如人，是没有办法的事情。

翁同龢的主张在朝臣中是少数派，相当孤立，除军机大臣李鸿藻稍微流露出部分认同的意思，[①] 没有人像翁同龢这样坚持不妥协，坚持再战。

翁同龢、李鸿藻是朝廷中的绝对少数派，但随着时间的推移，这种坚持抵抗、不轻易妥协的主张，在朝廷之外却逐渐有了更多的应和。4月6日，早朝前，翁同龢向同僚力言台湾不可弃，越说越激昂，恰朝廷收到的奏折中也有以此为言者，这更激励翁同龢坚持抵抗的主张。只是，翁同龢的激昂言辞说服不了那些同僚，他们之间因而发生了大的龃龉。

既而，他们在光绪帝面前继续争论，翁同龢坚持台湾不可弃，理由是朝廷会因此而失去天下人心，因为台湾毕竟不是皇家后院，说送人就送人，

---

①翁同龢在获悉日本议和条件的当天就邀李鸿藻"至馆略谈，胸中块垒未易平矣"。《翁同龢日记》（5），中华书局1998年版，第2791页。

台湾人怎么想？台湾人主要来自福建，本来就与朝廷疏远，现在国家有难，台湾危机，朝廷不是尽全力救助台湾，而是为保全自己列祖列宗的坟茔而丢掉台湾。翁同龢担心，朝廷如果执意这样做，汉人的种族意识或许因此而再度崛起。果如此，这比日本人打进北京还危险。

翁同龢的迂腐固不待言，但也必须说，他的这个分析极具眼力。事实上，孙中山已经发出驱逐鞑虏的号召，尽管只是星星之火，朝廷尚不觉察而已。

对于翁同龢的主张，人们并不愿继续讨论，他们认为这个主张太荒唐，辽东半岛乃陪都重地，密迩京师，孰轻孰重，何待再计？他们认为，如果一定要在辽东半岛、台湾之间有所选择，选辽东，弃台湾，没有任何讨论的余地。①

翁同龢的主张成了少数派，但这个非同寻常的独立声音毕竟已发声，发声了就会有影响，于是翁同龢与朝臣不一样的声音惊动了慈禧太后。4月8日，慈禧太后有一道懿旨，表示辽东、台湾两地皆不可弃，即便谈不拢，撤使再战，在所不恤。②

慈禧太后一锤定音，当天，朝廷向李鸿章发布指示，强调辽东乃陪都重地，密迩京师，根本所关，无法轻让；台湾则兵争未及之地，人心所系，又何忍撤弃资敌？辽东、台湾，莫非王土，朝廷希望李鸿章还是与日本人仔细协商，不到万不得已，何忍轻言割弃？

战场上不如人，一切无从谈起。朝廷的态度只是态度，并不能决定结果。朝廷在指示最后也只好含糊其词，以为如果实在谈不拢，日本人一定要割地，最好还是应该保一处舍一处，不要两处尽割，让中国太没有面子。

其实，在朝廷指示下达之前，李鸿章也是这样做的。他虽然倾向于科士达的方案，但他依然尽心尽力谋求让日本人少索赔、少割地。4月5日，他在复照中全面阐述中方理由，以为日本也认为此次议和应从两国友好、亚洲和平出发，可是现在要求中国割让这多土地，实在与日本主观意图相悖，实是在播撒仇恨的种子。李鸿章强调，日本如欲与中国立一永远和好、

---

① 《翁同龢日记》（5），中华书局1998年版，第2792页。
② 《翁同龢日记》（5），中华书局1998年版，第2792页。

彼此互助之约，那么就必须将让地一款酌量更改。换言之，李鸿章承认土地是可以割让的，两害相权取其轻，既然一定要割地，那就割让台湾、澎湖吧。

对于李鸿章的辩词，伊藤非常恼怒。他在稍后的照会中严词拒绝，坚决不让步，表示辽东半岛、台湾两地都必须割让，不存在二选一。

日本的强硬态度终于迫使清政府低头。4月12日，北京下达最新指示，以为日本要将台湾、澎湖和辽东全部都要去，实属过分，指示李鸿章再做最后努力，考虑将台湾靠近澎湖的台湾南部割给日本，与厦门隔海相望的台湾北部仍归中国。

根据朝廷指示，李鸿章继续交涉，但遭日方坚决拒绝。其实，李鸿章自己也不认为，将台湾一分为二，由中日两国分别管理是可行的。所以，他在获得充分授权后，既然觉得大势已去，不可挽回，也就不在台湾问题上多费口舌，在《马关条约》中，同意将辽东半岛、台湾全岛及其附属岛屿、澎湖列岛割让给日本。

台湾前途未卜

还在中日战争于北方激烈进行时，远在台湾的官民就切实感受到了现实危险。1894年11月，伊藤向大本营提出进攻威海、占领台湾的方略，认为直逼北京可能会招致列强共同干涉，而攻占台湾更符合日本利益。伊藤的意见成为日本决策层的主流，因此日军决定在攻陷威海后，就向台湾发动攻击。

1895年2月23日，日本军舰出现在澎湖水域，台湾与福州间海底电线被切断，北京责成闽浙总督谭钟麟传谕署台湾巡抚唐景崧加强战备，并命其设法将户部已拨台防饷100万两交给台抚。清政府意识到台湾将有一场恶战，其前途岌岌可危。

日军按计划，在威海战役告一段落后，加强对台湾的攻势。3月15日，联合舰队"松岛""严岛""桥立""吉野""浪速"等舰，及8艘运兵船满载5000名日军从佐世保港起航，剑指澎湖。

此时，在澎湖各岛驻防的清军至少有5000人，守军将领为署澎湖镇总兵周振邦。是日中午，守军发现日舰驶入澎湖湾，立即开炮。终因日军有备而来，守军不敌，日军遂从龙门港登岸。双方激战多时，拱北炮台、马公城等相继失陷。25 日，日军攻占澎湖列岛，周振邦逃往台湾。

日军攻陷澎湖列岛同一天，朝廷责成台抚唐景崧严行戒备，并批准唐景崧先前请求，准借洋商 300 万两，即由总理衙门办理。27 日，朝廷命户部拨银 50 万两解送台湾，交唐景崧办理防务。至少到这个时候，清廷并没有放弃台湾的想法。

随后的消息令人失望。28 日，日本允许休战。正处在炮火中的台湾军民稍感欣慰，以为朝廷终于想到他们了。只是台湾官民高兴得早了。30 日，中日停战条约正式成立，奉天、直隶及山东等地停战 21 日，而台湾、澎湖并不在停战范围。这个消息激起台湾官民的愤怒、失望。他们觉得如此休战对台湾更不利，因为日军在大陆休战，使日军更有办法腾出手来对付台湾。

台湾的遭遇让社会迅速进入动荡、混乱，各种传言到处弥漫，外国资本格外恐慌，纷纷撤离；台湾民众彻骨寒心，以为成了中国的弃儿。他们通过各种渠道质问朝廷：战则俱战，停则俱停，为什么大陆停战而台湾不停？

4 月 2 日，唐景崧电请朝廷提供武器弹药。北京对唐景崧的请求给予最大限度的满足，责成两广总督李翰章如请拨解，并责成南洋大臣张之洞酌调兵轮协防。朝廷忧虑在 21 天停战期，日军必将加大对台湾的进攻力度。而台湾孤悬海外，救援太难，其前途岌岌可危。

随着《马关条约》的签字，台湾不可挽回地被割让给日本了，台湾官绅、民众突然普遍有被爹娘丢弃的感觉。4 月 19 日，前工部主事丘逢甲等向朝廷请愿，抗议割让台湾，呼吁朝廷让他们死守这座美丽的宝岛。他们宣称，不论朝廷怎样下令，日军果敢来台，台湾绅民一定起而反抗，唯有开仗，誓死抗争。

丘逢甲等绅民的呼吁并没有获得朝廷的积极回应，但在台湾巡抚衙门却获得了同情、理解和支持。唐景崧在绅民支持下底气大增，慨然表示不会接受朝廷的安排，不会轻易将台湾交给日本人。唐景崧建议朝廷仔细想想，现在大局并没有糜烂到那种程度，何至于一定要让李鸿章在马关屈辱了局，牺牲台湾？割让台湾断不可从，这对中国伤害太大，这不是多少银子可以换来的，而是民心涣散，分崩离析，国将不国。

4月18日，唐景崧致电朝廷说，台湾绅民在获悉割让台湾的消息后愤怒、恐慌异常。他建议朝廷参照最近若干年国际社会已发生的例子，能不能找几个国家结成联盟，借助外力保护台湾；或将日本的要求提交国际社会，请求各国从公剖断。唐景崧还表示，朝廷现在同意割让，台湾已成了被朝廷抛弃的地方了，作为大清命官，台湾既然已属于日本，台湾巡抚衙门的文檄慰抚民众，不独为民笑，并为倭笑。他建议朝廷如铁定割让，请速派大员办理。或利用民心，组织抵抗。为今日计，全局犹盛，尚属可为，何必低三下四地接受如此苛刻条件，换取无所谓的和平呢？[1]

丘逢甲

针对唐景崧的疑惑，4月20日，总理衙门回了一份电报，坦然表示朝廷同意割让台湾属万不得已之举。台湾虽重，比之京师则为轻。倘敌人乘胜直攻大沽，京师危在旦夕；又，台湾孤悬海外，终不能守。[2]

这两点理由都太令人失望了，为了保京师就牺牲台湾；因为孤悬海外，就势必放弃台湾。台湾民众在获悉这些内容后，犹如油锅里撒了一把盐，立即爆炸，民情沸腾。商民罢市，绅民齐拥巡抚衙门，哭声震天，如丧考妣。200年文物之邦，忽然间沦为化外，迁徙谈何容易？朝廷既然不要台湾

----

[1]顾廷龙、叶亚廉主编：《译署来电》（光绪二十一年三月二十八日子初到），《李鸿章全集》（3），上海人民出版社1987年版，第502页。

[2]中国史学会主编：《中国近代史资料丛刊·中日战争》（6），新知识出版社1995年版，第385页。

了，台湾人既然不愿接受日本人，那么只有起而抗争。[①]

台湾官民不愿接受日本统治，社会正在酝酿巨变。假如这个巨变发生，清政府必将承担责任。基于这种担忧，4月22日，朝廷将丘逢甲、唐景崧这些电报、呈请等一并发送李鸿章，询问李鸿章是否还有转圜的余地。

李鸿章不客气地回复朝廷，表示台湾民众的强悍，他早已知道，也在与伊藤会谈时反复提醒，希望日方有所考虑。只是伊藤信心满满，表示待中国移交治权后自有办法，那是日本的责任。这些都记录在案，相信日本不会因此找中国的麻烦。

对于台湾民众的呼吁和唐景崧的电报，李鸿章深表同情，以为自是正论。只是从大局看，当时日本志在扩大对中国的侵略，以宗社为重、边徼为轻的原则揆之，假如日本军队闯入京师，那么中国丢失的何止一个台湾？现在既然已按御旨达成善后，恐怕不该反悔，再遭大乱。听说俄、德、法三国有联合干涉还辽行动，希望这个行动能成功。至于英国，李鸿章认为不可信，因为据他所掌握的情报，英国一直与日本有交易，决不会出面劝说日本放弃台澎。[②]

李鸿章的意思很清楚，为了京师，为了大局，牺牲了台湾，这是很可惜的，但也是没有办法的事，现在要做的不是悔约，而是尽快批准，派员互换，以便停战撤兵。至于将来，朝廷最应该做的，就是奋发图强，及早变法，将中国建设成真正的强大国家，与西方一样的进步国家。这才是最重要、最迫切的事情。[③]

李鸿章和朝廷的说法都有道理，但被抛弃的台湾官民基于自身感受，无论如何也不能理解"被出卖"的结果。他们对此做了两手准备：一方面继续加大对朝廷的呼吁、请求，乃至哀求；另一方面组织起来，保卫家园，或依靠自己的力量转投国际社会，或依靠某些国家势力，争取独立自主。

---

①顾廷龙、叶亚廉主编：《译署来电》（光绪二十一年三月二十八日子初到），《李鸿章全集》（3），上海人民出版社1987年版，第502页。

②顾廷龙、叶亚廉主编：《复译署》（光绪二十一年三月二十八日辰刻），《李鸿章全集》（3），上海人民出版社1987年版，第504页。

③中国档案汇编、故宫博物院文献馆编：《清光绪朝中日交涉史料》卷三十八，故宫博物馆文献院1932年版，第19页。

总而言之，台湾人想尽一切办法不当亡国奴。

关于前者，正在北京参加科举考试的台湾学子汪春源等联名上书清廷，描述台湾民众在获悉被割让消息后，皆北向恸哭，连那些老太太也恨得咬牙切齿，各怀与倭人不共戴天之仇，发誓一定抗争到底，誓不与倭人俱生。针对弥漫朝野"京畿为重、海疆为轻"的怪论，汪春源等给予强烈批判，以为大清王朝必将因这种荒唐理论而走向消亡。弃台湾数百万生灵于仇敌之手，则天下人心必将瓦解，还会有谁愿为朝廷出力效命？

台湾官绅的呼吁、哀求，震动朝野，稍有良知的政治家都意识到将台湾许给日本形同自杀。4月23日，礼科掌印给事中丁立瀛等上了一个折子，以为割台必失民心，而民心一失，就很难再收。他认为，战争打到现在，还不能由此证明中国彻底失败，中国与其赔偿日本这么多银子，何不用这些银子训练军队，购买武器，慎择将帅，以图大举？他们建议朝廷不要批准这个和约。

此外，御史裴维安，翰林院编修李桂林、宋伯鲁、徐世昌、杨士骧，以及各部院奉天籍60余人联名分别奏请朝廷不要轻许和约，或拒绝这个无法接受的和约，动员国人，重新开战。

台湾的民情，大臣们的看法，言官的言论，牵动着每一个中国人，也牵动着朝廷最敏感的神经。但是，谈判毕竟不是儿戏，谈判也进行好长时间了，谈判的每一环节虽说是李鸿章主持，但哪一个重要步骤不经过朝廷讨论、指示？现在和约达成了，停战期限就要届满了，说不要和约就不要了，可能吗？合适吗？这不能不让朝廷警醒、慌张。4月25日，朝廷以战和两难、命身处要津的刘坤一、王文韶发表看法，探讨假如朝廷拒绝和约，重新开战，有多少胜算。这一天，有内阁官员156人联名请愿拒约，或改约，还有湖南举人120人合词吁请。鉴于这一系列呼吁、请求、哀求，朝廷也动了恻隐之心。4月26日，慈禧太后发布懿旨，建议诸臣就和战问题慎重讨论，和有弊，战不易，看能否找到一个两全其美的方案。

4月28日，署直隶总督王文韶遵旨议复。但这位大臣议论了半天，究竟是应战还是应和，始终没有说明白，最后还是请朝廷饬下军机大臣、督办军务处及总理衙门通盘筹议，请旨定夺。说了等于没说。当天，湖北巡抚谭继洵上了一个奏折，认为日本要价太高，要挟太重，万难允从，建议迁都西安，持久抗争。在谈到割让台湾时，谭继洵说，台湾富庶弃以资敌，东南从此多事，防不胜防。台湾不能弃，和约不必签，迁都再战。这就是谭继洵的主张，充满正义、正气。

第二天（4月29日），各方压力迫使朝廷向李鸿章发出一道新指示，以为连日纷纷奏章，几于万口交腾，现在又收唐景崧来电，说台湾绅民呈递血书表示台湾前途应与台湾居民相商，民众誓不从倭，百方呼吁，将来交接，万难措手。朝廷命李鸿章认真思考，致信伊藤，寻找一个万全办法。①

李鸿章接电后迅即回复，表示如果朝廷命他与日方谈修约，可能正促使日方决裂兴兵，战火重燃。假如到了那个地步，恐怕让日方重新走上谈判桌，比什么都困难。他建议朝廷为大局着想，不可孟浪，感情用事。至于台湾，李鸿章在这份电报中暗示，等三国干涉还辽有眉目，再请各国想办法，或许能找到一个出路。

与李鸿章的看法相反，4月30日，刘坤一遵旨复奏，表示此次和约要价太高，不能答应，现在是宜战不宜和，"持久"二字为"制倭"要招，应命前敌诸将帅重整军务，准备再战。

刘坤一的看法又影响了光绪帝，光绪帝将这个折子批转军机大臣。主战者由此找到了同盟，而主和者如孙毓汶等则从刘坤一奏折中找出矛盾、漏洞，强调刘坤一的言论皆为活泛之词，强调主战、持久，但并不意味着刘坤一有主战、持久的办法。现在换约在即，稍事耽搁，贻误大事，国家糜烂，谁担得起这个责任？军机处讨论的结果不是向拒绝和约方向走，而是坚定了光绪帝批准和约的决心。5月3日，光绪帝终于在和约上用宝，派遣伍廷芳、联芳同往烟台，与日本人换约。割让台湾，成为不可更改的事实。

光绪帝批准了条约，也就粉碎了台湾官绅的一切希望。台湾未来究竟会怎样，谁的心中都没有数。台湾绅民围绕在丘逢甲周围，日夜谋划，连日会商固守拒敌之计。在这些讨论中，前驻法参赞陈季同以为在目前条件下，台湾前途只有自主：民政自主，遥奉正朔，以抵拒日本进犯、统治。

---

① 顾廷龙、叶亚廉主编：《译署来电》（光绪二十一年四月初六日未刻到），《李鸿章全集》（3），上海人民出版社1987年版，第513页。

而要达到这样的目的，台湾人民就必须团结起来，根据《万国公法》中人民不愿服从某国，可以自立民主即自立领袖的原则，认同自主保台的政治目标，依靠台湾社会内部力量，重建台湾防卫体制，用武力抵抗日本侵扰、进犯。

台湾人民的抗争与无奈

台湾官绅自主保台的想法与某些当权者暗合。张之洞在马关议和之始，就不赞同牺牲台湾去换取和平，主张以台作保，向英国借款，用英国力量牵制日本，阻止日本对台湾占领。

张之洞的想法，一度获得朝廷关注，光绪帝多次询问进展情形。李鸿章在谈判时，也以英国不愿台湾让渡第三国作答，其背景都是张之洞"结英保台"的动议。

然而，英国并没有这种想法。中国驻伦敦大臣龚照瑗遵照张之洞指示与英交涉，英人最后以窒碍甚多，拒绝了这个建议。不过，英国表示，假如英商人在台拥有很大利益，商人肯办，政府不会出面阻止。

英国的意思没有表达明白，或许英国模棱两可的回答仍给张之洞留下想象空间。所以张之洞此后很长时间一直不遗余力地支持台湾：一、支持台湾地方政府重建防务系统，购买添置枪炮，准备武力抵抗日方进犯；二、支持台湾甚至指示中央政府外交官与英国积极联系，"结英保台"。

《马关条约》达成后，张之洞依然期待列强干预，希望借助列强干涉阻止日本对台湾侵扰。4月20日，张之洞致电朝廷，历陈议和条约各项太苛刻，尤其是割让台湾，可能引发无穷问题。台湾民风剽悍，不会甘心接受日方

张之洞

201

统治，必然起而反抗，各省军民也必然痛恨深怒，其矛头所指，都是非常危险的事情。张之洞表示，整个议和条件，均围绕保全京城，但如接受这些条件，即便获得目前一时安宁，也绝非长久之计，而是一条自危自困之道。张之洞指出，要扭转被动，依然应从外交上着手，应利用英、俄、德对我之同情，加大干预力度。英国不愿介入台湾问题，是因为英日有特殊利益关联。法国在介入三国干涉还辽的同时，对台湾事务依然上心，一再表示会出于道义责任，阻止台湾割让，但关键还是中国人自身能坚持抵抗多久。普法战争后，普鲁士索要法两省土地，但最后以两省人民不愿归属普鲁士而作罢。张之洞建议援例听任台湾民众自由选择，然后以此理由进行交涉。

张之洞还将这些意见转告了台湾巡抚唐景崧，期望台湾民众能像法国人那样团结起来，显示力量。

唐景崧对张之洞的建议言听计从。4月28日，唐景崧致电张之洞，述说台湾绅民为了保台，请求朝廷命官留在那里。唐景崧还说，自割让消息传来，台湾民众情绪波动异常，抢劫事件时有发生，砍杀清军，枪杀平民，冲击军械库等。

张之洞收到唐景崧的报告后，一方面建议朝廷以民变为说辞，速与各国公使协商，请求干预；另一方面指示唐景崧，既然台湾绅民计划挽留朝廷命官一起保卫台湾，那你们就应该留在那里，与台湾绅民商定办法。台民既有主脑，方不致乱。各府县官吏及电报、驿站，须令安堵勿动，擅自者以军法处置，力以必能保台不归倭自任。台湾民情稳了，就能找到解决办法。条约规定交割台湾还有两个月，张之洞指示唐景崧，一定要利用这段宝贵时间保卫台湾。①

光绪帝在条约上用宝打乱了张之洞的计划，但三国干涉还辽成功后又激起张之洞的希望。5月7日，张之洞电劝朝廷推迟换约，尽快与英国交涉，可以将台湾修铁路、开矿山、买兵船、机器等的权益转给英国，还可以准许英国在中国自由通商，并酬以边远之地如后藏。与此同时，张之洞建议

---

①范书义、孙华峰主编：《致台北唐抚台》（光绪二十一年四月初六日丑刻发），《张之洞全集》（8），河北人民出版社1998年版，第6321页。

以回疆数城换取俄国帮助，用云南极边之地诱发法国兴趣。假如英、法、俄三国联手，一定能说服日本放弃台湾。[①]

张之洞之所以这样建议，是因为英、法两国这段时间确实有过这样的暗示。5月初，法人告诉龚照瑗，表示愿意帮助中国保卫台湾，并派员与唐景崧谈判。

法国确实一度有意干预，而且期望与西班牙联合，遏制日本对台澎的蚕食。然而，法国的举动遭到德国反对，德国公然要求日本尽快占领台湾、澎湖。

德国的态度几乎打消了法国的念想。5月4日，法外交部长告诉龚照瑗，过去若干天确实与西班牙、荷兰等国一起谋划过保台，现在因为中国已批准了中日议和条约，所以这所有谋划已成过去。法国终于找到一个合理借口退出干涉还台的外交活动。

俄、法、德三国干涉还辽并不是因为同情中国，而是各有各的原因，他们更不会为台湾与日本发生冲突，张之洞期望的英、法、俄新三国同盟更不会出现，列强因为各自利益会在中国继续角逐，但不会为了中国而与列强中的任何一个结仇。张之洞、唐景崧等试图利用列强保卫台湾的想法至1895年5月上旬基本破灭。

5月7日，日本在俄、法、德三国劝告下宣布放弃辽东半岛。第二天，清政府在德、俄两国劝说下命联芳、伍廷芳迅即与日本使臣换约。辽东半岛保住了，放弃台湾已成为不能更改的事实。

基于这样一种事实，唐景崧立即转换保台手段。5月9日，唐景崧致电总理衙门，请求政府同各国公使、日本政府商谈台湾安民策。日本政府对此毫无兴趣，拒绝与任何方面商谈台湾事宜。5月11日，日本以海军提督桦山资纪为台湾巡抚，准备用自己的手段治理台湾。

日方的傲慢激怒了台湾官绅，唐景崧在张之洞暗中支持下，东奔西走，继续争取国际援助，英国人拒绝了；他找法国人；法国人拒绝了，他又去找德国人；反正他就是不想将台湾顺利交给日本人。这种情形使朝廷很为

[①] 苑书义、孙华峰主编：《致总署》（光绪二十一年四月十三日申刻发），《张之洞全集》（3），河北人民出版社1998年版，第2066页。

难，毕竟中日和约不是儿戏，不是说废除就能废除的，所以朝廷责成李鸿章尽量与日方协商，保护或者说注意照顾台湾民众的利益、要求。

李鸿章其实也在受着几个方面的压力：一方面，他电请伊藤将台湾问题与辽南问题合并提交中日会议讨论办理，请日本令桦山资纪暂缓启程。另一方面，忍无可忍的李鸿章终于向朝廷明说，唐景崧和台湾的所有麻烦，其背后都有张之洞主谋、策划。他建议朝廷务必开导唐景崧，不要固执，不要执迷，不要另起波澜，还是应按照朝廷意思办，不要因一隅而误全局。

指望朝廷挽救台湾已彻底没有希望了。在这样一种大势下，台湾人要拒绝日本统治，就必须凭借自己的力量组织起来，对来犯的日方进行有组织的抵抗。朝廷把台湾人逼上了绝路，他们也就只好孤注一掷，破釜沉舟。5月15日，台湾绅民发布通电，挽留唐景崧、刘永福继续领导，声言台湾人民拼死也要拒绝日方侵犯、统治。第二天（5月16日），唐景崧通电宣誓台湾人民决心死守，继续呼吁朝廷务必设法商请日方缓来。17日，朝廷再命李鸿章速筹台湾善后办法，以期补救于万一。18日，伊藤电复李鸿章，表示台湾变乱之事不必经两国会议协商，日本既然敢于割让台湾，就有把握管理好台湾。

朝廷无力，日本无情，终于使台湾陷入绝境，也使张之洞、唐景崧等人所期待的保台谋略彻底破产。不过，尽管如此，张之洞还没有完全放弃保台想法，他以为只要俄国、日本在某些方面继续胶着，那么就能为台湾留下一线生机。根据他的判断，日俄间只要能有两个月的僵持，那么日军就不能完全占领台湾。在这两个月，只要台湾军民合力战守，那么足可取胜。各国经两个月观察，以为台湾能自立，那么其态度也势必转变。张之洞还有一个盘算是，钦差大臣王之春在西方已订购10艘军舰，这10艘军舰在3个月内就可到华。这些战舰原本就是为中日战争购置的，届时只要台湾军民继续坚守，那么这些新购置的军舰一到，相信朝廷一定会深受鼓舞，另议办法。或筹集更多款项，循三国干涉还辽先例，相信日方见钱眼开，只要赔款数目跟上，台湾一定有转机。[①]这里的关键，是台湾社会内部

---

① 苑书义、孙华峰主编：《致台北唐抚台》（光绪二十一年四月二十六日卯刻发），《张之洞全集》（8），河北人民出版社1998年版，第6387页。

要有力量，要能凭借自己的力量抵抗 2—3 个月。

张之洞的意思非常明白，就是要台湾民众自己组织起来抵抗日本。此举虽是对朝廷的报效，但实在说来并不合乎朝廷的利益。日本对台湾社会内部动荡了如指掌，而德国因为唐景崧的活动也很清楚台湾情形。德国之所以不愿出手相劝日本暂缓接收，是不愿日本在中国获得更多利益。德国认为，是中国政府暗令台湾民众反叛，然后再以这个理由向日本施压，争取翻盘。如此做法，显系违约，日本必定以此为理由兴兵构怨，中国如果再战败，必将重议和约，而新和约可以百分之百断定比《马关条约》更严苛。

李鸿章获悉德国看法后，5 月 19 日迅即向朝廷做了报告，明确指出台湾社会内部的动荡，其实就是张之洞幕后策划、唐景崧前台奔跑的结果。朝廷如听任他们这样胡来，其后果可能真的会被德国不幸而言中。[①]

对于李鸿章的说法，朝廷并不怀疑，因为张之洞这些活动并不刻意瞒着朝廷，唐景崧的一些想法、主张也曾报告朝廷。在朝廷看来，他们都是一片忠心，是朝廷的忠臣。不过，朝廷担心德国预言成真，担心日本在战火重燃后提出更高要价。所以，朝廷在接到李鸿章电报后，于第二天（5 月 20 日）电令唐景崧开缺来京；所有台湾大小文武各员即令陆续内渡；命令李经方迅速前往台湾，办理移交。台湾前途在中国政府这里画上了一个句号，任何可能不再讨论，唯一结果就是将台湾平和地交给日本，换取大陆安宁。

朝廷对台湾官员的安排使台湾民众彻底绝望，消息传开，他们只能按照自己的意志往下走。第二天（5 月 21 日），台湾绅民蜂拥毕集唐景崧巡抚衙门，宣布成立民主国，拥戴唐景崧为总统，刘永福为民主将军，丘逢甲为义勇统领，陈季同为外务大臣，改年号为永清，意思是台湾永远属于大清。[②]

台湾民众的好心好意并没有获得朝廷的善意回应，朝廷在宣布唐景崧

①顾廷龙、叶亚廉主编：《寄译署》（光绪二十一年四月二十四日戌刻），《李鸿章全集》（3），上海人民出版社1987年版，第549页。
②中国史学会主编：《台湾自主文牍》，《中国近代史资料丛刊·中日战争》（1），新知识出版社1955年版，第203页。

和大小文武逐渐内渡的同时，也电示南洋、两广等地方大员，不得再向台湾提供军械弹药，不得再派兵勇前往台湾，或暗中接济。

朝廷的态度在发生变化，但张之洞依然没有放弃对台湾的支持，只是这种支持变得更加隐蔽，他依然期待台湾能坚持一两个月或者两三个月，然后再看国际大势变化，看看是否能有新转机。他希望台湾的自立抵抗能够很好地把握分寸，无论如何不能得罪朝廷，使朝廷与日本联手合围。5月24日，张之洞劝唐景崧说，台湾民众挽留你在那儿领导守卫台湾，但无论如何要注意名分、注意分寸，公开的文告只能说是民会、民政之国，不要使用"民主"、"自立"这样的字样。外国总统地位甚崇，用在台湾这样的地方似乎不太合适，如用"总管"或"总办"大致比较合宜。张之洞不愿公开出面支持，但依然不愿台湾民众就此放弃，他继续为唐景崧出主意，嘱其尽快将台湾海底电线用比较低的价格卖给外国，以防止日本掐断电线，将台湾变成孤岛。[①]

刘永福

6月2日，李经方与桦山资纪在基隆口外轮船上签署《交接台湾文据》，履行交接手续。紧接着，日军向基隆发动进攻。第二天傍晚，日军在基隆登岸，唐景崧组织的第一次抵抗并没有阻止住日军进攻，基隆至台北间的要隘相继丢失。日军登岸后，进攻势头更猛，唐景崧眼见防守无望，遂于6月4日由台北至沪尾，旋由沪尾搭乘德国轮船内渡厦门。三天后（6月7日），台北陷落。越一日，沪尾亦被日本收入囊中。

[①] 苑书义、孙华峰主编：《致台北唐抚台》（光绪二十一年五月初一日午刻发），《张之洞全集》（8），河北人民出版社1998年版，第6400页。

在控制了台北后，登岸日军稍事休整，迅即于 6 月 11 日派遣近卫师团向台中门户新竹猛攻，义军徐骧、吴汤兴等部及道员林朝栋等所率清军进行了顽强抵抗。

6 月 17 日，桦山资纪在台北成立台湾总督府，宣布殖民政权开始运作，台湾正式沦为日本的殖民地，台湾人民的噩梦由此开始。

台湾人民当然不甘心日本的殖民统治，各地抗日义军揭竿而起，他们与刘永福领导的清军紧密配合，以台南为基地，开展反对殖民统治的武装斗争。

然而，日军在没有大陆战场的牵制后，集中所有优势对付台湾义军、清军残部。义军和清军尽管照样能给日军以打击，有时甚至是沉重的打击，但台湾在失去朝廷支持后仅凭借自己的力量去抵抗日本是根本不可能的。10 月，刘永福战败内渡，台南陷落，"台湾民主国"随之消失，台湾军民大规模反抗基本结束，日本完成对台湾全岛的控制。

参考文献

1. 戚其章:《甲午战争史》,上海人民出版社 2014 年版。

2. 戚其章:《甲午战争国际关系史》,人民出版社 1994 年版。

3. 陈伟芳:《朝鲜问题与甲午战争》,生活·读书·新知三联书店 1959 年版。

4. 石泉:《甲午战争前后之晚清政局》,生活·读书·新知三联书店 1997 年版。

5. 杨念群:《甲午百年祭:多元视野下的中日战争》,知识出版社 1995 年版。

6. 信夫清三郎:《甲午日本外交内幕》,于时化译,中国国际广播出版社 1994 年版。

7. 姜鸣:《龙旗飘扬的舰队》(增订本),生活·读书·新知三联书店 2002 年版。

8. 雷颐:《李鸿章与晚清四十年》,山西人民出版社 2013 年版。

9. 寇伟:《甲午战争史话》,社会科学文献出版社 2012 年版。